东北老工业基地城市社区的决策分析与社会管理升级

李晓玲　著

吉林大学出版社

·长　春·

图书在版编目（CIP）数据

东北老工业基地城市社区的决策分析与社会管理升级 /
李晓玲著. ——长春：吉林大学出版社，2020. 5
ISBN 978-7-5692-6401-2

Ⅰ. ①东… Ⅱ. ①李… Ⅲ. ①老工业基地－社区管理
－研究－东北地区 Ⅳ. ① D669. 3

中国版本图书馆 CIP 数据核字（2020）第 065663 号

书　　名：东北老工业基地城市社区的决策分析与社会管理升级

DONGBEI LAOGONGYE JIDI CHENGSHI SHEQU DE
JUECE FENXI YU SHEHUI GUANLI SHENGJI

作　　者：李晓玲　著
策划编辑：朱　进
责任编辑：朱　进
责任校对：宋睿文
装帧设计：王　强
出版发行：吉林大学出版社
社　　址：长春市人民大街 4059 号
邮政编码：130021
发行电话：0431-89580028/29/21
网　　址：http://www.jlup.com.cn
电子邮箱：jdcbs@jlu.edu.cn
印　　刷：天津雅泽印刷有限公司
开　　本：787mm×1092mm　　1/16
印　　张：14. 25
字　　数：220 千字
版　　次：2020 年 7 月第 1 版
印　　次：2020 年 7 月第 1 次
书　　号：ISBN　978-7-5692-6401-2
定　　价：56. 00 元

目　录

第1章 引 言

1.1 问题的起因

进入一个城市社区，可以看到社区工作的有序，公共服务与社区发展服务都依序展开。社区的职能得到了实现，社区活动顺利进行，想要实现的社区功能都可以在其日常行为中目睹。看到这样的社区状态，不仅要问：社区职能如此齐全与完备，为什么社区居民对社区还存有抱怨？为什么中国的社区不能真正融入居民生活之中？社区中的行动者就是简单地执行着制度落实，其权力、地位、声誉都受制度严格制约吗？社区组织的目的与其中个人的目的是什么样的关系？社区真正行动的背后没有冲突与矛盾吗？良好的社区运行状态就是像韦伯所说的科层制那样，行动者都是客观履行各自的职能而实现组织目标吗？组织是什么？城市社区这个组织又有什么特殊性？在每一个具体行动之前的决策分析过程又是如何实现的？不管是何种决策过程，作为社区这个层面，行动者又是如何出场的？“我们如何看待组织行为？这些行为是理性的利益追求行为，还是有意识的选择行为和实施行为，或者主要是由习俗、惯例等塑造（shape）的行为？[①]”个人与个人、个人与组织甚至组织之间在实现最后决策前经历了怎样的分析与行动过程？制度在决策过程中到底起着什么样的作用？东北老工业基地的城市社区组织又有什么特征？它们在如何决策并运行着？……带着这些问题走进社区，进行观察与研

①［美］W.理查德·斯科特.制度与组织——思想观念与物质利益［M］.姚伟，王黎芳译.北京：中国人民大学出版社，2010:1.

究，结合早期研究经验，希望能给这些问题一个合理的答案①。

1.2 研究的目的和范围

1.2.2 研究的目的

组织决策分析是组织社会学中的重要部分，并在几十年内得到了迅速的发展与完善。从“经济人”的完全理性假设到“社会人”的有限理性分析，直到大量对有限理性分析的质疑，决策分析都试图在微观的具体行动决策过程中找到其中的普遍性规律。李友梅曾在其著作中提道：“决策分析试图研究的组织不是一种稳定的结构，而是复杂社会条件下人类合作的过程，这个过程中有不平衡的交换与协商关系，权力在其中成为行动者的工具，等等。简言之，组织社会学的决策分析致力于发现的是集体行动的制约，而这种制约正是组织生活的深层来源。②”既是如此，本书的研究目的就是要对城市社区组织这个复杂的组织体系进行决策分析，特别是具有东北老工业基地背景的城市社区，其社区生活的表象与深层的组织决策之间如何被确立下来，在决策过程中，我们可以找到其中的理性分析、有限理性分析行为，跳出这两种分析路径，我们还可以找到其中的大量非理性分析，看一看这些又对个人和组织的决策产生怎样的影响。以往的研究都是处于决策过程中去分析决策过程本身，具有很大的局限性，当转换一个观察视角，再跳出决策过程本身分析决策过程与其外在要素的关系时，制度首先进入研究者的眼帘，行动者、具体的行动以及连接两者的决策分析过程都是在制度中发生、发展的，各种制度（包括正式与非正式的制度）都在其中起到重要作用。因此，回顾整个分析与研究思路，本次对东北老工业基地的城市社区决策过程的分析，其目的主要

---

①其实通过实地观察，还发现了不同社区行为背后同样有组织与个人的不同目的实现，真实的研究更加证明决策分析过程在整个行动执行过程中的巨大比重与重要意义。而且，随着研究的深入，决策过程中的关系理顺愈加复杂，问题也越来越多，想给问题一个合理的答案与解释也愈加显得困难了。

②李友梅．组织社会学与决策分析［M］．上海：上海大学出版社，2009：引言．

表现为以下几个方面：

（1）理顺分析决策过程中“理性”与“有限理性”分析方式的关系。

（2）研究非理性因素在分析决策过程中的作用与意义。

（3）明确制度要素与决策分析过程的互为嵌入关系。

（4）分析组织决策分析研究对东北城市社区发展的意义。

1.2.2 研究的范围

城市社区是自组织性质的组织，在我国社会发展中，因具有强行政性而表现出与一般自组织不一样的特征。社区的职能一方面成为街道办事处的行政命令的落实者，另一方面则根据本社区的发展自发组织活动。因此，社区决策者们一方面要接受上级命令后进行再度具体行动前的决策，另一方面则根据社区实际进行初次决策过程。无论如何，“执行组织目标的实际任务总是落在最低管理层级的人身上。[①]”社区中的决策者进行决策分析过程是绕不过去的一个要素。“所以组织社会学的理论就是要把人的因素考虑进去，这在传统的理论里最容易被忽略，而它只有在具体落实到实际工作中才能体现出一定的效益。[②]”

同时，正如西蒙所说：“我们基本上有两条探索途径。一条途径是研究抉择者的性质；另一条途径则是研究抉择环境。[③]”除了社区决策者这一要素之外，决策环境是研究另一要素。决策环境又是如何确定具体研究目标的呢？这个环境包括“看得见摸得着的”硬件环境，还包括“看不见也摸不着的”软件环境，具体体现在行动者的具体行动与思维变化分析上。所以，决策环境的研究最终要从社区行动者的日常生活出发，寻找影响行动者决策的要素。

综上，研究范围就确定在东北城市社区中的决策者、决策群体、所处的各种决策环境，以他（或她）们的日常生活为观察点，分析其决策变化背后的决策逻辑。

---

①［美］赫伯特·A. 西蒙．管理行为（第 45 版）[M]. 詹正茂译．北京：机械工业出版社，2004:2.

②李友梅，华大明．关于社会组织结构的分析——法国社会学家米歇·克鲁吉耶在沪作学术报告．[J]. 社会，1982(4):59.

③［美］赫伯特·A. 西蒙．现代决策理论的基石 [M]. 杨砾、徐立译．北京：经济学院出版社，1989:7.

1.3 研究背景及概念界定

1.3.1 现实背景

中国城市社区已成为城市发展与建设的基本单位，作为民间自治组织，其建立之初是为了实现居民自治，对居民生活实行自我管理。20 世纪 30 年代初，费孝通先生把德国社会学家提出的“community”一词翻译成“社区”，意为共同体与亲密关系。随后，费孝通先生及早期社会学家主要开始了农村社区的研究。20 世纪 70 年代末，我国城市社区的建设与发展进入人们的视野，并在 80 年代全面展开，社区成为建设与发展的焦点，也成为学术研究关注的重点。1989 年，全国人大常委会通过并颁布了《城市居民委员会组织法》，明确规定：“居民委员会是居民自我管理、自我教育、自我服务的基层群众性组织。”确定了社区组织的性质。在社会管理层面，20 世纪 90 年代中期，上海市首先提出市政府—区政府—街道办事处—社区（居委会）构成的垂直管理体系，这一模型随后在全国范围内推广。社区逐渐成为政府的延伸机构，其自治性受到限制，行政性在逐渐加强，街道办事处是其主要的上级领导者，居民成为其主要服务与管理的对象。在这样的权力架构下，社区中的决策过程所借助的资源与条件主要依靠各种规范制度，对制度的依赖性较强。

随着社会的发展与时代进步，各种信息被迅速传递，人与人之间的关系被迅速拉近，全球化现象出现。社会学家吉登斯对全球化这样解释：“全球化可以被定义为：世界范围内的社会关系的强化，这种关系以这样一种方式将彼此相距遥远的地域连接起来，即此地所发生的事件可能是由许多英里以外的异地事件而引起，反之亦然。①”在这样的背景下看社会事件，单纯的制度约束的作用弱化，非制度因素的影响加深，不确定因素增加，影响事件的因素复杂化，此时再分析某一社会行动需要重新审视其决策过程的真正

① [英] 安东尼·吉登斯. 现代性的后果 [M]. 田禾译. 南京：译林出版社，2011:56.

的环境变化。

而作为行动者，无论其表现为组织群体还是其中的个体，随着信息流通顺畅，权利与权力使用意识增加，资源制度依赖减弱，都更加倾向于多渠道获得决策过程中的优势资源，以争取其在决策过程中的有利地位。城市社区的决策者主要体现在社区党支部与居委会两个集体中，基层党支部是社区的政治领导核心，由街道办事处的党委直接任命与领导，掌握社区的政治方向，保证制度政策的贯彻实施。而居委会则秉承居民自治的原则，由居民通过民主选举产生。从表面上看，居委会一方面是行政体制的延续，另一方面是自治体制的实现。而实际上，很多社区内部党、居不分，“许多居委会和党支部实际上是两块牌子，一套班子。①” 由此，社区决策者就具有了行政性与自治性的双重特性。其决策过程所受到的影响因素就更加复杂化了。

在我国行政体制建设中，街道办事处是城市行政体制的最底层，它是政府职能的延伸部门，具体管理社会最细微的事物。当居民委员会出现后，街道办事处逐渐把它的部分职能分让给社区，社区由此而被行政化。原则上讲，街道办事处的职能仅仅是对社区工作进行指导、帮助与支持，而事实上，社区变成了街道办事处的延伸机构。街道与居委会之间的关系变成了隶属关系，这种现象在我国“单位制”时期更为明显。在改革开放后，伴随着市场经济的发展，“单位制”逐渐解体，社会人被解放出来，回归社会，其依赖的组织由“单位”转向“社区”，“社会人”慢慢变成了“社区人”，社区的权力逐渐增加，居民民主建设加强，社区自主性主张日益扩大，社区及其决策者占据了更多的自主性资源进行决策，街道办事处的作用日益弱化，甚至有主张取消街道办事处的中转作用，使社区能够直接面对信息，进行直接处理与加工的观点。而东北老工业基地是受“单位制”影响的重要区域，随着社区制的发展，同时受“后单位制”的影响，东北的城市社区决策的影响因素更为复杂。

社会与社区随时代发展而发生的转换意味着行动者在决策时面对各种选择考虑行动方案的依据也会发生变化。因此，也有必要面对新时期的社会背景重新对城市社区的决策分析过程进行仔细的研究。

---

①李友梅，石发勇．城市社区组织关系重构［J］．中国企业报，2002.5.24(4)．

1.3.2 理论背景

1.3.2.1 组织理论的研究与讨论

18 世纪 60 年代，英国工业革命开始，工厂大量出现，聚集人口的急剧增加迫切需要对其进行有效的管理，抛开经济学不谈经济利益的追求，工厂的有效管理成为此时的重要任务。而实质上，对工厂的管理目的在当时仍然是为了提高经济效益。此时，美国工程师 F. 泰罗（Frederick W.Taylor）对工厂车间中的现象进行了研究，他并不是单纯从制度出发去分析如何提高生产效率，而是从工厂管理出发，通过科学管理的建立来提高生产率。他于 1911 年发表了名为《科学管理原理》的著作，系统阐述了他的论点。他认为要解决工厂运行中的问题与生产率低下的现象，必须进行科学的管理，把工人看作机器运行的零件，用科学的方法对工人进行训练与筛选，同时要建立科学的劳动过程，使生产过程的每一个要素与环节都达到最佳的状态。泰罗的科学管理理论此时看来是存在很多缺陷的，把人看作是没有情感的，并与物的性质等同起来，冰冷的科学管理制度才是最权威的机制，人只是这种管理过程中无情感的元素而已。但是，泰罗理论最大的贡献就在于首次把管理看作一个重要的问题进行研究，这是真正的组织研究的发端。1916 年，法国管理学家亨利·法约尔（Henri Fayol）发表了《工业管理与一般管理》一书，进一步论述了科学管理理论，并明确提出管理的概念，这是对泰罗理论的进一步补充。

同一时期，随着工业生产带来社会财富的急剧增加，工业化与城市化引起更多种类的组织类型，组织管理问题日益复杂。德国社会学家马克斯·韦伯（Max Weber）对这一现象给予了热切的关注。他首先看到人在社会中被管理的现象，把人的社会行动分为四类，同时认为权力与权威是社会稳定的根本保证，把合法性权威分为法定权威、传统权威与感召权威三种类型。韦伯认为合法性权威是受规章制度严格约束的，个体都是依照法令来完成，遵守严格的等级职能。韦伯认为科层制组织是合法性权威表现最充分的组织，也是最好的组织方式。科层制组织中的人员都有严格的分工与专业化，有明确的职能等级，有规章制度的约束，强调理性而摒弃个人情感，以技能为标准进行人才选用，等级严明，强调以书面形式记录组织中的法令与制度。韦伯的科层制理论在他提出后几十年才被人们重视，并看到科层制对国家、政党、企业等多种组织的影响，时至今日，科层制组织的影响仍然存在，并对组织管理起着重要的意义。韦伯的科层制过于强调人的理性，强调制度的强化作用，抹杀了作为人的能动性与创造性的发挥。纯粹的科层制在现实生活中是并不存在的，但这一模型却是工业社会与现代社会组织管理主要方式之一。其后，美国社会学家阿尔文·W. 古德纳（Alvin W.Gouldner）把韦伯的科层制运用到现代工业组织研究中，却在应用过程中发现了科层制组织存在的问题。他发现，当组织成员拒绝服从上级时，权威会受到破坏。同时提出了科层制的三种行为方式：虚幻式、代表式和惩罚为主式。同时分析了科层制的一些不可预料的后果。而美国社会学家默顿（Merton）于 1940 年对功能失调的组织进行研究，指出科层制在功能失调后必会产生严重的后果，认为组织必须强调内部行为可靠性。美国社会学家塞尔兹尼克（Philip Selznick）则提出了他自己的科层组织结构理论，指出授权是其理论的重点，从而产生相应的结果。而到了后期社会学家像科塞与曼海姆等都对韦伯的科层制有所论述。但应该看到，韦伯科层制理论在组织研究领域中具有划时代的意义，而且影响深远。

始于 20 世纪 20 年代美国的“霍桑实验”，让观察者首次发现了人际关系在组织管理中的重要作用。社会学家乔治·埃尔顿·梅约（George Elton Mayo）从 1927 年参加霍桑实验研究，根据研究结果，梅约提出了“社会人”的概念，这是对早期的“经济人”概念的挑战，肯定了社会结构对组织运行的影响。梅约还提出了组织中非正式群体的重要作用与意义，创建了人际关系学派。这对组织社会学的研究来讲，“社会人”概念的提出意味着组织管理不单单依靠客观的经济学理论，具有主观性的“人”同样是组织观察者的研究对象。梅约的人际关系理论研究是针对泰罗的科学管理理论而言的，梅约更强调组织管理中人的心理与情感因素，重视人与人之间的关系影响，但他的这种强调忽视了组织的结构性与制度性的作用，也是存在局限的。另外研究人际关系理论的人主要是美国管理学家道格拉斯·麦克雷戈（Douglas McGregor）和美国组织学家克里斯·阿吉里斯（Chris Argyris）。麦克雷戈在他的《企业的人性面》一书中区别了现代人性理论与传统人性理论的区别，强调管理者对人的态度影响人的行为方式。而阿吉里斯则在《个性与组织》一书中提出了“不成熟—成熟理论”，指出人的个性成长过程是从不成熟到成熟，而正式组织则限制人的个性成长，使人的个性处于“不成熟”阶段。

综上，纵观组织学派的产生与发展过程都是与社会发展状况离不开的。工业化促成了组织的生成，并进一步需要组织的管理。这种管理从纯粹客观的制度管理，到人的心理情感的关注，管理的过程需要从理性与感性两个方面同时对组织中的人与行动进行分析，才能达到管理的目的。但此时的研究仅仅看到了作为客观人与主观人的两个方面，还没有把人的行为与组织本身的特性与功能联结起来，因此，这些管理还存在大量的问题与冲突。

1.3.2.2 决策分析理论的研究与讨论

组织研究的学者们逐渐发现，在组织管理过程中，除了要看到组织受到客观因素影响，受到人的主观性的影响之外，更重要的是组织是一个综合的群体，它有其行动目标，有行动的具体手法与方法，在实现目标的过程中是一个极其重要的决策过程，这才是真正的组织管理的内涵。

1938 年，被誉为“现代组织理论之父”的美国组织理论学家切斯特·巴纳德（Chester I.Barnard）出版了《经理的职能》一书，提出经营者的职能及其管理过程是组织的一个专门职能，经理要在不断变化的环境下，保持组织内外平衡。他提出正式组织的行为仍然是研究的主要内容，并提出了“决策人”的假设。巴纳德对组织决策进行了详细的阐述，他认为，人在行动之前必须作出决策，在此研究组织中的人是如何决策的，是什么因素影响决策的这些问题应该成为组织理论关注的重要话题。[①②]巴纳德同时对组织中的理性进行了进一步的解释，强调的理性行为不仅有个体决策者方面的，而且还包括决策者构成的组织系统方面的。也就是说，巴纳德看到了个体理性与组织理性的关系，这个关系的发现正是他超越经典理性主义思考的重要之处。[③]

巴纳德的理论开启了组织决策研究的新纪元。美国著名的组织行为学家赫伯特·A. 西蒙（Herbert A.Simon）继承了巴纳德的观点，对早期完全理

---

① ChesterBarnard : The Functions of the Executive, Cambridge, Mass., HarvardUniv. Press, 1968.

②转引自李友梅 . 组织社会学与决策分析 [M]. 上海：上海大学出版社，2009:46.

③李友梅 . 组织社会学与决策分析 [M]. 上海：上海大学出版社，2009:46.

性的“经济人”行为提出了批判，并通过进一步的研究，认为组织决策就是管理，决策是组织行为中的重要部分。他在《管理行为》(1947)和《管理决策新科学》(1960)等著作中阐述了他的决策理论的主要观点：“有限理性”和“最小满意”标准，即认为由于人的智力的有限性，人们不可能穷尽所有决策方案选择最好的方案，而行动者只能在有限理性思考下，找到最满意的选择方案。这两个观点在社会学、组织学及经济学等领域中掀起了剧烈的争论，同时也促使组织决策研究进入了一个全新的视角。至今，西蒙的组织决策理论仍然是组织决策分析的重要依据。[①]对于组织的研究，西蒙则一再强调“管理就是决策”，决策是管理的心脏，决策的过程就是全部管理的过程。组织和控制离不开决策，不仅最高管理阶层要决策，各级管理人员也都是“决策者”。[②]詹姆斯·马奇与赫尔伯特·A.西蒙（1969）的著作强调这样一个事实，组织机构成员的任务是作出决策并解决问题。[③]因此，西蒙此时把管理与决策的关系统一起来，让人们更进一步看到组织管理的本质，强调组织决策的重要。20世纪50和60年代，西蒙与另外两个学者詹姆斯·马奇（James March）和理查德·赛特（Richard Cyert）合作，进一步丰富了有限理性的理论，代表作为马奇与西蒙合著的《组织》(1958)、塞特和马奇合著的《厂商的行为理论》(1963)。在此基础上，60年代，马奇、科恩（M.D.Cohen）和奥尔森（J.P.Olsen）提出了决策过程中的“有组织无秩序”的概念，并提出了“垃圾箱”理论。

20世纪70年代和80年代，组织决策分析开始关注组织与环境之间的关系。在西蒙的有限理性及组织决策理论基础上，美国管理学家弗里蒙特·卡斯特（F.E.Kast）和詹姆斯·罗森茨韦克（J.E.Rosenzweig）创立了权变理论，强调组织与组织环境之间的关系，并分析了组织决策的过程，强调个体决策与组织决策的区别与联系，认为信息是决策中的重要内容，需要与组织内外的环境进行信息的交流，从而进行决策过程。心理学派的特奥斯基（Amos

①关于西蒙的理论在后面的进一步分析讨论中会有更详细的论述与讨论。

②李友梅．组织社会学与决策分析[M]．上海：上海大学出版社，2009：7.

③[法]克罗戴特·拉法耶．组织社会学[M]．安延译．北京：社会科学文献出版社，2000：58.

Tversky）和卡恩曼（Daniel Kahneman）等对“不确定条件下个人决策行为”进行了研究，提出了“经验估算”的理论。

综上，此阶段的组织理论进入了组织决策研究的时期，并且其影响深远，在其后的理论研究与分析中，仍是主要研究基础。此阶段对组织决策的研究主要体现在“有限理性”的提出上。西蒙的理论仍然强调理性的前提，但与传统理性不同的是他强调由于人的智力有限性而导致决策中理性的有限性。这一理论已被多数学者接受和认可，但这只是进行决策影响因素分析的一个方面，人的行为的复杂性，使得决策过程中还受到大量非理性因素、不可确定性因素等的影响，还需要对此进行进一步的研究。

1.3.2.3 制度学派中的决策分析研究与讨论

组织社会学中的制度学派主要是指其中的新制度学派。开始于 20 世纪的 70 年代。1977 年，美国社会学家迈耶（John Meyer）和罗恩（Brian Rowan）在《美国社会学杂志》上发表了《制度化的组织：作为神话和仪式的正式结构》的文章，开创了组织社会学中的新制度学派研究。迈耶注意到了组织趋同现象，组织为适应制度环境而表现为相同的行为。之前盛行的权变理论则强调组织因技术、环境、规模的不同而不同，这样，迈耶则对组织趋同问题的研究向权变理论提出了新的问题。由此，迈耶提出，对组织的研究不仅要关注其技术环境，还要关注其制度环境。制度环境要求组织服从“合法性”机制（legitimacy），这样才出现了大量的趋同性的组织。1983 年，迪玛奇奥（DiMaggio）和鲍威尔（Powell）发表了文章《再议科层制：组织领域里的制度趋同和集体理性》，这篇文章进一步推进了新制度主义理论。他们同样分析了组织趋同现象，认为趋同现象源于组织面临的制度化环境。认为有三个机制导致了组织的趋同性，即强迫性机制（coercive）、模仿机制（mimetic）和社会规范机制（normative）。他们同时提出组织间的依赖关系导致了组织的趋同，组织目标越模糊不清就越能导致组织间的趋同。[①]而托尔博特（Tolbert）和朱克（Zucker）在 1983 年的文章《组织正式结构变迁的制度根源：基于 1880—1935 年公务员制度改革的扩散》中推进了新制度学

①参看周雪光．组织社会学十讲 [M]．北京：社会科学文献出版社，2003.

派的研究方法，强调从趋同的过程去分析其中的原因。另外还有哈恩（Shin Kap Han）关于组织的“两极分化现象”的研究，豪斯查尔德（Haunschild）和曼纳（Minner）对模仿机制的进一步研究等等。

同时，新制度主义学派中的其他理论流派也对组织决策起到了重要的影响作用。例如詹姆斯·汤普森（James Thompson, 1967）提出了一种研究组织重大战略决策的有效方法。他指出：“决策问题总是有两个维度，一是对因果关系的看法，二是对可能出现的结果的偏好。”①罗纳德·科斯（Coase）的交易成本思想，奥利弗·威廉姆森（Oliver Williamson）借鉴了西蒙的组织行为理论建立了交易成本经济学理论，道格拉斯·诺斯（Douglass North）把组织作为“博弈者”，观察社会博弈行为。

新制度学派强调社会制度之间的相互制约、相互影响。受这一学派影响的学者认为经济过程的运行并非为机械均衡所支配，而是一个在历史过程中不断演化的开放系统。②相比较而言，制度学派更趋于关注行动者的行动策略（即，超越或利用组织约束的策略）以及制定行动策略时所基于的思想方式和实施行动策略所使用的手段。③新制度学派的分析与研究对决策分析理论来讲，其最重要的贡献是与早期完全理性分析的一个重要影响因素——制度联系起来。制度环境的研究进入了决策分析的视野。行动者在决策过程中，除了面对人本身的理性与非理性因素外，正式组织及其存在的制度环境也是影响行动者行为的原因之一。对制度环境中的合法性的研究帮助研究者理解组织所表现出来的多种形态，并有助于理解组织在制度环境中行为选择的原理。

1.3.2.4 其他学者的决策分析理论研究与应用

在理顺组织决策分析的理论脉络时，焦点更多地放在了美国学术的研究，而实际上，法国的组织学理论家为决策分析研究同样做出了重要贡献。组织现象的研究在 20 世纪 60 年代中期的法国开始，该国国家科学研究中心的

---

①［美］理查德·H. 霍尔．组织：结构、过程及结果［M］．张友星等译．上海：上海财经大学出版社，2003:174.

②周雪光．西方社会学关于中国组织与制度变迁研究状况述评［J］．社会学研究，1999(4):28.

③李友梅．组织社会学与决策分析［M］．上海：上海大学出版社，2009:引言．

组织社会学所创始人M.克罗奇耶（M.Crozier）及其领导的科研小组，通过他们在法国本土的个案调查研究，形成了一种新的研究范式或曰组织社会学的决策分析说。[①]这一时期的法国组织决策分析吸收了美国的理论，特别是西蒙、马奇的思想。法国组织社会学的决策分析始于一种假设：组织中存在着具有自身目标的自由代理人。这种自由代理人为了达到其自身的目标而追求其自身的决策。[②]法国组织社会学的决策分析注重个案式的定性研究，并使用归纳式的推论方式，其思考的出发点是组织生活中的具体问题。[③]研究的代表人物与代表作有克罗齐耶的《官僚主义现象》以及他与E.费埃德伯格（E.Friedberg）合著的《行动者与体系》，费埃德伯格著的《组织的社会学分析》《权力与规则》等等。法国的组织学者对行动者及组织的决策过程进行了详细的阐述，对科层制进行了反思。分析研究了行动者与系统之间的关系，权力在决策过程中的作用，对组织意义的进一步解析，更强调行动者的行动逻辑分析。两人同时也对组织中的人际关系问题、组织与环境的关系问题进行了讨论。总体来讲，法国的组织社会学研究延续了法国社会学的研究传统，接受了美国组织社会学的思想，更加细腻地对组织的运行、行动者的决策与行动逻辑展开分析。更强调从社会生活实际出发去看其中的内在规则。

另外，我国也有大量的学者开始关注组织的决策分析研究。其中，李友梅把法国的组织决策理论介绍进我国，对组织及组织决策理论进行了详细的整理与分析，并把理论应用在实际问题的研究，结合实际，分析中国的组织状况。而美籍华人周雪光则梳理了近年来美国新兴的组织社会学研究成果，并致力于制度学派中组织决策的分析，研究了规章制度与组织决策之间的关系。

综上，组织决策理论源自组织社会学的研究，通过对组织管理过程研究的逐渐深入，组织决策分析成为组织研究的核心。组织决策关注的重点是作为行动者的组织成员在构成社会关系时，以何种方式利用了各种结构性特征。[④]影响组织决策各要素之间的交互影响的关系更是研究时需要说明的。无

①参看李友梅．组织社会学与决策分析［M］．上海：上海大学出版社，2009：引言．
②李友梅．组织社会学与决策分析［M］．上海：上海大学出版社，2009：52.
③李友梅．组织社会学与决策分析［M］．上海：上海大学出版社，2009：引言．
④李友梅．组织社会学与决策分析［M］．上海：上海大学出版社，2009：157.

论是完全理性的分析还是有限理性的分析，这些都是组织决策分析的一种方法与手段，学者们都是试图找到其中更为有效的方法而已，各种分析本身也是一种决策过程。组织自身的特性随着社会发展而发生变化，组织中的社会人的社会性也会不断发展，组织之外的环境更是随时变动不定，因此决策分析过程更强调一种时效性，此时有效的决策分析方法在另一时段中会发生改变，决策分析理论会在前人研究的基础上越来越完善。

1.3.3 研究对象基本状况与相关概念的界定

为便于对东北城市社区组织决策过程的具体分析，特选择东北老工业基地的D社区作为具体的观察与研究对象，结合社区所遇到的事情，分析决策过程中人、组织、行动的表现，进而论证社区决策特点。

1.3.3.1 研究对象基本状况

D社区是该省的优秀社区，更是全国知名社区。社区处于城市的东北部，是该城市中的老城区。因D社区的特殊性，政府支持力度较大，社区建设非常完善，几乎是所在城市社区中最先进的管理方式都集中在D社区。社区辖区面积0.368平方千米，有居民5621户、19165人[①]。社区内以老式居民楼居多，自然环境略显陈旧但功能齐全，有居民活动与休闲的场地。居民老人、残疾人、贫困人口数量较多，也成为社区工作的主要工作对象。

社区党委与居民委员会有工作人员总计53人，其中7人为男性，其余为女性。社区设书记1名，主任1名，副书记兼副主任2名，另有1名主管公共事务服务的副主任（男性）。其中有一名副书记兼副主任Y主抓社区经济与社区自治，社区中的很多事务都由她来完成。另一名副书记兼副主任Z负责党建、思想政治和妇联工作。D社区的主要事务决策与管理主要由这5人来完成。

D社区的领导群体还有一个特殊的现象。2009年，由其上级街道办事处的协调，与D社区相邻的L社区也由D社区代为管理，协商只代管一段时间，但时至今日，L社区也仍由D社区的人来进行管理。因此，D社区中的副主

①因研究历时较长，本书中上半部所提供的D社区的研究案例与数据皆截至2013年。

任Y同时还兼任L社区的党总支书记和居委会主任，L社区的副书记由D社区中的另外一个工作者J兼任。L社区的其他领导职务不再设立。因此，L社区党支部及居委会其实就是D社区的人员兼任，而具体工作开展也由D社区的人员来完成。所以就形成了名义上两个社区，实际上一套班子的现象。但是，办公地点主要设在D社区，L社区只设立了居民活动室和两个管理人员。所有的社区管理者只是根据需要到L社区工作。L社区的公共服务也在D社区一并完成。社区管理者进行的社区建设工作也主要体现在D社区中，也就是说D社区是这些人的工作重点区域。因此，本研究主要考察D社区的一些行动的组织决策分析。主要以D社区执行上级分配任务的决策过程与D社区在社区自治中自治工作的决策过程为例，分析决策过程的影响因素。

1.3.3.2 相关概念的界定

根据研究的内容，对研究过程中常用的概念借鉴他人的研究做如下界定：

首先，对组织的概念主要使用法国社会学家克罗齐耶的定义：所谓组织就是包括各种不同的人聚集在一起从事一项共同的工作，通过这样的工作来争取得到一个更好的结果。人们之所以聚集在一起工作，为结果而努力，是因为他们觉得在一起工作要比各自独立工作能得到更大的收获。[①]根据这一概念，组织也是个体争取更好结果的途径之一，组织由社会人构成，工作过程中形成动态的社会关系构成组织的内容。组织中的人会受到组织的制约与管理。社会人与组织之间相互影响与制约，共同构成了组织与组织中行动的内涵。

其次，所谓的决策就是作出决定的行为，或者说，为了解决某种问题从多种替代方案中选择一种行动方案的过程。[②]决策既是一种行动结果，也是一种行动过程。行动者对行动方案选择的依据便是本研究的主要目标。

而群体决策研究一个群体如何共同进行一项联合行动抉择。所谓联合行动抉择，或者指各个决策成员都参与同一行动；或者指各成员参与不同的行

①李友梅，华大明．关于社会组织结构的分析——法国社会学家米歇·克鲁吉耶在沪作学术报告．[J]．社会，1982(4)：59.

②李怀祖．决策理论导引［M］．北京：机械工业出版社，1993：3.

动。但只有在同时作出决策后，双方的行动才能付诸实施。①个体决策与组织决策是有差异的，组织决策不是个体决策的简单相加，而是指以组织所有成员全体参与的前提下，个体行动者之间相互博弈，借助个体的决策与行动，实现最终的组织或群体决策。

其他相关概念在进行具体的分析时，会及时给予说明与解释。

1.4 研究的方法与设计

1.4.1 研究的方法

组织决策分析需要从实证中梳理其中的逻辑顺序。一个决策过程涉及行动者、制度、组织构成、权力、协商、不确定因素等众多的要素，因此，按照行动者的逻辑出场顺序，定性研究方法是最有效的方法。而且，每一个具体行动都有其独特性，通过社会生活中的具体行动的细致分析，进行对比研究，才能确定每一个行动决策的逻辑原理。因此，根据研究目的与研究特点，确定本研究所使用的研究方法是定性研究，具体涉及田野考察法、非参与式观察法、访谈法以及资料分析法。

1.4.2 研究的设计

根据研究目标与研究任务，在对社区中的决策行为进行研究时，必须掌握几个要点进行研究设计：首先，所有行为都是从行动者及其可以施加影响和权威的人可能采取的所有行动方案中，有意无意地选择特定行动的过程。②所以，研究时要确定具体行动所涉及的行动者及权威人士，这些人是研究的主要对象。

其次，研究观察的过程要有其内在的逻辑顺序。决策行为是管理的核心，

①李怀祖．决策理论导引［M］．北京：机械工业出版社，1993：140.

②［美］赫伯特·A．西蒙．管理行为（第4版）［M］．原书．詹正茂译．北京：机械工业出版社，2004：3.

管理理论的词汇必须从人类抉择的逻辑学和心理学中导出。①不仅涉及外在的行为逻辑，还涉及内在的心理逻辑。所以，行动表现与心理表现同时成为研究观察的对象。

再次，组织、行动者是研究对象，组织之外的环境也是研究的主要目标，组织与环境之间的关系同样影响了决策过程。组织内外的各种环境与资源是如何被应用到决策分析过程的，这也是观察的重点。

另外，要切实抓住决策的瞬间点的变化。信息和建议在组织中的流向不只是自上而下的，还是全方位的流动。与决策有关的许多事实依据有稍纵即逝的特点，只有在决策时刻才能完全确定，而且往往只有操作人员才能确定。②因此，观察者要能够掌握这一重要瞬间点，并能切实掌握操作人员的真实目的与想法。这需要研究者经验的支持。

最后，观察者本身对观察对象的确定过程也是一种选择，在研究过程中还要特别注意研究者自身的行动决策及影响因素，这会对研究对象决策分析的逻辑过程产生影响。

本着以上研究的注意重点，本次研究强调逻辑缜密性，无论是理论还是实证都有其内在的逻辑。基本研究设计要求首先完成资料分析，对以往研究理论及实证进行梳理。然后进入社区之中进行观察研究，提出研究假设。确定行动对象，按照行动者出场顺序与决策进度进行观察与分析，结合理论对决策分析过程的影响因素进行具体分析。最后得出研究结论，论证研究假设。

---

①［美］赫伯特·A. 西蒙. 管理行为（第4版）[M]. 詹正茂译. 北京：机械工业出版社，2004:第一版前言.

②［美］赫伯特·A. 西蒙. 管理行为（第4版）[M]. 詹正茂译. 北京：机械工业出版社，2004:10-11.

1.5 研究的意义

1.5.1 研究的理论意义

组织决策理论的研究非常丰富，想要在此基础上做出创新性的研究已是非常困难。但面对丰富的研究结果，想要进一步推进理论发展，只能通过实践观察，更加丰富与进一步验证前人的观点，以期对后人的研究建立更加坚实的基础。而且，对原有理论的突破也需要在实际中不断再研究，才能得到突破前人理论的机遇。真正的实践研究对任何一个理论体系来讲都有其促进性的理论意义。

具体来讲，组织决策理论还有很多无法解释清楚的地方。例如早期理论分析都把决策过程与行动执行过程割裂开来分析，但实际上，“一个没有考虑执行过程的决策是一个不完整的决策；同样的，一个没有将执行过程考虑在内的决策研究是一个不完整的决策研究。①”把执行过程考虑在内的决策分析会更加全面地思考问题。另外，组织决策理论主要由国外学者阐述与论证，在我国的理论研究中，组织决策分析理论都是舶来品，这些理论是否对我国的实际组织行动具有指导意义？中国的文化特点能否对这些理论全盘接受？与其他国家相比，中国的一些组织决策的影响因素会有哪些不同（比如中国“人情”在其中的影响意义）？处于东北老工业基地的决策又有什么独特性？……因此，本研究同时会结合中国社会的实际特点对行动者及组织的决策过程进行分析，这会对我国的，特别是东北老工业基地的社区组织决策的发展具有重要的意义。

1.5.2 研究的现实意义

中国的社区研究是中国社会研究的一个重要的视角。中国城市社区的

①周雪光．基层政府间的“共谋现象”——一个政府行为的制度逻辑［J］．社会学研究，2008(6)：5.

特性表现出太多的独特性，东北地区的城市社区也不例外。对中国城市社区的决策过程进行分析有助于我们理解城市社区的运转原理，有助于对城市社区进行进一步的管理与发展，丰富社会管理的技能。中国社会正由“单位制”中脱离出来，对社会成员的管理已由单位转向社区，社区的行动直接影响中国整体的社会管理。而东北老工业基地的“单位制”影响深远，社区转型较其他地区更为缓慢。因此，掌握其行动决策的逻辑，还可以通过对决策影响因素的干预，解决社区遇到的问题，调整社区运行方向，让社区沿着社会整体进步的方向发展。而且，本研究不仅对东北城市社区本身建设有着重要的现实意义，对与社区有着密切联系的其他组织的发展与建设也有着重要的借鉴意义。

总之，对城市社区的组织决策分析研究无论是在理论上，还是在实践上，都对我国社会的整体进步具有重要的意义。可帮助我们完善组织决策理论的内涵与分析视角，也可以帮助我们指导社会实践与管理的建设。

第2章　抛不开完全理性的有限理性

在组织决策分析理论中，理性与有限理性作为一种分析路径始终没有停止对其进行讨论。从目前研究成果来看，有限理性的视角已被学者们接受和认可，但从实际具体决策分析过程来看，完全理性实际上仍然被运用，并且在很多分析情境中，完全理性是居于主导性的视角。那么，这两种视角在决策过程中到底起到了什么作用？又如何看待这两者之间的关系呢？

2.1 决策过程中的理性因素分析

2.1.1 理论综述

在 20 世纪 50 年代以前的经济学与社会学领域，研究者们的理论建构都是以理性为基础的，特别是经济学领域，新古典经济学与传统的古典经济学相比，更加重视对个体与资源的研究，人的研究因素的介入使得经济行为的研究更为复杂。但新古典经济学仍然试图通过对人的决策行为研究，去追求理性的完美。在新古典经济学中，人们的决策行为通常被抽象化为按最大化原则实现个人目标的理性选择过程。这一决策模式通常包括以下四个要素或假设：（1）人们知道自己的目标（效用函数）；（2）人们知道面对的选择；（3）人们知道这些选择的后果；（4）人们知道并遵守（最大化）决策的规则以进行选择。①

①周雪光．组织社会学十讲 [M]．北京：社会科学文献出版社，2003:288.

这个理论模式有两个假设。第一个假设是决策者占有“充分信息”，即人们知道面临的各种选择和这些选择的后果。第二个假设是决策者有“充分理性”，即人们不仅有能力来收集、加工这些信息，而且有能力做出理性的决策。① 这也是早期经济学、社会学对人的完全理性选择行为的诠释。经济学与社会学把人理性化，对经济行为与社会行为的研究与讨论在理性模式之中，认为人可以穷尽外在条件，做出穷尽性的结果判断，以达到最理性的决策。而对人外在的环境也是理性的判断，变化在其中的意义并不大，人能够充分判断各种情境条件，且这些条件都是稳定不变的。也正是这种完全理性的分析判断，才会有大量的具有普遍性意义的经济与社会理论供我们去进一步解析经济与社会生活。

而提到组织社会学中的理性研究，不得不首先提到一个人，那就是德国著名的社会学家马克斯·韦伯。他在其著作《经济与社会》中提出经济是以合理性为取向的，而统治上最具合法性的则是官僚制，也就是科层制。韦伯认为理性包括形式理性和实质理性，而实质理性又可分为价值理性和工具理性两种。韦伯所说的科层制是与工具理性一致的。他认为现代化的工业社会里，为了提高效率，重点在于实现目标的工具性建设，只要工具使用合理，则目标就会迅速实现。因此，在组织管理上，韦伯认为科层制“形式上可以应用于一切任务，纯粹从技术上看可以达到最高的完善程度，在所有这些意义上是实施统治形式上最合理的形式。”②韦伯认为，在科层制中理性得到了极大的发挥，他也接受人的主观性，但他认为在社会管理中人的主观性并不是主要依靠的对象，而客观的合法性、合理性才是最重要的。科层制有严格的等级制与职权分配，人在其中只要按照职能分配原则实现目标就可以。现在我们看科层制，韦伯所说的严格意义上的、摆脱主观性的科层制并不能实现。科层制的本意是针对当时的资本主义制度，但科层制这种分等级、权力、部门的管理体制却被延续下来。韦伯的科层制理论有三个核心的概念：权力、权威和合法性。③他认为科层制建立后，权力与权威是具有合法性的，制度中的人要无条

①周雪光．组织社会学十讲［M］．北京：社会科学文献出版社，2003：288.

②［德］马克斯·韦伯．经济与社会［M］．林荣远译．北京：商务印书馆，1997：248.

③李友梅．组织社会学与决策分析［M］．上海：上海大学出版社，2009：63.

件遵从的。当然，对科层制的评价韦伯也有他的担心，他认为人的主观性是不可避免的，这会对科层制产生一个重要的影响，但人们的社会组织建构中本着公平、合理的原则又避免不了科层制，因此他说人们犹如进入了一个“铁牢笼”之中。韦伯因此特别强调了公务员必须是被任命的这一点，也就是说，韦伯没有把所有的公务员都纳入他关注的科层制范围，至少不包括通过诸如以抽签方式决定的公务员。[①]但总体来讲，韦伯科层制的提出其根本原则还在于合法性与合理性，组织制度严明、职责明确、按章办事等原则都是坚持理性原则的本质。

美国社会学家古德纳对一家石膏厂进行考察时，发现韦伯的科层制存在一些无法解释与忽略的现象，由此他提出了“虚幻式”科层制，即认为组织的规则是由外部机构强加的、“代表式”科层制，即认为规章制度是由组织成员接受的专家制定的、“惩罚为主式”科层制，即认为规则的制定是为了应付来自管理部门或工人方面的压力，并压制不同意见那一派遵从组织规则[②]。古德纳同样没有脱离理性，而是试图架构一个更为理想的模式实现理性。他最欣赏“惩罚为主式”的科层制，他认为这一模式更有效地约束了人们的行为，使人们的行为更符合“完美的理性”。而事实上，他的这一模式空间引起组织内部的矛盾与冲突，使组织无法继续发展下去。

默顿对科层制进行了完善，他强调组织内部行为的可靠性，认为必须加强对组织成员的控制，强化组织规则的约束性，并把组织成员的行为进行严格的限制，使其行为的可选择范围也是有限的，受制度的约束。默顿的理论进一步强化了科层制的非人格性，使组织成员完全束缚于科层制的体制内，按照科层制的安排去生活。塞尔兹尼克则与默顿的想法相反，他强调授权。他认为在科层制中，无论如何，授权行为都随时发生和增加，与其这样，我们可以通过授权主动去控制科层组织权力的主动性，进而实现促进组织人员的专业性，协调组织内部的关系，实现组织目标。此外，科塞、曼海姆等学者都对韦伯的科层制提出了质疑，认为韦伯的科层制把人性特点完全去掉，这在现实中是不合理的，同时认为韦伯的科层制不是真正的追求理性，科层制对权力与

①李友梅．组织社会学与决策分析［M］．上海：上海大学出版社，2009：60.

②参见于显洋．组织社会学［M］．北京：中国人民大学出版社，2001：50－51.

控制的过分强化限制了人的自由与创造性，这是不合乎理性的。

关于决策分析理论中的完全理性研究，我们首先看一下经济学理论中的一些观点。博弈论是其中不得不提的理论。博弈论是一个行为过程，很早的时候就有关于博弈的研究，后成为数学的一个计算模式，近现代以来又被经济学界借鉴，成为经济分析的一个模式。博弈论是行动者标准的预测、判断、选择的过程。其最终目的仍遵循理性化的原则，即追求最优的策略。博弈中的“有限博弈”指根据现有的条件，可判断出所有的行动过程及结果，行动者可选择其中最优方案。如果遇到“无限博弈”，则意味着行动者无法判断全部的可行性的行为及其结果，此时，往往就会运用“纳什均衡”的原理确定选择结果。当博弈双方都选择不坦白时达成的结果是稳定的；即当另一个人的选择公开以后，每个人都满意自己作出了正确的选择。没人能得到更好的结果了。在博弈论中这种结果被称为纳什均衡（Tirole，1988，p.206）。①或者人们根据帕累托最优理论来确定自己的行为，即一个双方都同意的但差于其他某种结果的结果称为“帕累托次优”。其他任何结果都是帕累托最优的。②不管怎样，博弈论首先为我们提供了一种理性选择的方式。

提到理性选择，就会想到社会学中的理性选择理论。这一理论起源于新古典经济学，接受了新古典经济学的假设，但这些研究者把注意力放在了社会人的交往与交换行为之中。该理论派别最早的研究者是乔治·霍曼斯，他在著作《交换的社会行为》一书中阐述了他的社会交换理论。其后彼得·布劳的社会交换理论，阿诺的社会选择理论，布坎南的公共选择理论，奥尔森的集体行为理论等等，都是这一理论派系的研究者，他们关注集体行为与个体行为之间的关系，分析个体在集体行为中的博弈过程。在这一派系中，对组织决策分析还有重要影响的是美国社会学家詹姆斯·科尔曼的社会选择理论，他曾师从默顿，受默顿思想启发很大。理性选择流派的基本观点是认为个人追求自身利益的动机和行为是制度产生和变迁的主要源泉。从这一观点看，制

---

①［美］盖瑞·J. 米勒. 管理困境——科层的政治经济学［M］. 王勇、赵莹、高笑梅、季虹译. 上海：上海三联书店上海人民出版社，2002：31.

②［美］盖瑞·J. 米勒. 管理困境——科层的政治经济学［M］. 王勇、赵莹、高笑梅、季虹译. 上海：上海三联书店上海人民出版社，2002：32.

度变迁的机制在于社会成员的理性计算以及他们之间的竞争和合作。[①]理性选择理论趋向于采取最优策略，以最小的代价获得最大的收益。理论选择理论假定个人是自身利益的最大追求者，在特定的情境中有不同的行为策略可以选择，行动者在理智上相信不同的选择会导致不同的结果，行动者在主观上对不同的选择结果有不同的偏好排列[②]。同样，可以看到，行动者在这里是个典型的“理性人”，以完全理性的原则进行决策分析。科尔曼的理性原则与韦伯的理性原则略有不同，韦伯的理性强调的是工具理性，它指向固定的目标，在实现目标的策略上实现完全理性。而科尔曼的理性选择则是以个人收益最大化为目标，个人是其行动指向，实现完全理性。另外，在理性选择理论中明显带有博弈论的色彩，实现的是行为者最优。

在组织社会学领域中，组织学研究的始祖巴纳德看到组织的重要作用与重要意义时，仍是从理性的角度，看到个体决策与组织决策的重要性。其理论建构仍是以理性为基础的，研究与对比的对象仍然是理性。之后的社会学者西蒙则对完全理性提出了一个置疑，而提出了有限理性理论。但在他的研究中，从本质上说，他也是基于对完全理性期待与实现的过程中，超越不了人的理性局限性的障碍而提出的有限理性。在理论建构中，期望实现的目标是以完全理性为前提的，只不过在实际操作上，有限理性便表现出来。包括在有限理性基础上建立起来的其他学者的理论，并不否认完全理性的问题，也接受理性前提下的制度安排，只不过把行为过程中的理性的局限性，包括一些非理性因素在决策过程中强化出来。

在个人与组织之间的关系研究上，个体的行为与决策受到组织的影响很大，而组织的架构则在相当大的程度上受到制度的束缚。西蒙在其理论中提到“组织剥夺了个人的一部分决策自主权，而代之以组织的决策制定过程。组织代替个人制定的决策，通常包括：（1）确定组织成员的职能，即职责的一般范围和性质；（2）职权分配，也就是确定组织中哪些人掌握制定决策的权力；（3）对组织成员的自主选择设置协调其他成员活动的必要限制。[③]”组

①周雪光．组织规章制度与组织决策［J］．北京大学教育评论，2010(3)：27.

②参见周长城．经济社会学［M］．北京：中国人民大学出版社，2003：69.

③［美］赫伯特·A. 西蒙．管理行为（第4版）［M］．詹正茂译．北京：机械工业出版社，2004：5.

织代替个人的这些决策表现出了其理性的特征。西蒙在理解组织概念，并对组织进行解释时提到“组织指的是一群人彼此沟通和彼此关系的模式，包括制定及实施决策的过程。这种模式向个体成员提供大量决策信息，许多决策前提、标的和态度；它还预测其他成员目前的举动以及他们对某个体成员言行的反应，并向该成员提供一系列稳定的易于理解的预期值。①”个体在组织中存在，受组织的影响，组织为个体提供各种信息，包括行为反应与行为预测判断，这些都是建立在理性基础之上而形成的组织与个人之间的相互影响性。而法国社会学家格列米昂对决定理论进行阐述时提到与经典型理性主义的关系：“决定理论最先的著作倾向于经典理性主义的思考方式。我汇集了一组与此有关的论著，在他们看来，经典理性主义思考方式能使人们对在形式主义外表下的现实作出良好的描绘，也能对机制作出更好的分析，并能对‘最好’的决定规则作出归纳。②”可见，组织决策理论进行决策过程中涉及的预测、判断、分析过程中是没有离开完全理性的引导的，理性的逻辑思维在决策过程中是不可缺少的考虑因素。

2.1.2 决策过程的理性分析逻辑

如果我们假定组织决策过程，包括其中的个体决策与整体的组织决策的过程都是完全理性的。则意味着所有的决策分析只要我们获得了基本的条件前提，个体与组织的行为选择与行为结果都可获得一个准确的判断。但进一步来讲，其实个体与组织也就没有决策分析的过程，因为无论是哪个个体抑或是组织只要在这些相应的既定条件下，必然会有相应的行为结果。因此，从这个意义上说，只要提到决策分析，那就意味着理性并不是一个行动或决策分析的先决条件。它正像西蒙所说，理性，就其本身而言，是工具性的。③那么，我们也可以获得决策分析过程中理性因素分析的第一个基本命题，即我们在

① [美]赫伯特·A. 西蒙. 管理行为（第4版）[M]. 詹正茂译. 北京：机械工业出版社，2004:15.

② [法]C. 格列米昂. 李友梅摘译. 关于决定理论的分析 [J]. 社会，1994(5):46.

③ [美]赫伯特·A. 西蒙. 现代决策理论的基石 [M]. 杨砾、徐立译. 北京:经济学院出版社，1989:183.

利用理性进行决策分析与判断。

第二个基本命题，理性的目的决定了实现目的的决策过程是具有理性的。行动者在决策过程中，其目的设计都是理性化的，依据理性的原则确定理性的目标。在决策过程中，个体与组织都是相对自由的，自由的条件与空间才会让个体与组织尽可能地寻找到行动条件，进而确定最合理的行动方案。正如李友梅在组织决策分析研究中所提到的一个组织决策分析的最初假设：个体在工作中的行为从来不会被完全限定；为了达到其个人的目标而追求理性决策的个体是一个自由行动者。①个体与组织都有各自的目标，目标确定时，个体与组织都假定已经获得所有可能的行动的先决条件，并明确每种条件下的行动结果，从而确定最合理的决策。这种理性假定我们可以认为个体与组织的目标是具有理性的，不管真实情况是否达到了完全理性，但从其决策过程来讲，或者从目标确定所使用的工具上来讲，都是具有理性的。例如，社区的日常工作中，每个工作都有其目的性，社区中的残联专干，从社区组织的角度来看属于社区组织中的一员，她的工作是为了实现社区对本辖区内残疾人的管理与救助，从个人角度来讲，她的目标是通过圆满完成工作实现其个人的生存与发展。组织的目标与个体的目标都是具有理性的，社区中有残疾人生活与发展困难，解决问题的直接方法就是救助并给予政策支持；个体要生存，就要通过某种交换来换得生存的资本，这种交换就是具体的工作。目的是理性的，具体工作方式的选择也就是行动前的决策也是本着实现理性目的而确定的，其过程也同样是带有理性的。

当然，事实的结果表明，完全理性在决策分析的全部过程中并不能真正达到。但是在具体的决策与行动中，理性一直是确定目标与进行分析决策的工具，个体与组织都把分析决策过程当作是完全理性的，决策结果也是通过理性的分析而确定的。其实，全部理性所能做的，仅仅是帮助我们更有效地达到既定的目标。②即使是完全理性建构出来的科层制组织也仅仅是组织层面上的理性，事实上，科层制并不能够达至个人利益与群体利益之间的完美

①李友梅．组织社会学与决策分析［M］．上海：上海大学出版社，2009：102.

②［美］赫伯特·A. 西蒙．现代决策理论的基石［M］．杨砾、徐立译．北京：经济学院出版社，1989：183.

一致。[①]但我们谈到科层制的职能、责任分配，包括人员的聘用、工作要求等等都是按照科层制的客观要求去约束的，与此相应的工作目标同样也是理性化的设计与确定。目的性的概念包含了决策层级的意思：每个较低层级的任务，都是实现上一层级各个标的的途径。只要受到总目标的指导，行为就有目的性；只要选择的行动方案有助于达到既定标的，行为就是有理性的。[②]个体与组织的决策过程就是在这种不断的理性目的的追求中完成任务，实现目标的。

2.1.3 决策过程中相关理性因素分析

2.1.3.1 科层制的约束

所有组织中的人都不是随意地组合在一起构成组织的，组织成员间会有职能的分配与管理，组织中会有不平等而产生权力存在。组织决策过程中不会是组织成员所有人有均等机会与权力实现决策结果，这期间会有个体间的博弈与权力的不平等性。组织成员间的组成构成某一组织是有个体与组织各自的目的性，根据这一目的与个体的能力、资源被分配不同的职能，产生相应的权力与职责。为实现理性意义上的公平与合理，行动者的行动是制度体制内的自由，行为受到严格制度的约束。专业化、权力等级、严格的制度和最大程度的公平与公正是组织形成与运行过程中遵循的基本原则，也恰恰是科层制在现实生活中的特征。

人与组织理性目标的追求恰恰迎合了科层制组织形成的条件，反过来，科层制组织的形成也恰恰迎合了个人与组织追求公平与合理过程中相互让渡的界限。因此，科层制及科层制意义的组织制度能够广泛地存在。科层制约束了个体的自由，而个体在行动过程中又找不到其他的组织制度能够有效地实现个体间的公平。科层制度各个特征的综合创造了一个社会条件，强制地推动组织的每个成员通过整体理性的追求去努力实现组织的目标。[③]

---

①［美］盖瑞·J. 米勒. 管理困境——科层的政治经济学［M］. 王勇、赵莹、高笑梅、季虹译. 上海：上海三联书店上海人民出版社，2002：17.

②［美］赫伯特·A. 西蒙. 管理行为（第4版）［M］. 詹正茂译. 北京：机械工业出版社，2004：4.

③［美］彼得·布劳、马歇尔·梅耶. 现代社会中的科层制［M］. 马戎、时宪民、邱泽奇译. 上海：学林出版社，2001：20.

科层制组织中的个体相信科层制带给每个人的理性与公平的安排，因此，在决策分析过程中，行动者有时会对自己的行动分析偷懒，而借助科层制选择自己或组织的行为。当然，决策者也会利用组织成员的这种信任，高层决策者在做出决策之后，会对他们的决策寻找听上去很理性、很符合实际的理由，[①]以迎合科层制的理性追求。这样的高层决策者与下面的被管理者相互欺瞒，结果就出现了表面上合乎科层制要求，实际上都是为自己的行动找到了科层制的借口，让人人都相信个体与组织都在追求合理性。

科层制组织内要求严格遵循等级制度，与此相对应的就是严格遵循权力的控制，从最底层到最上层，最高权力一直是决策的核心。高度服从的权力就表现为权力的高度集中，组织的决策就变成了少数权力集中者的决策，这也是科层制组织中成员追求理性目标所承认与接受的结果。在利益一致的情况下，决策受官僚制度的影响多一些。[②]反之，在利益存在冲突的情况下，权力的作用就凸显出来。官僚体制企图通过行政措施的办法来规定一切人的一切行为。所以一切官僚体制实际上使人民群众的活动变得越来越贫乏，然而权力之争并没有消失，反而变得更加隐蔽了。[③]因此，科层制对人的约束程度更多地通过权力表现出来，权力之争就是个体行动者实现理性目标的竞争。

总之，科层制组织是行动者追求理性的一个选择结果，反过来，理性建构下的科层制中行动者又在追求理性目标的过程中不断地利用科层制的约束而实现。科层制组织约束下的个体与组织的决策过程便带有理性的色彩与追求。

2.1.3.2 行为结果的预测

人们在进行行为决策的时候，都会自主不自主地对其某种行为的结果有一个预想或预测，这个过程无论需要多长时间，都是理性经验积累给予行动者的一个判断能力。行动者在处理自己早期经验时，都会把早期经验进行理

①［美］理查德·H. 霍尔．组织：结构、过程及结果［M］. 张友星等译．上海：上海财经大学出版社，2003:179.

②［美］理查德·H. 霍尔．组织：结构、过程及结果［M］. 张友星等译．上海：上海财经大学出版社，2003:180.

③李友梅，华大明．关于社会组织结构的分析——法国社会学家米歇·克鲁吉耶在沪作学术报告．[J]. 社会，1982(4):60.

性的归纳与总结，以备以后行动或决策时作用。熟练的经验应用，就会让我们看到瞬间做出行为决策的结果。在进行情境选择的时候，人们会倾向于那些已经熟悉的情境，因为在这些情境里面他的信息处理能力更高，做出理性选择的可能性更大。[①]同时，也是因为在这种熟悉的情景中，行动者更能做出经验判断，并迅速做出决策反应。

行动者除了对自己的行动及行动结果做出预测之外，为实现个体利益和目标的充分获得，行动者还会对周围他人及情境进行预测，以协助自身行动的确定。在这里的行动结果预测中，行动者也是根据已知的条件作为充分的条件，进行理性的分析与判断。从分析逻辑上讲，行动者对其他人及周围情境了解得越多，越有利于得到更为理性的行为判断，以确定周围其他人有情境对自身的影响。当然，人们彼此间依附的危险变小，他们彼此对对方的决策行为进行有效预测的难度变大了。在这种情况下，寻求自我防护或为自己某种自由的企图也就成为了必需。[②]

行动者在预测自己及周围其他人的行为结果后，会努力地运用已有的信息与资料实现这一目标。组织的决策与行动也是如此，根据海纳的基本思想：当一个组织有充分的信息，具有完全确定性时，它应该不受任何约束地、随时随地追求最大化目标。也就是说，一旦有新的信息，它就应该相应地调整自己的行为，因为它可以预测知道这个信息的意义和未来的状况（确定性）。[③]

简单地说，行动者和组织在决策分析过程中，对自己与他方的行为结果预测都是以理性为基础的，并在不同的情境下随时调整自己的理性分析预测。因为，只有在这种理性行动结果预测的前提下，才能够对所面对的信息给予准确的定位，并能与其他行动者与组织进行有效的交流与互动。这些预测也是行动得以形成的前提之一。

2.1.3.3 合作机制的选择

行动者在对各自的行动结果进行理性的预测之后，就需要把这种预测在现实中付诸行动，最常见的行动模式就是进行合作。行动者根据其理性目标，

①刘荣．有限理性与社会分工［J］．现代商业，2011(2)：183.

②李友梅．组织社会学与决策分析［M］．上海：上海大学出版，，2009：20.

③转引自周雪光．组织社会学十讲［M］．北京：社会科学文献出版社，2003：171-172.

寻找其他适合合作的行动者，进行资源与信息的交流与交换，分配具体行动，确定共同的理性合作目标，实现理性化的合作。行动个体或组织成员间的合作机制是让渡于理性前提的。个体间或组织成员间需要付出成本与代价，才能够从其他人那里获得自己想要的资源和价值。根据交易成本理论，这种合作的过程中所需要的成本是很难计算的，行动者要有回忆成本，寻求理性经验，又要有预测成本，对未来行动有一个预算控制，同时还要在实际行动中随时调节成本量。但是，从整体理性分析来看，合作是实现个体与组织目标的最大收益的重要路径。即使行动者在行动中与其他行动者之间是竞争、对抗的关系，其本质也是一种变相的成本交换，也是一种合作。

在实际合作机制的作用下，组织成员会通过培训等方式增加自己掌握的有效成本量，以期在合作中以最小的成本，做出最满意的决策。在我们社会的每一个领域，每一个方面，参与决策的人数大量地增加，与此同时，必须在决策时加以考虑的观点也显著增多。[①]组织决策便面临这样的困境，因此，组织决策的成本预算更是无法有效地确定下来。组织决策内部及外部的合作机制成本中还增加了组织成员间以及组织与组织之间的协调成本，即使组织有领导者与决策者，但是，社会组织的负责人或管理层其实也很难仅仅按照他们自己的意志来运作他们所领导的组织，这就是说，他们也面临着如何在组织内部重新发展协调能力的问题。[②]然而，即便如此，组织内外部合作过程中，仍是按照理性判断合作结果来进行行动安排的。

2.1.3.4 制度性的要求

制度是理性追求的一个体现，目的在于以此来约束行为中的个体与组织能够有共同的行动目标与行动规范。在决策过程中，个体与组织都在积极寻求理性最大化，寻求理性行为目标，行动者是根据他们的这些目标来组织他们的关系体系的，而他们的这些目标（作为结果）从来都是他们自己的目标与组织目标之间的一种妥协。[③]这种妥协需要行动者找到有效的借口来合理

---

①［法］米歇尔·克罗齐耶．法令不能改变社会［M］．张月译．上海：格致出版社，上海人民出版社，2008：18.

②李友梅．当前社团组织的作用及其管理体系［J］．探索与争鸣，2005(2)：41.

③李友梅．组织社会学与决策分析［M］．上海：上海大学出版社，2009：167.

地给予解释。一部分群体成员放弃自己的合理目标追求，群体的不同成员只接受某个成员的“领导”，并根据他的行动相应地调整自己的行动。[①]通过组织以及组织领导的合理目标实现，而对自己的合理目标再给予满足或施舍，以达到自己的行动目标。还有一部分人则放权给制度，通过制度来判断如何协调自己对组织决策的妥协行为。

事实上，在行动者与组织进行理性判断过程中，以及在进行各种关系协调过程中，制度已经实现了对部分已知条件的约束，行动者和组织因此而能够更进一步地接近完全理性判断。同时，制度本身就给予行动者和组织一个完全理性决策的分析工具，至少可以依赖现有的制度对决策过程进行完全理性的决策。

奥尔森在其集体行动的逻辑分析中说：“实际上，除非一个集团中人数很少，或者除非存在强制或其他某些特殊手段以使个人按照他们的共同利益行事，有理性的、寻求自我利益的个人不会采取行动以实现他们共同的或集团的利益。[②]”这里所说的强制或其他约束手段便是各种正式与非正式的制度，制度保证了个人与集体的理性目标的追求，换句话说，这是用一种理性的制度确保另外一种理性行为的实现。因此，从制度本身及其制约性的目的来看，都是具有理性性质的。

2.2 决策过程中的有限理性因素分析

2.2.1 理论综述

提到有限理性理论，首先就要想到西蒙的有限理性分析。他的理论至今仍然被大部分的研究者所接受。西蒙在研究过程中，对理性进行了进一步的

①［美］赫伯特·A. 西蒙．管理行为（第4版）[M]．詹正茂译．北京：机械工业出版社，2004:99.

②［美］曼瑟尔·奥尔森．集体行动的逻辑[M]．陈郁、郭宇峰、李崇新译．上海：格致出版社，上海三联书店，上海人民出版社，2010:2.

分析，他看到行动者是在追求理性，但人的理性是有局限性的，在决策的过程中还会遇到很多不可确定的因素，因此，行动者在决策判断过程中不可能穷尽所有的理性思维，最终形成一个完全理性的决策。基于此，20 世纪 50 年代，赫伯特·A．西蒙提出了重要的有限理性思想。西蒙的有限理性认为，人们的信息加工能力是有限的，所获得的信息不是全部信息，同时，因为人们的思考能力有限，不能像理性原则所说的考虑所有出现的情况，并预测出其后果，所以，人们在行动中只是部分地实现了理性，是在有限的理性中进行决策分析的，其结果也就不可能实现理性所说的效率最大化的结果。这就是西蒙所说的有限理性。

在西蒙看来，如果我们接受了有限理性的前提，那么在决策过程中，人类的决策也不是按照“最大化的原则”来选择的。他认为：“全面理性抉择模型，大多是在做出抉择之前，先评价全部备选方案。真实的人类决策，常常是依次顺序检查备选方案。我们可能知道，也可能不知道决定顺序的机制。在顺序检查备选方案的情况下，我们可以认为，评价过程中碰到的第一个满意方案，就是实际选择的方案。[①]”这也就是西蒙所说的“令人满意”原则的选择方案。西蒙认为，人们在有限理性的前提下获得有限的条件，那么人们在决策时，便会对不同的选择两两对比，确定其中最好的选择再与下一个选择形成两两对比，……如此循环往复，直到找到“令人满意”的方案便停止这种对比循环。这是西蒙进行决策分析时的基本逻辑，西蒙把这种决策分析看作是一个重要的创新。[②]

西蒙和马奇进一步对有限理性进行了研究，在研究组织决策时，他们认为组织中的决策者首先是行动者，行动者遵循有限理性做出选择，同时，行动者的决策又受到环境的束缚，组织与个体行动者的决策便不再是简单的互不相干的过程，而是互相影响、互为利用比较的过程。他们认为，个体的决策过程其实就是参与管理的过程，在复杂的背景下，通过满意原则的寻找与确定，其实就是一个参与管理的过程，因此，西蒙提出：管理就是决策。这是组织中

---

①［美］赫伯特·A. 西蒙．现代决策理论的基石［M］．杨砾、徐立译．北京：经济学院出版社，1989：20.

②李友梅．组织社会学与决策分析［M］．上海：上海大学出版社，2009：47.

的决策机制。西蒙在《管理行为》中特别强调，决策是管理的核心，分析组织和组织内部其他因素如何影响组织成员的决策和行为，是我们洞察组织结构和组织职能的最佳途径。[①]

在具体的决策原则上，西蒙强调用“满意性”代替“最优化”。强调组织与集体对决策的影响。西蒙曾提出“决策制定包括四个主要阶段，即找出制定决策的理由；找到可能的行动方案；在诸行动方案中进行抉择；对已进行的抉择进行评价。[②]”在这个过程中，西蒙特别强调信息在其中的重要作用。行动者和组织在寻找最满意的决策时，会对信息进行加工与过滤，这会直接影响决策结果与满意标准。马齐与西蒙指出社会角色的合理化是有限的；他们进行选择并没有找到最理想的解决方式，而当他们发现第一种让人满意的解决方式时就停止了搜索，以后对于决策的经验性研究或更加理论化的研究强化了这一论点。[③]

西蒙和马奇不断通过研究反思决策过程中的不同理论，发现关于组织成员行为理性的这些不同理论具有一个共同的研究假设：个体总是在寻求最佳的解决问题的办法。[④]也就是说，理性也好，有限理性也好，人们在面对困难的时候总想利用最简洁的方法去解决。但事实却又非常的复杂，因此，在20世纪60年代初，马奇和他的同事对组织决策的环境进行进一步研究的时候发现决策并不是完全以有限理性进行分析后确定下来的，行动者的选择偏好上具有含混性，每个行动者并不是非常明确自己的行动目的与偏好。而且行动者的偏好随时会发生变化，产生另外一个决策。基于这种情况，他提出了“有组织的无序”的概念。根据这一概念，1972年，马奇和他的合作者提出了著名的“垃圾箱决策理论”。他认为，行动者在决策过程中，在不同的决策情境下，会遇到大量的问题、多种解决方案以及大量的参与者。在面对这么复杂的

---

①转引自戴正农．“满意化”和“适应性”：西蒙有限理性思想探析［J］．江苏社会科学，2011(6)：26.

②［美］赫伯特·A．西蒙．管理决策新科学［M］．李柱流、汤俊澄．北京：中国社会科学出版社，1982：33-34.

③［法］克罗戴特·拉法耶．组织社会学［M］．安延译．北京：社会科学文献出版社，2000：58.

④转引自李友梅．组织社会学与决策分析［M］．上海：上海大学出版社，2009：101.

情况下，人们并不能真正实现有限决策理论所说的进行理性的循环对比。同时，受到决策环境的影响，决策者的偏好不断变化，更不能实现有序的对比，以找到最满意的决策。所有的这些问题、解决方案以及参与者就杂乱地放在一个“垃圾箱”中，在决策时刻，行动者在相应的情境下，偶然地选择了其中的一个决策。相当于人们在垃圾箱里随机地挑出了一个垃圾。这就是“垃圾箱决策”的基本原理。这一原理强调决策过程的偶然性与模糊性。模糊性指同样信息条件下人们会有不同的解释和理解，而这些不同的解释不因信息的增加而改变。①马奇和他的合作者认为，决策者面临的每一个决策都是相对独立的，而由于人的理性与知识的有限性，行动者不能对决策进行充分的理解，因此，行动者的偏好也是不固定的。他认为时间是决策结果的一个重要影响因素，只在那一时间的决策是独立与独特的，才会有那时的决策结果。因此，从“垃圾箱决策模式”角度来看，要解释一个决策过程及其结果，我们必须从动态过程中认识这些不同过程之间的相互作用。②

20 世纪 70 到 80 年代，研究者对决策的研究更关注决策与周围环境之间的关系。20世纪80年代，行为心理学家特奥斯基和卡恩曼通过心理实验发现，个人决策过程中常采纳“经验估算”，这也证明了有限理性在个体行为中也有所表现。③1985 年，交易成本理论的主要代表者威廉姆森也对有限理性提出了自己的观点，他强调组织决策的关键在于交易成本，他认为交易成本是组织效率的一个重要的、决定性因素。④他承认有限理性的合理性，但也偏向于机会主义，认为正是由于有限理性，人们的认知不完全，人有投机行为，会看情况而采取决策，这样其行为结果的预测就不稳定了，因此，需要采取措施预防机会主义带来的风险。威廉姆森把这种理性称为程序理性或弱理性。既然如此，他强调在决策过程中的交易成本主要来自不确定条件下的有限理性、信息不畅通、机会主义和小数量交易市场的结合等的交汇。⑤其实，交易成本理论也

①转引自周雪光．组织社会学十讲 [M]．北京：社会科学文献出版社，2003:303.

②周雪光．组织社会学十讲 [M]．北京：社会科学文献出版社，2003:306.

③耿敬、姚华．当代乡土文化的流动性特征 [J]．东方论坛，2007(3):93.

④［美］彼得·布劳、马歇尔·梅耶．现代社会中的科层制 [M]．马戎、时宪民、邱泽奇译．上海：学林出版社，2001:169.

⑤［美］彼得·布劳、马歇尔·梅耶．现代社会中的科层制 [M]．马戎、时宪民、邱泽奇译．上海：学林出版社，2001:176.

同样是在有限理性基础上建立与发展起来的。在 1975 年的《市场和等级制度》一书中，威廉姆森提出了一系列的中心概念作为他建构交易成本理论的基础。其中第一个是"有限理性"(bounded rationality) 这一概念。……第二个概念是不确定性(uncertainty)和复杂性。……第三个概念是人们行为的投机性倾向(oportunism)。……第四个概念是"小数现象"(small numbers)。[①]这更加明显地表明了威廉姆森所提出的理论与有限理性之间的关系。

除此之外，有限理性的理论在法国社会学家那里也得到了极大的发展。克罗齐耶认为对维持表面的理性标准的原因和条件的研究，实际上更具有重要性。[②]克罗齐耶的研究小组经过研究，认为西蒙的理论轻视了组织与外部环境之间的关系，主张对组织内部结构和活动规则分析，应该首先考虑对行动者理性问题相联系的外部背景问题的重组，因为这个背景表明决策不是单独成为理性的，它的理性只相对于那些对决策的实施有反应的，使决策的规划得以落实或变得无效的体系而存在的。[③]克罗其耶认为行动者的组织是理性决策的整体，因而这个组织的边际是不确定的，其成员有建立和扩大他们的自由余地的可能性。所以，尽管决策的理性是有限的和受到约束的，但不会被完全限定。他还强调指出，只有很深刻地认识行动者是通过什么方法操纵自由余地和行动者为什么要利用其行动余地，才能全面地理解决策理性的问题，才能真正地提示表面的理性标准所维持的原因和条件。[④]

其后，还有一些学者对有限理性提出了自己的观点。例如有学者提出了适应性理性，认为这种理性的本质仍然是有限理性，只不过这是心智层面上的有限理性。它认为心智也是需要成本的，理性也存在心智上的理性，西蒙的有限理性忽略了对人的心智的分析与考察。所谓适应性理性是指基于适应性匹配和经济性原则，在考虑环境结构的前提下对理性和非理性优化配置的一种理性。[⑤]有限理性意味着心智资源的稀缺，费斯科指出个体在决策时有把复

①转引自周雪光．组织社会学十讲 [M]. 北京：社会科学文献出版社，2003:35-36.

②转引自李友梅．行动者的选择余地及决策理性 [J]. 社会，1995(10):35.

③转引自李友梅．行动者的选择余地及决策理性 [J]. 社会，1995(10):35.

④转引自李友梅．行动者的选择余地及决策理性 [J]. 社会，1995(10):35.

⑤崔月琴，丁惠平．有限理性思路的扩展与补充——基于组织决策视野中的思考 [J]. 社会科学战线，2007(4):189.

杂问题简化的认知能力，因此当面对信息冗余、时间压力和主体的认知约束时，人们常运用快速高效、心智成本低廉的简捷启发式扩展理性。[①]

还有学者提出了潜在有限理性与实际有限理性的概念。从理论上来说，个体在有限理性范围内存在着一个实现程度的最大值，这一最大值的实现要求个体能够在充分发挥自身认知能力的基础上，全方位考虑影响抉择的所有不确定因素，并且，从抉择效率的角度来考察，还必须能够正确分类、加工和处理好这些不确定因素。因此，我们可以把个体的这种状态称为潜在有限理性。[②]在现实中，行为经济人的有限理性，既不是在较长时间也不是在较短时间内实现的，它通常要经历一定时间长度的思考。为此，我们不妨将介于较短时间和较长时间所实现的有限理性状态，称为实际有限理性。[③]

总之，关于有限理性理论的研究与讨论始终没有停止过，随着人们对决策行为研究的细致化、深入化，对有限理性的决策分析的理解更趋向于合理化。

2.2.2 抛不开完全理性的有限理性的分析逻辑

有限理性决策分析方式给人们的决策选择开辟了新的研究路径。但回归到有限理性与完全理性内涵的理解上，我们都要承认，有限理性是建立在完全理性基础之上的，有限理性也是理性的一种。其行为都是为了实现理性目标与决策。“寻求最优”与“寻求满意”在意识形态上来讲都是行动者理想性的满足。包括西蒙自己也认为“寻求满意”和“寻求最优”，是一定情形下理性行为的两类广泛的标签。这里所说的一定情形，指的是复杂性和不确定性致使全面理性不可能。[④]西蒙提出“有限理性”的概念是因为完全理性解释不了非理性因素对决策的影响，那么从理性的角度来看，理性就成为有限的理性，有限理性仍然是对理性的追求。在此，我们提出第三个基本命题：有限理

---

①张茉楠．从有限理性到适应性理性［J］．经济社会体制比较，2004(6):81.

②何大安．行为经济人有限理性的实现程度［J］．中国社会科学，2004(4):94.

③何大安．行为经济人有限理性的实现程度［J］．中国社会科学，2004(4):94.

④［美］赫伯特·A．西蒙．现代决策理论的基石［M］．杨砾、徐立译．北京:经济学院出版社，1989:56.

性抛不开与完全理性的关系。

既然说完全理性与有限理性有着密切的关系，那从其原理上看，两者又并不完全一致。那么，两者到底有着什么样的关系。在此提出第四个基本命题：从行动者层面进行决策分析，完全理性是存在的；从组织整体层面进行决策分析，有限理性决策分析方式是正确的。两种决策方式并存且不发生冲突。在前面分析完全理性决策的时候，研究的视角都是从行动者出发来看决策行为，不管这个行动者是个体还是组织，理性视角还是存在个体主义色彩的。而西蒙之后的社会学家意识到了组织与集体对决策的影响作用，进行决策时，意识到决策与外界之间存在复杂的关系，特别是组织决策过程中，复杂的环境背景让西蒙意识到人的思维与现实的局限性，认为完全理性并不能真正实现，真实生活中的理性都是有限理性。有限理性决策论跳出了决策者本身，而是从行动者与他所在的环境——即从组织整体的层面来看决策行为，理性的有限性就愈加明显了。所以，理性与有限理性可以并存，同时并不发生冲突。

决策过程不是面对已知条件进行自由组合，排出全部序列进而找到最优的或者是最满意的。决策者要根据自己的实际条件去找到、发现、创造要素去组合形成不同的决策方案再选择最优或最满意的。决策者不是被动地接受条件去判断和选择，而是要主动地寻找与创造条件。因此，这里就存在决策者智力、能力与决策力等等的各种差异，导致面对同样的情境，其决策结果是大不相同的。而有限理性看到了判断力、智力等的有限，却是对外界环境的一个被动的反应，主动性的观察仍然是缺乏的。

明白了理性与有限理性之间的关系，那么行动在决策过程中是在寻找“最优”还是“满意”？行动者又是按照怎样的逻辑顺序去进行选择行为的呢？从实际的决策分析过程来讲，我们不否认理性的存在，但有限理性能让我们更全面地获得决策的条件、约束与支持。所以，在分析实际的决策过程时，我们主要还是依据有限理性的原理去进行分析判断，承认行动者在决策过程中寻找“满意的”决策。西蒙认为，行为模型所描绘的这种理性，当然不是寻求最优的。它甚至不能保证我们的决策是前后一致的。事实上我们很容易证明，具备这些特征的生物所做出的抉择，常常取决于提出备选方案的顺序。[①]西蒙所说的备选方案的顺序，就是依次进行两两循环对比，直到找到满意的为止。而实际上，在决策判断过程中，面对出现在行动者面前的所有条件，人们决策时不像西蒙所说的两两对比，选择最满意的，而是通过经验与风险预测已确定了决策选择的范围。有时我们看到行动者在决策时并没有对比与比较的过程，当行动者进入选择区域中时，自然的经验判断与风险可能性就被过滤出来，迅速地应对目前的状况，形成决策者的选择。而当行动者遇到新问题，找不到早期的经验支撑，行动者就会形成新的判断能力，或者借助外界的环境协助行动者进行判断。有限理性的“满意原则”也是理性经验基础上的满意原则。

行动者不是孤立地产生决策判断，而是要不断地与外界发生作用，建立联系，与外界以及其他的行动者产生对话。西蒙在分析组织决策时曾说：“对于公务繁忙的行政主管来说，引发他制定决策的，大多是他本人之外的刺激。[②]”这不仅是对管理者如此，对组织中的行动者也是如此。行动者在相应的制度体系内，与外界建立权力关系、信息流通关系、博弈竞争的关系等等。西方社会研究者们把这种通过组织来发挥作用的过程叫作游戏，并越来越认为，这个游戏对组织整体运转的继续起重要作用。[③]在游戏中，行动者就是按照游戏规则，不断地与其他行动者（包括个体行动者和组织）进行讨价还价、相互冲突、相互妥协，最后形成决策结果。

综上，完全理性在有限理性决策理论里仍然存在，并且有限理性本身也是一种理性的追求，只不过是在达到不“最优化”的前提下，退而求其次，认为行动者是在追求“满意原则”来实现决策过程。有限理性理论中的理性是一种行为方式，它（1）适合实现指定目标，（2）而且在给定条件和约束的限度之内。[④]这进一步说明有限理性对理性的追求。正因为如此，即使研究者接

---

①［美］赫伯特·A. 西蒙．现代决策理论的基石［M］．杨砾、徐立译．北京：经济学院出版社，1989：121.

②［美］赫伯特·A. 西蒙．管理行为（第4版）［M］．詹正茂译．北京：机械工业出版社，2004：91.

③李友梅．现代社会的组织特征［J］．社会，1995(9)：17.

④［美］赫伯特·A. 西蒙．现代决策理论的基石［M］．杨砾、徐立译．北京：经济学院出版社，1989：3.

受了有限理性决策分析理论，也会在研究中不断去追求完全理性，试图给复杂的决策过程一个简单的解释。

2.2.3 决策过程中相关有限理性因素分析

2.2.3.1 权力的利用

权力是什么？权力是有限理论决策在讨论决策过程中无法绕开的一个话题。它在组织运行与具体行动中存在，但是看不见，摸不着，没有确切的界限和范围，无法明确具体的表现形式，可它的作用与影响性又是不可估量的。这样一个无法确切下来的要素在决策过程中是行动者追求的目标。什么是权力？如何拥有权力？它在决策中有什么意义？这是在决策过程中必须要思考的。组织社会学对权力的思考通常是先受到美国政治学家 R. 达尔（R.Dehl）的影响。达尔在他载于 1968 年出版的《社会科学国际百科全书》里的一篇题为《权力》的论文指出：在现代社会科学中，权力这个词是指各社会单位之间的关系子集，在这些单位中，一个以上的单位之行为在某些条件下依赖于另一些单位的行为。[①]法国社会学家把权力游戏作为组织决策分析的主要内容，他们认为“权力游戏”作为组织决策分析的一个重要推论要素，基本要旨是指参与到组织互动中的行动者，围绕着组织运行中某个特定问题的解决，基于他们各自对组织环境复杂性的认知与理解，各自所掌控的关键性资源与行动能力的盘算以及对对方可能行动策略的估计与判断，而建构起来的体现特定权力关系的互动过程（李友梅，2001；克罗齐耶、费埃德伯格，2007）。[②]进一步讲，李友梅认为：权力的关键在于把对方限定在某个特定行为之中，同时要使自己有充分的自由余地来保证实现自己未来的行为，权力是在较量中发展起来的，力量、财富、声望以及合法的权势只有当它们能成为行动者的最大活动自由或成为其他行动者的对策时，才发挥作用。[③]另一学者康晓光认为：所谓“权力”不仅仅是某个个人或机构影响他人或其他机构的能

---

①李友梅．组织社会学与决策分析 [M]．上海：上海大学出版社，2009：120.

②转引自梁波．权力游戏与产业制度变迁——以中国石油产业外部合作战略转型为例 [J]．社会，2012(1)：41.

③李友梅．行动者在组织中的权力 [J]．社会，1995(11)：43.

力，也指某个人或机构按照自己的意愿行事的能力，即自治能力或自主能力。简而言之，权力在本质上意味着“具备做某种事的能力”或“产生某种结果的能力”。[①]综上，权力首先是一种能力，是行动者在具体行动中掌握与拥有的能力之一，这种能力行动者可能是明确清楚的，也可能是并不知晓，但它会由行动者具有的条件及所面临的状况而不重合地存在着。其次，权力是一种力量。这种力量对行动者自身而言可以保证行动者现有资源与自由，同时还可以借助权力这个力量去获得更多的有效资源，扩大自己的自由余地。而这种力量对他者和外界环境而言，是一个掠夺性的力量，能够有目的性地侵占外界的资源与自由空间。最后，权力是行动者主动性的产物。无论权力是自然被附加于行动者身上的（例如制度赋予），还是后天创造条件而生成的，权力必须与行动者的主动性联系起来。行动者要主动把这种能力找到并让它发挥作用，这种能力或力量才真正地变成权力。

权力的解读。克罗齐耶和费埃德贝格还指出，在人类关系和社会行动中发挥关键作用的是权力关系。[②]权力是在互动行为中达成的，在决策过程中，决策形成前的竞争、谈判、协商等过程也是一种权力博弈的过程。行动者的权力付诸行动，使其能够在决策过程中占据更多的决定性的优势。哪些能力和力量才能转化为权力？这与决策的核心问题直接相关。等级制所带来的职位权力是相对固定的，但对决策过程的作用却并不一定是不变的。权力存在于相互依赖的群体之中，单个的人没有权力存在，这种依赖性的关系在具体决策问题的表现才真正决定了行动者拥有的权力的大小，而职位权力如果在决策问题中没有依赖关系的体现与支撑，那么这种权力也是无意义的。每个拥有一定权力的参与者会为了达到他的目标而使用他的权力，而且可能按照他的想法决定其权力的使用。[③]其实，组织的每个个体和群体都或多或少地拥有一些权力资源。……他们还有对上级施加压力的可能，……更简单地说，如果他们能够隐瞒事实真相或能够通过组织制造一些重要的约束，他们就有了

①康晓光．权力的转移——转型时期中国权力格局的变迁［M］．杭州：浙江人民出版社，1999:45.

②李友梅．组织社会学与决策分析［M］．上海:上海大学出版社，2009:引言．

③李友梅．关于构造社会现实的若干社会学思考［J］．上海大学学报．社会科学版，2000(2):16.

一定的权力来源。[①]但是,权力如同人的理性一样,也是有限的,权力能够客观存在于参与者的相互关系之中,但能否被利用与如何被利用则是与人的理解能力和分析判断能力直接相关的,换句话说,权力在决策过程中建立与使用的前提还是有限理性理论。在个体决策与组织决策中,权力一方面让渡于已经占据的有效资源和能力,另一方面,会利用权力使竞争者在决策中处于不利地位,行动者由此能够扩大其在决策中的理性范围,也就是说缩小其无法确定的被限制的理性范围,进而有更为理想的策略选择,尽可能地实现其理性的目标。这是权力在决策过程中的运用。

2.2.3.2 利弊混杂的信息

行动者的决策过程是一个过滤信息、获取信息和使用信息的过程。信息是一个流动的无形资源,每个行动者就像一个个介质一样,各种各样的信息会不停地在介质中通过。行动者根据自己的判断对信息进行过滤,有利于目标达成的信息会在介质中作一个短暂的停留而被利用起来,转化为对行动者有利的各种资源,例如权力、控制、特性等等。而对目标有害的信息则或者被剔除掉,或者被改良成为有益的信息。还有一部分对行动目标谈不上利与弊的信息在行动者身上通过,如同眼睛无目的性地看世界一样,不留一丝影响。但我们不得不承认,这种信息的过滤与利用是包含有人的主动性的,受人的能力的限制,而通过有限理性理论分析,人的能力是有限的,人对信息的处理也是有限的,对信息性质的判断是有差异的或者是根本不正确的,对信息的改良也有可能达不到期望的信息效果,一些看似无用的信息实际上可能对人的决策与行动产生很大的影响。不管怎样,人对信息的各种处理方式表明行动者期望通过信息的利用与控制实现其理性的目的与目标。

信息是客观的,但行动者和组织对待信息的方式确是不尽相同。一部分信息与权力相关,决策过程中获得有效的信息便相当于掌握了某种权力,或者是对自己权益有利的权力,或者是在竞争中能够对对手产生威胁的权力。总之,一部分信息,特别是稀有的、珍贵的、不容易获得的、对决策具有重要影响的信息更容易转换成某种权力在行动者身上停留下来。当然,有时这种停

①李友梅.行动者在组织中的权力[J].社会,1995(11):43.

留可能是瞬间的，但也会对决策及其行动结果产生重要的影响。例如在商业竞争中，竞争对手之间想要获得商业胜利，除了对自己的行动计划做周密而恰当的安排之外，最想获得的一个信息就是竞争对手的底线，如果这一信息能够获得的话，则相当于这个商业者已经成为胜利者，这个信息在竞争这一段时间内就成为能够决定胜负的权力。

在组织过程中，信息不是中立的，而是被各方策略地使用。[①]决策过程中，信息会不停地被流通与交换，行动者用心留意与他的决策和行动有关的信息。同时，行动者要注意对现有不利的信息进行改造，并利用现有的信息去主动地寻找与挖掘更多有用的信息，甚至把一些对竞争对手有利的信息故意隐藏起来，这对竞争者来说也是一种威胁。而且，我们要特别注意，不同的利益也会导致对同一信息的不同解释。[②]在预测自己与他人可能的决策结果时，一定要特别注意差别分析。

组织内包含了各种各样的信息，包括闲言碎语（Noon and Delbridge, 1993）。[③]有限理性的人对信息加工会产生遗漏这正常的，但我们也应该特别注意从不被人注意的地方获得信息。现代社会生活，信息量急剧增加，信息渠道多种多样，高科技和传媒也被充分调动起来，这些大家都知晓的直接信息获得渠道，行动者在决策过程中要给予关注。同时，需要经过再加工才会形成信息的地方往往成为促成目标实现的重要影响因素。例如霍尔所说的闲言碎语，甚至还包括道听途说、坊间传言等等。虽然这些有可能大部分都是虚假的信息，但也不排除通过对其细致加工而获得具有核心作用的信息。

2.2.3.3 时间和注意力

在上面讨论信息因素的时候，就提到了对信息的关注性，也就是行动者的注意力的问题。与注意力直接相关的另外一个需要关注的要素就是时间。在《厂商的行为理论》一书，塞特和马奇提出了这样一个观点，即在组织决

①周雪光．组织社会学十讲［M］．北京：社会科学文献出版社，2003：296.

②周雪光．组织社会学十讲［M］．北京：社会科学文献出版社，2003：300.

③［美］理查德·H．霍尔．组织：结构、过程及结果［M］．张友星等译．上海：上海财经大学出版社，2003：190.

策过程中，时间和注意力都是重要的稀缺资源。[①]在这里就对这两个要素做一个特别的讨论。

霍尔曾经说过：“我们热衷于无限量信息的全球网络化，有时就忽略了另一种新的稀缺已经形成的事实：就是人类对流入信息关注时间的稀缺。[②]”这是高速运转的现代社会里对丰富的信息产生的一种结果，这只是对时间与注意力的一种解读。在实际决策过程中，时间与注意力还需要进一步的解读。决策时，时间对行动者来说只是一个点上的意义，往往在行动确定时会想到时间的作用。事实上，时间也是一个线的意义，行动者要对其决策前后的一段时间内的相关因素作一个快速而系统的分析，把时间能够给予决策过程的有利因素充分利用起来。例如过去的时间给予行动者的早期经验的获得，当下的时间给予行动者快速的应对能力，未来的时间给予行动者理想的目标等等。时间是一个点，一个线，它也会是一个面，与空间结合起来更是一个多维的视角。在决策过程中，可以以时间为界，对各个时间内的决策因素分类分析，这有助于理性决策进一步的实现。行动者更多的是关注过去的时间，最典型的表现就是记忆的运用。西蒙曾提到过：“无论是自然记忆还是人为记忆，要发挥作用，都必须具备根据需要提取记忆信息的机制。[③]”有限理性的人不可能把所有的记忆都提取出来，但我们可以利用时间关联去寻找记忆。

而对于注意力在决策中的意义，周雪光认为：“注意力的分配在很大程度上决定了决策活动。[④]”行动者的注意力首先是有限的，在决策过程中，行动者只能把注意力集中在其中的几件事情上，这些被关注的事件的性质决定了行动者决策的性质。在决策过程中，我们关注的不是注意力范围的大小，不是注意力的范围越大越好，而是要关注注意力是否集中在最具影响力的要素上，注意力是否能够对这些要素有一个持续的关注。当然，这些要素可能是前文所说的表面上与决策没有任何影响的要素。

---

①周雪光．组织社会学十讲 [M]．北京：社会科学文献出版社，2003：169.

②［美］赫伯特·A. 西蒙．管理行为（第 4 版）[M]．詹正茂译．北京：机械工业出版社，2004：18.

③［美］赫伯特·A. 西蒙．管理行为（第 4 版）[M]．詹正茂译．北京：机械工业出版社，2004：88.

④周雪光．组织社会学十讲 [M]．北京：社会科学文献出版社，2003：169.

对于时间与注意力的结合点来讲，行动者要在决策过程中做到在恰当的时间，对恰当的要素集中注意力。这是决策成功的关键。现代社会生活的干扰素非常的丰富，什么时候是恰当的时间？什么时候集中注意力？这是一个经验积累的过程。有限理性的人不能够准确地找到这两个恰当点，但可能通过其他的决策影响因素努力去弥补，使得各个因素都能在时空之中找到最合适的位置，并被最合适的利用。

2.2.3.4 制度的有限性

受有限理性的影响，行动者包括组织团体在决策过程中每时每刻都会受到自身能力的约束，这些约束成为决策过程中的障碍。要想克服障碍，一方面需要行动者尽可能增强自己的各方面能力，获得更为全面的决策过程要素，并要求尽可能无限地接近最为理性的判断与选择。另一方面，借助外界的力量利用各种要素的约束缩小理性分析的范围。这其中最典型的一个要素就是制度。

制度是人的交互行为的结果，它是对人的行为的制约，目的是让人们的生活更加有规律可序，并通过制度的约束与管理减少人的行为之间的相互的破坏性，并期望实现社会公正与公平。制度包括正式与非正式制度，都是人的行动结果，人的理性是有限的，则制度的约束也是有限的，制度不能够约束所有的不公正与不公平的行为。在决策过程中，制度的有限性也是进行决策时需要考虑的因素。行动者可以利用制度增加自身理性分析的筹码，对他者的行动作一个有效的结果预测，并可以利用制度获得相应的权力，交换各种信息。甚至可以充分利用各种制度对决策过程进行有选择地干预，影响决策的整体走向，使其向着对自身更为有利的方向发展。当然，行动者考虑到制度的有限性，可以寻找制度所没有顾及的方面，利用制度的漏洞与人谈判、竞争和协商，从而实现自己的目标。

总之，制度在有限理性决策过程中，同样具有有限理性的性质。

2.3 具体案例分析

D社区作为该城的优秀社区，接到上级街道的各种任务是经常的事情。我国城市社区强烈的行政性直接带给社区及社区内的人以强烈的科层制的特点，权力、等级地位在社区中是非常明显与清晰的，因此，组织中的决策者角色便自然地落到社区中的党委书记、社区主任和副书记、副主任身上。

2.3.1 任务到达了社区

由于D社区是全国的优秀社区，D社区就成为其所在街道办事处的重点培养对象。培养内容之一就是大量能够“争光”“夺彩”“宣传社区”的任务都交由社区来完成。相关的消息从街道办事处到达社区一般通过三种方式实现：一是电话或文件通知；二是上级开会通知；三是见面通知或见面临时形成的无计划通知。2011年2月21日，街道通过会议的方式通知D社区三月份持续以往的惯例，根据社区实际情况自行举行“三八”节庆祝活动。这一消息由Y在参加区里会议的过程中获得，Y回来后，第一时间向YJ书记做了汇报。任务正式到达了社区。

以上是观察到的社区要举行“三八”节庆祝活动的消息的流动过程，从街道办事处到D社区，按照制度安排，通过会议的方式得到了落实。表面上看，决策过程此时才正式开始。而实际上，决策过程其实早就已经开始了。通过进一步的了解，对于这个活动，观察者了解到了另外一个细节：这个通知传达给D社区之前，社区的党委书记YJ在与区里街道的领导交流时提到了计划“三八”节活动表彰的想法，这个建议得到了上级的认可，上级部门作为最初级的决策传达下来，并表示这些活动由该市妇联支持，资金也由妇联解决，D社区是主要的活动点。也就是说，在消息正式到达D社区之前，YJ书记早已获得这一信息，而且这个信息的形成与YJ有着密不可分的关系。因此，当任务到达社区的时候，决策的先决条件对社区决策者个人来说就是不平等的。YJ获得了更多的有价值信息，并更加清楚本次活动要实现的效果与目的，例如她清楚上级领导的意图是妇女活动重视与宣传，此次活动的目标是通过“三八”节表彰活动扩大社区影响力与社区工作的业绩……

再进一步分析，也看出 YJ 地位与权力的特殊性。YJ 是社区书记，党委在社区中的作用是极其重要的。社区是自治型组织，但它需要党委对其工作把握方向，进行思想政治教育工作。而在我国社区，科层制体系建构时，党委被看作是职位最高、权力范围最大的群体，因此，社区中的党委书记的职能与权力被理所当然地看作是最大的，书记就成了社区的家长，所有的事情最终的决定者必然是书记。这是由科层制的作用而看到 YJ 的特殊性地位的。另外，YJ 之前经历的特殊渊源也影响了 YJ 的特殊性。YJ 之前一直在街道办事处工作，直接管理与管辖社区，与街道办事处的人与物渊源极深。后因 D 社区原书记病逝，便由 YJ 边做街道办事处的工作，边兼职 D 社区的党委书记，2010 年下半年，街道又另外派人接替 YJ 的街道工作，让 YJ 做 D 社区的专职书记。这一经历让 YJ 与街道的人员联系紧密，能够在时间上提早知道街道的一些决定，而且也比社区里的其他人得到更多的关于街道方面的安排与信息。社区也因 YJ 是党委书记，并且由上级部门委派下来，对 YJ 尊敬有加，YJ 地位与权力更加稳固。

2.3.2 消息的迅速传播与初次的决策分析

在 Y 开会回来，把消息向社区中的主要领导者（指书记、副书记、主任与副主任）进行了传达，告知各位街道为支持社区举办此次活动，妇联会支持社区五万元的活动经费。D 社区是活动的主要举办地，其他社区街道不做要求，并且没有资金资助。这时，YJ 书记适时地把她主张的这一活动的建议向其他的领导说明：

我上周去区里开会见到区里的书记和街道的领导。我这一想，马上就到妇女节了，反正咱们社区每年都要求举办活动，这次正好有几个人过年来咱们社区慰问，还帮咱们解决了几个居民的就业问题，咱们也没表示感谢，借这个机会开个表彰会，给点荣誉也算是表示谢意了。就和领导提议借“三八”节，我们社区要开个表彰会，促进社区就业，还能够宣传社区，到时候请领导参加，媒体也介入，资金上区里再给点“赞助”，我们社区只要出点力，就既做了宣传，又还了人情。领导当时就表示赞同。今天 Y 参加会议带回的任务基本都是我当时和领导建议的。（访谈资料 YJ005）

这一段话 YJ 传达了这样几个信息：①我与领导关系较近，能够提早获得消息；②活动建议由我提出并得到领导的接受，我在领导那边有一定的影响性；③既然建议是由我提出，那就意味着今后的活动安排必须按照我的想法做，我有权力支配所有的安排。这些信息迅速传递给其他领导，并成为其他领导行为决策的考虑因素。

消息首先在 D 社区的领导者群体中传播，但并不是所有的领导都知道了这一消息。这里，对 D 社区的领导的一些情况给予介绍。D 社区领导一共有五位。其中唯一的一名男性社区副主任 S 几乎从不到办公室里上班，他分管城管工作，在社区中的具体事务并不多。S 在社区领导群体中并不受重视，其他领导仅仅是出于礼节而对他通知一下事务，而且也往往都是把决策的结果直接告知，或告知他一些参与的事项。因此，这次的任务 S 是最后一个知道消息的领导，而且是在全社区开会商讨的时候象征性地通知参加会议时才知晓的，当然，他是不会来参加会议的。因此，在 D 社区的决策过程，往往他的影响都被忽略不计了。

还有一个社区领导 Z，她是社区的主任，但她到 2011 年的 5 月份就正式退休了，她的职务也是因其资格老且在社区工作三十多年，一直任社区副主任（社区主任由原来的老书记兼任），马上面临退休，为安慰她而提升到主任（其实这会直接影响她得到退休金的多少）。Z 因为马上要退休，所以她名义上是负责全面工作，其实把工作全部放手给副主任 Y，自己做了“甩手掌柜”。Z 每天上午上班后，会询问有没有需要她处理的事情（这种情况很少），没事时便在办公室看看报纸，到中午就出去或回家吃饭，如果没有什么事或她不用亲自去管，下午便是她的自由时间。但是她的地位与作用要比上面的 S 大得多，也强得多。社区的大事小情都会与她沟通，即使她不参与，她的消息获得也是比较快的。而且，通过进一步的了解，Z 因其工作时间长，在 D 社区及相关部门都聚集了大量的资源且影响力并不弱于社区中的任何一位（包括 YJ 书记），仅此一点便使得社区中的任何一人都不敢忽视她。所以此次任务，Z 也是迅速获得了信息。

而社区领导层的另外两位 Y 和 ZL 是主要的工作执行者，Y 是公务员编制，且她是由 YJ 书记调转过来，同时也是前一任书记的外孙女，Y 便是 D 社区工作中的主力，几乎大部分的社区工作都由她来完成。因此，她的权力与地位也同样非常重要，但要弱于 YJ 和 Z。而 ZL 是由居委会民选上来的领导，工资由民政部门解决，工作虽然看起来稳定，但也可随时被其他民选上来的人换掉。这样的领导“出身”在社区体制内是属于地位低人一等的。ZL 也是社区工作的主力，但她主抓社区中并不是十分重要但又不能缺少的领域——党建、妇联、精神文明建设等方面。Y 和 ZL 是办公室里的常驻人员，ZL 自然迅速获得了消息。

在 D 社区内，五位领导在一个屋子里办公，位于二楼的一边，这个地方往往就是这个社区重要信息和决策流通与初次被讨论的地方。“三八”节表彰活动的最初活动计划便是在这里进行的。Y 传达完会议内容，YJ 适时地表达完活动与她有关之后，同时在办公室的 Z 与 ZL 都对 YJ 的行为表明了赞同与赞美，认为建议合理，还为社区找到了资金出路。随后，在办公室的四人开始商议如何开展活动。YJ 既然是社区的主要领导者，而且活动的建议出自 YJ，YJ 就成为第一个对活动提出具体方案的人。YJ 也当仁不让，提出根据社区内的活动安排，除去有活动与有人参观的日子，还除去周末休息日，计划定于 3 月 2 日上午在社区五楼活动室开一个表彰大会，以表彰与联欢结合的方式完成此次活动，并提议用寻找“代理妈妈”的方式，把需要表彰的人请来，进行表彰。联欢则是主要由社区里的人员承担，并邀请长期与社区联合的一些文艺组织，开展联欢活动。

YJ 提出基本方案之后，也就是形成了行动的最初目标，这是一个理性的目标，只不过并不是十分的完善。YJ 先根据活动的内容对大家的责任有了一个大致的划分，Z 自然是宏观协调的作用，Y 主要负责具体程序设计、相关准备工作（包括物品、资金和人员安排）、领导邀请和领导发言稿的准备。而 ZL 则协助 Y 负责物品的采买、受资助学生的安排等等。然后，对这个目标随即展开了更深入的讨论，详细讨论活动的过程与一些细节。因为这个活动要请区与街道的领导参加，并且会有电视媒体对此活动进行宣传，因此每一个领导都想在这个活动中有精彩的表现，这样，每一个人都在分析自己所能提供与掌握的资源，进而为活动“添彩”而提出建议。可以说，基本上谁提出来的建议，谁就会承担所提建议的这部分责任。例如 ZL 负责妇女儿童工作，对这方面较为熟悉，于是她提出了“代理妈妈”的人员，而且提出现场要有受资助的小学生，ZL 可以与区内的小学联系，“借点”学生，安排当天出席活动。这个建议得到了 YJ 的同意，马上同意由 ZL 负责此事。ZL 在这里故意只提供了“代理妈妈”的部分人员，其他人员则由 YJ 书记补充，这是 ZL 所故意使用的一个方法：ZL 其实掌握并清楚应该由谁来做这个“代理妈妈”，但人员名单的确定是一个权力的表现，也是社区还人情的过程，社区作为一个组织，社区的家长——YJ 自然是主要的决定者，ZL 便通过这种方式，把部分权力让渡给 YJ，这样，YJ 会对她增加好感，也会给她更多的表现机会，一些需要在活动中“露脸”的时机就很可能落到她的身上。当然，前提是其他领导没有竞争过她。还有就是她确实有能力承担“露脸”的机会，而事实上，很多时候便是能力的差距使她错失良机。

2.3.3 决策的进一步推进

初步的决策在领导层中确定下来后，便是任务的进一步部署。这个过程中的决策过程参与者便扩大到整个社区的主要行政人员。[①]当决策进行到这个阶段的时候，就意味着社区中所有的人都获得了有关这一任务的信息。在这一阶段，由于参与的人数较多，通常社区所采取的主要行动就是会议，通过会议实现信息的进一步传递，并确定进一步的工作目标。在社区这样的机构，会议是随时便可召集进行的，也是组织中的行动者进行博弈的过程，虽然，在社区这样的组织中，行政性的等级严重约束了博弈的自由，但仍会给每一个参与会议的人机会去找到自由的空间，实现自己的工作目标。

2011 年 2 月 21 日下午 2 点 30 分，社区内的全体行政人员全被召集在二楼的“居民议事厅”开会。会议是具有强烈行政性的城市社区决策过程中的重要方式。在会议室内，从人员进会议室的顺序到座次安排，维持会议开展的人员角色可以清晰地看到科层制的影响，严格等级制度是大家都墨守成规的。会议一般由 ZL 副主任向下级别的办公室 W 主任传达，由 W 再向全体社

---

①社区的工作者从宏观上可以分为两部分，一部分主要管理社区的各种行政事务，这部分人一般都是事业编的公务员（社区书记、主任和部分的副书记与副主任）和居委会民选的社区管理者（社区另外一部分的副书记与副主任，还有部分社区行政管理人员）；另外一部分则是具体执行社区职能的工作人员，一般由“公益岗”担任各类专干以及部分外聘人员、受聘的残疾人员等承担，主要完成民政部门要求的基本职能，例如低保办理、残疾人证件办理、老年人享受福利的办理等等。

区行政人员传达。会议开始之前，除YJ书记之外，其他领导人会先到会议室中确认参会人员是否到齐，最后通知YJ书记去会议室正式开会。会议室内四周为沙发，前面放有茶几，必要时这个小会议室会成为小规模参观人员与社区领导座谈的地方。所以，会议室按照会客的方式摆设。社区内的会议经常是这种非正式的会议，人员随意坐下即可。但落座后，仍会看到明显的等级与小团体的差别。会议室正中间较大的沙发是没有人坐的，自然，它是YJ书记的。这个沙发两侧的沙发也自然给空出来，这是给社区的主任、副书记与副主任留的位置。其他的位置，自认为职位最低的就坐在离YJ位置最远的地方，职位相同的工作人员就按平时办公室的划分，坐在一起①。这样的座次首先说明，组织中的每一个行动者都会对自身的地位、权力、职能有一个自我判定，如果不能进行正确判定，最简单的方法就是按照科层制的等级制，看每个人的行政级别与资格的高低。

会议开始正式进行，YJ是这里的主要决策者与主持人，她直接指出要准备“三八”节活动，并把领导者们在办公室内的初步决策告知所有行政人员，并询问大家有何意见。自然是没有人提出异议的，但这一过程却充分体现了YJ的权威与地位。随后YJ具体分配了在座的每一个人的责任与任务，期间会与相关的人员进行确认，有特殊情况的，随时进行调整。这一过程主要依靠以往的经验来确定。在YJ进行发言的过程中，Z是插话参与讨论最多的人，但她的语言表达带有明显的倾向性与技巧性，Z会在适当的时候表示赞成YJ的意见，一再强调YJ书记的想法非常好，但她在具体的操作方式上与YJ有不同意见时，会听到Z首先认为YJ的做法正确，然后指出“咱们再做一下什么什么样的工作更好了”。这样的话语令YJ很是受用，同时，Z的意见也得到了充分的表达，并被大家认可。所以，这更进一步体现了YJ在决策者团体中的核心地位，也同时表明Z在决策者团体中的重要作用。其实，在这个过程中，Z是有其个人的目的的，她不想放弃对活动的决策权，但又不想承担具体的任务，因此便去取得YJ书记的同情与支持，以达到她的目的。虽然，Z之前与YJ曾产生过激烈的冲突，但Z也有较强的权威，因此，Z示弱的方

①这种座次方式同样在研究者进行观察的时间里，几乎没有太大的变化。

式得到了 YJ 的认可,她成为具体策划的真正安排者,并按照她的很多计划进行任务分配,而 Z 却没有具体的工作任务。在这场博弈中, Z 可以说是大获全胜。而社区活动的主要操作者 Y 只是在 YJ 讲话中插言很少的几句, Y 的插话是以平时聊天或拉家常的方式,这也使其他决策者很少会对这种方式的表达表示反驳,因此,对于她分给大家的职能与任务,大家都能接受和认可。ZL 经常会使用“某某事情由谁谁负责好,我没她工作熟”的话语,她会通过这样的方式与其他决策者讨价还价,以减少自己的责任,但她仍为最后具体工作的主力。这次会议主要让社区行政人员在获得任务分配后,通过接受、妥协、协商等方式达成合作,同意以一定的分配方式共同来完成这一任务目标。决策过程貌似已经按照“满意原则”结束了。

2.3.4 最后的讨价还价

在决策的准备阶段,各个社区人员都出现了不同的未能预期的问题。问题之一就是上级领导来参加活动的名单迟迟不能确定,据此,与领导有关的环节直到活动的前一天才全部准备完毕(例如领导的发言稿,不同领导人的发言稿设计也是不同的)。问题之二:原计划向“代理妈妈”献花由被资助的孩子完成,但活动那一天,孩子都正常上学,三十几个孩子不能全部请假参加活动, ZL 的提议没有实现,取而代之提出另外一个方案,即由幼儿园小朋友献花。但又因天气问题,小朋友不能来这么多。这样,社区再次做出了让步,只要求幼儿园十名小朋友参加活动,并由社区负责雇车接送。至此, ZL 的理想目标全部破灭,她在这场决策过程中由主动者变成了被动者。

还有更多的变化,这些变化都是一次次协商的过程。YJ 不甘心全部活动无所事事,为体现自身的权威与能力的优越性,她会在接下来的时间里不停地检查各个行动者的具体活动实施情况,并且伴随了她具体而详细的指点,甚至对活动中所使用背景字的大小、颜色都要进行批评与指点。在 YJ 那里,对下属的批评是常有的事情,这更能展示自身的优越性。也正因为这一原因,下属对她存有大量的不满,但都敢怒不敢言,往往会采取消极抵抗的方式,结果表现出工作不积极,责任往 YJ 身上推的现象, YJ 也成为社区工作者受外界批评与指责的挡箭牌。这种互相影响,互为决策的现象在社区中也是常见的。总之,这样的讨价还价一直没有消失,直到活动在 3 月 2 日上午 8 点正式开始，决策全部过程才结束。

这里特别提到社区中的主要活动执行者Y。她在社区中角色略有特殊，她是由YJ从学校中提拔上来的人，YJ对Y要求严格，加以信任。后来，因Y与YJ的思想有些不统一，经常发生观点冲突，YJ对Y有所失望，但Y仍是YJ的重点培养对象。另Y从小生活在D社区，D社区里的人与她都非常熟悉，Y对人笑脸相迎，乐于助人，因此，大量来自社区中的信息也会第一时间汇集到Y身上，例如食堂的临时工便会经常把她听到的消息悄悄地告诉Y等等。综上，Y的特殊身份让Y把不起眼的日常生活中的人与事关注起来，她通过筛选就会获得影响其决策的重要因素。她可依此进行讨价还价，增加胜算。

2.3.5 案例总结

通过上述案例的分析，城市社区执行上级的命令或任务是一个常见的事情，但其决策过程却包含了众多复杂的要素。但总体来看，因为城市社区的强行政性，科层制的影响非常的大。等级、权威在决策过程体现与影响涉及决策的各个方面。表面是平静与祥和，背后却有着复杂的博弈过程。社区的领导者与具体的实施者都有各自理性的目标，并为了这一目标而努力争取，但各自能力有限、对条件理解与关注程度不同，所使用的竞争手段也是各种各样，综合起来看，个人目标与社区目标能够统一，并且在决策过程中控制整个过程的行动者个人只是少数，并且还要受其自身与外在条件变化的影响，进而进行调整，完成全部的决策过程。社区中的决策过程，理性与有限理性同时存在，上级的任务与命令的完美完成对社区与个人来说都是有利的事情，因此会以任务为目标，围绕任务充分利用各种资源，甚至不惜做假以达到目的。社区因此在进行着“决策”与“被决策”的过程。

2.4 小结

理性是行动者的追求目标，有限理性是行动者在现实中的真正理性体现。二者是被同时接受的。从早期的“博弈”论研究开始，人们经历了从冯·诺伊曼和摩根斯顿（1947）的最大期望效用理论、萨维奇（1954）的主观期望效用理论到赫伯特·A.西蒙（1955）的有限理性论、卡尼曼和特沃斯基（1979）的预期理论等，一直在不断探索如何使决策更加有效。①决策的有效就在于其中理性成分的多少。通过研究与分析，理性只是我们未来目标确定中所使用的一个思考方式，也就是说前文中的第一个命题，即我们在利用理性进行决策分析与判断。进一步说，第二个命题，理性的目的决定了实现目的的决策过程是具有理性的。这两个命题是成立的。

有限理性是完全理性的一部分，是当完全理性无法解释时而给予的一种说法。理性与有限理性只是一个组织决策过程中借助的一个分析视角，且这两个分析视角是不尽相同的。理性分析强调行动者自身的视角，有限理性分析则是强调从组织的层面去考察，视角的不同，也意味着二者都是存在的，并且都有其存在的必要性。重要的是如何协调好二者之间的关系。因此，第三个与第四个基本命题把二者之间的关系阐述出来。

再看案例中的城市社区。城市社区首先有强烈行政性，科层制的影响较深。随着社会进步，信息大量涌入，科层制的作用弱化，社区成员间学会了利用信息来控制权力或影响资源分析，技巧与手段不断地被运用到竞争之中，社区表面的平静掩盖了真正的不平静，社区中虚假手段的使用也是决策过程中协商的手段。

决策中的行动者在通过各种方式来实现满意原则，一面对自己及他者的理性经验进行回忆，一面对自己及他者的行为进行预测，理性有限性是抛不开理性原则的有限理性，在使用有限理性分析困境时，分析过程本身就受到了束缚，那么有限理性之外我们又能看到什么呢？它对决策过程又会有什么影响呢？我们将会对此继续讨论。

---

①郭新强，盛宇华．基于有限理性的选择性预期与决策有效性的机理分析［J］．江苏社会科学，2011(5)：89.

第3章　无法忽视的决策过程中的非理性因素

3.1 理论综述

社会学家在对社会开展研究的时候，什么是社会学的研究对象？这是一个持续讨论的问题。从孔德到迪尔凯姆，学者们都试图把社会学建构成一门科学体系，是具有客观性的学科，研究对象都摒弃了其主观性。直到马克斯·韦伯，他开始正视社会学的研究对象，作为社会人，在社会交往中其主观性是不可忽视的。他认为社会行动是具有社会性的社会行动，社会学不同于自然科学。他在对社会行动进行理想型划分的时候，韦伯对其中的价值理性进行了解读，认为价值理性是一种有意识的行动，指向行动者的价值目标，通过信仰、体验等感性方式获得。他指出“从目的理性的观点而言，价值理性始终是——而且当它愈将所指向的价值提高为绝对价值，则愈益表现为——非理性的。①”韦伯的研究成为社会学研究的一个新开端，此后的社会学研究，非理性的内容也成为思考的重要部分。

而对于组织社会学而言，没有专门的关于决策过程中的非理性研究，对于研究者，包括其他领域的研究者而言，人们的主要观点还是倾向于理性的分析与行动，非理性的部分只是人们复杂行为中的一部分。非理性并不仅仅

①［德］马克斯·韦伯．韦伯作品集Ⅶ：社会学的基本概念［M］．顾忠华译．南宁：广西师范大学出版社，2005:32-34.

指向感性，它还包括一部分非正式制度、价值判断、无法确定的状况等等。这些非理性因素在决策过程中到底占有多少比重，会对决策结果产生多大程度的影响，现在仍然是莫衷一是，但可以确定的是，决策过程中的非理性因素的影响已经引起了研究者们的关注。

从赫伯特·A.西蒙提出有限组织理论开始，决策分析过程中一些非理性因素就引起了研究者的注意，即使是西蒙也认为，不仅仅是因为行动者理性的有限性而达不到理性的目标，也因为大量的非理性因素干扰了行动者对理性目标的追求。西蒙在论证有限理性的同时，也花费了大量的篇幅去讨论非理性的因素影响决策的形成，但在他的理论中，讨论的结果便是重新回到理性的认知上。西蒙将决策导向最终目标的选取称为“价值判断”，而将如何实现最终目标称为“事实判断”。在决策过程中，初始阶段以事实判断为主，随着这一过程最终目的接近，事实判断所占的比重越小，价值判断所占的比重越大。[①]可见，西蒙对目标的性质分析同样避不开非理性的思考。西蒙在分析决策的时候，把决策分为规范性决策与非规范性决策，其中规范性决策是指那些例行的决策，可反复使用的决策，而非规范性决策则是指那些过去未发生过的一次性的决策。非规范性的决策往往指向非理性因素导致的决策情境，行动者对此所花费的时间与成本要大得多。西蒙讲到了目标与决策过程，提到一些非理性因素在决策过程中的影响与作用。他在对有限理性模式的进一步解读的时候，一方面围绕着对理性认知有限性的理解，另一方面更重要的是让人们关注决策过程中非理性因素的存在。人的理性有限，在对信息进行处理的过程中，当有限的理性面对不了当下的情境而作出判断时，人类转而依靠其非理性因素，比如第六感、直觉、信念、价值观等等，这些为人们的决策过程找到了行动的依据，据此也可以完成“满意原则”的过程。或者，人们也从非理性因素出发去找到与其相关的理性逻辑，从而去判断其决策过程与行为。总之，西蒙对非理性因素的关注，使决策分析理论更为丰富与复杂，引起了其他学者的进一步讨论。

与西蒙的有限理论同一时期，塞尔兹尼克也在他的研究中发现了组织运作过程中的非理性活动。根据对这些非理性活动的认识，他认为对组织的研

---

①乔牧川．对西蒙决策理论的解读和述评．中国机构改革与管理，2011(6):25-26.

究角度应该发生变化，提出：我们要走出理性模式，要超越所谓的效率，要超越组织本身，因为组织并不是一个简单的效率机器，而是受外在环境影响的。这是早期制度学派的基本思想。①虽然塞尔兹尼克对非理性活动没有做更深入的讨论，但却为组织研究与决策分析提出新的视角。以往的研究过多关注理性模式的追求，而忽视了人的非理性因素，这是不合理的。

在进一步分析决策理论的研究的时候，我们还要提一下经济学中的主观价值理论。主观价值理论也称为价值的主观理论（Subjective theory of value），其理论的基本点在于对产品的成本分析，认为产品或服务本身是没有价值的，只有人们对产品产生了需要才有了价值。这种需要与人的需求直接相关，也就是说人的大量的非理性因素成为成本分析的基本点。组织管理也是需要考虑成本的，因此，根据主观价值理论，其成本也带有非理性的要素。在这一理论体系之中，杰文斯在对成本分析时提出成本之中包含了“痛苦”，这种痛苦的成本可以用边际负效用来表示。而英国经济学家 G. F. 瑟尔比所强调的重点在于成本的主观性。②认为决策者在决策过程中依据偏好而进行了选择，这本身就是成本，因为他放弃了另外一个替代性的决策。同时他认为，成本具有瞬间性，随着决策的进程而失去意义的重要性。这种替代性的选择决定了“成本在选择那一刻必定是主观的”③。

20 世纪 60 年代中期以后，决策分析理论开始关注组织与组织周围环境之间关系的研究。研究者意识到，组织与组织成员与外界环境之间有适应与调解的过程，但这一过程并不是机械地适应，也有其对外界环境的解释，这种解释就包含有非理性因素。而他们感觉到的环境制约和要求既不是客观的数据，也不是稳定的数据。④就在这样的背景下，权变理论诞生了。代表人物是美国管理学家弗里蒙特·卡斯特和詹姆斯·罗森茨韦克。这个理论的基本思路是：组织的最佳结构取决于一个组织的具体的环境条件、技术、目标和规模等

---

①周雪光．组织社会学十讲［M］．北京：社会科学文献出版社，2003：71.

②詹姆斯·G．马奇、约翰·P．奥尔森．重新发现制度：政治的组织基础［M］．张伟译．北京：生活·读书·新知三联书店，2011：30.

③参见［美］詹姆斯·布坎南．成本与选择［M］．刘志铭、李芳译．杭州：浙江大学出版社，2009：30-32.

④李友梅．组织社会学与决策分析［M］．上海：上海大学出版社，2009：51.

等。[①]虽然理论仍在强调工具的使用，但分析视角却跳出组织的局限，而关注组织与组织之外的环境之间的关系。它强调组织管理的随机性，去适应外在变化的环境条件。它认为组织是一个开放的系统，其中包括社会心理系统，并在非正式结构中发生作用的。

20世纪七八十年代，行为心理学派的特奥斯基和卡恩曼等对“不确定条件下个人决策行为”进行了一系列的实验，建立了“前景理论”。他们通过一系列的心理学实验分析了人们在决策过程中的选择行为，发现个人决策过程经常采用“经验估算”，而非理性逻辑。人们在决策时会规避风险，而且人们根据损失与获得参照点的变化，而对选择偏好发生改变，这进一步说明非理性的影响。他们认为，人们的决策活动是在不确定条件下进行的，这种不确定性主要是信息的缺乏而导致的不确定性，在此情况下，人们更依赖于非理性的联想而进行取舍。

20世纪90年代中期开始，吉戈伦尔和托德（G.Gigerenzer & P.M.Todd）在内的德国ABC研究组对组织的生态性进行了一系列的研究，提出了“生态理性”。这一理论是基于有限理性理论发展起来的，但是它不强调理性的有序性和连贯性，它强调组织与外界环境的对应性（correspondence）。生态理性观把认识方式与环境信息结构的适配性作为判断认识合理性的标准。[②]它与有限理性基本是一致的，在决策过程中，人们如果找不到理性决策的途径，就会使用“启发式”的规则找到“近似”的模型来代替。这一理论在原理上接受有限理性，但在寻找与外界环境的对应性的过程中，情绪、社会文化等等都能成为寻找的手段，因此说，非理性因素在其中有着重要的意义。

综上，从决策理论的发展来看，非理性因素的影响往往是不确定，并且是不可寻找其规律的。人的社会性包括人的非理性的层面，而且决策本身就带有非理性的性质。关于决策过程的研究虽然普遍建立在理性追求的基础上，但也没有完全脱离非理性的讨论。理性与非理性的界限往往也是模糊、不确定的，这也是决策分析理论的一个难点。

①周雪光．组织社会学十讲［M］．北京：社会科学文献出版社，2003：71.

②唐本钰．论生态理性［J］．济南大学学报，2004(3)：82.

3.2 决策过程的非理性分析逻辑

理性与非理性在长久的理论讨论中，只是一个相对而言的概念。很多情况下，两者是没有明确的界限的。早期的研究人们对理性追求是研究的主要目标，认为人是有理性思想的人，人的行动是具有理性与逻辑性的。人们关注得更多的是行动本身的描述与分析，而人自身却是被作为客观存在的客体被认识的。从组织决策分析来看，前面已经论证理性与有限理性都是分析的视角，从行动者自身的视角来看，理性的存在是正确的。同样，从组织的层面来看，有限理性的存在也是正确的。既然如此，与理性相对的非理性又是在何种情境下存在呢？如果我们再看决策过程，既不是从行动者的视角，也不是从组织的视角，而是从组织与其外在的环境的视角，会发现行动过程不是完全按照理性而发生，还有大量的非理性因素在其中影响了决策的结果。或者说，如果我们都接受西蒙的有限理性观点，人的理性思维会受到各种限制，是有限的理性，那么当人面对一种情境，这种情境中人的有限的理性无法做出满意的选择，人们又如何继续他的决策呢？那么，人们只能依靠理性之外的，即非理性的因素去进行决策判断了。因此，这里提出第五个基本命题：从更加宏观的组织与其周围环境的关系来看，非理性因素在决策过程中是大量存在的。

具体分析来看，人们在行动过程中，在追求理性的决策时，决策本身就是主观判断的一种决策。决策结果是否合乎理性，人们需要主动寻找符合理性的标准去判定。人的理性是有限的，这种寻找会产生大量的遗漏，或者人们在主观故意上就会刻意寻找合乎理性的要素。在组织决策分析的术语里，组织的环境对于组织而言，不仅具有一种必要性，而且也构成了一种威胁，即一种会引起组织内部平衡发生动荡的潜在不稳定因素。[①]环境的大量信息是影响组织平衡的不稳定因素，人们先验的理性，会在信息过滤时留意客观化的信

①李友梅．组织社会学与决策分析［M］．上海：上海大学出版社，2009：146.

息条件，进而促使其理性行动的达成。但在实际的生活中，信息在通过人这个介质的时候，无论人是否对其进行留意，都会在人身上产生或大或小的影响，一些不被人注意的非理性因素有时会对人的行为产生重要的作用，而这些非理性因素是不在行动者预期之中的。

人的行为是复杂的。由于人们在认知和判断过程中存在着对背景的依赖，因此决策制度要受到背景作为参照框架的限定。问题的表述方式、信息呈现的顺序或形式以及主体的价值观、主观偏好和个性特征都会对决策的选择造成影响。①因此，与前面的分析相呼应，人们可以利用非理性的因素去影响理性行动结果。决策过程中，人们有时是主动放弃理性逻辑去信任非理性，例如有时人们面对某种情况不愿进行选择时，便会说“听天由命吧”，或者说“我最先看到什么就选择什么”等等类似的话。人们有时是被非理性所影响而忽视理性的选择，例如社会中的一些捐助活动的宣传，往往会首先渲染出需求者的悲惨气氛，再提到对其施以捐赠。这样很多人首先建立了同感，再选择迅速给予捐助。但是却忘记同情背后去理性地分析捐赠是否是必要的，需求者是否应该得到捐助，等等。

行动者的非理性的能力是不可忽视的，因其不可预测性，往往导致行动者手忙脚乱，无法控制行动过程。人们不应该忽视关于意识形态领域看法的意义，因为它也有一些重要的含义。②非理性因素的本质在于一种解释，如何解释行为及其意义。意义的理解是非理性因素的核心。包括大量的不确定因素，它不在理性决策计划中，却解释着决策情境给予行动者的决策意义。至于文化、感性、价值观、情感等其他非理性要素，更是对理性追求的意义解释。人有个人与组织目标实现以达到满意的原则，人也会有实现他者满意的趋向，此时的情感与道德起着主要的影响作用。权变理论提倡的是一种适应，这种适应应该不仅仅表现为对客观环境的适应，还有对行动者自身内心需求的适应。马斯洛的需求理论中，随着需求的层级升高，其需求更加倾向于非理性的精神需求。因此说，即使是决策过程要实现满意原则，也是理性与非理性的满

①张茉楠．从有限理性到适应性理性［J］．经济社会体制比较，2004(6)：84.

②［美］曼瑟·奥尔森．权力与繁荣［M］．苏长和、嵇飞译．上海：上海世纪出版集团，2005：45.

意实现。

总之，我们现在还不能对理性与非理性在决策过程中的比重给出一个明确的答案，但理性与非理性是不可分割的。对决策分析过程，我们既要给出一个行动逻辑上的解释，还要给出一个行动意义上的解释，这是决策分析的真正内涵。

3.3 决策过程中相关非理性因素分析

这里所说的相关的非理性因素主要是指前文所说的有限理性所不能及的或没有充分讨论的一些要素。这里分析的也只是非理性因素中的一部分，其中一部分非正式制度的分析会在下一章中体现出来。

3.3.1 无处不在的不确定因素

组织运行与行动者决策过程中，不可避免地存在大量的不确定因素。V. 拜厄、J. 马齐和 J. 萨特安强调了决策者使用的策略的模糊性、不严密性和不稳定性。①西蒙则认为，正是有限理性才导致不确定因素的存在。由于有限理性，行动者的决策会存在行动者无法预料的情况与结果，这构成了不确定因素的主体。也正是如此，行动计划就不会是完备的，行动者即使按照计划行动，也不会完全实现预期的结果，因此会出现计划与行动上的偏差。反过来，这种偏差又影响着决策出现更多的不确定性……如此往复，不确定性的因素会越来越多，决策结合越来越趋向于非理性。但是事实并不像我们想象的这样糟糕，因为行动者会去发现那些能使组织避免不确定性的机制。②通过这样的弥补行为，减少不确定性在决策行为中比重的增加。

而奈特（Knight）认为，并不是有限理性导致了社会的不确定，相反却是“根本的不确定性”（Fundamental uncertainty）导致了有限理性。所谓的

①参见 [法] 克罗戴特·拉法耶．组织社会学 [M]．安延译．北京：社会科学文献出版社，2000:59.

②[法]C. 格列米昂．李友梅摘译．关于决定理论的分析 [J]．社会，1994(5):47.

"根本不确定性",不是指外在自然的不确定性,而是指在人类决策的交互作用下内生的社会不确定性。也就是说,哪怕自然界完全没有不确定性,人们的决策互动后果也可能产生根本的不确定性。凯恩斯将这种内生的社会不确定性称为碰运气(aleatory)不确定性。[①②③]也就是说,不确定性的根源在于人类的交互作用,人的不确定性也带来了互动的不确定性。费埃德伯格在其《权力与规则》的导论中指出,现实中的人类关系和社会交互作用是一个复杂的整体,始终存在潜在的不稳定性。[④]

既然人自身是有限理性,其决策计划是不完备的,那么在决策过程中就出现了大量的不确定领域,对这一领域的争夺就成为行动者的又一目标。决策分析认为,进入权力关系与权力游戏中的自由行动者,都或多或少拥有最低限度的自由余地,掌握着一定的不确定性领域。[⑤]参与组织互动的主体作为有限理性的行动者,总能够凭借各自掌握的对于组织或其他行动者非常重要的某种不确定性领域,成功建构起与其他行动者间的权力游戏(克罗齐耶、费埃德伯格,2007:78)。[⑥]弥补对不确定领域的控制,最有效的方法就是首先要找到这一不确定领域,其次就是找到控制不确定领域的方法。对风险的预测就成为其中一个解决这一问题的方式之一。行动者能够全面地预测风险,其不可控的领域就越少。不确定因素是由人导致的,那么风险预测也应该由参与者入手去寻找可能的风险。

变化是组织成员行为的真正困难所在。[⑦]真正在变的并不是客观的条件,而是行动者面对的信息发生了变化。不确定性指信息缺乏导致的困难,这种不确定性可以通过增加信息或处理资料的科学手段来解决。[⑧]正如完全的不

①杨小凯."不完全信息与有限理性的差别"[J].开放时代,2002(3).

②周雪光.组织社会学十讲[M].北京:社会科学文献出版社,2003:161-162.

③耿敬、姚华.当代乡土文化的流动性特征[J].东方论坛,2007,(3)93:.

④李友梅.组织社会学与决策分析[M].上海:上海大学出版社,2009:引言.

⑤梁波.权力游戏与产业制度变迁——以中国石油产业外部合作战略转型为例[J].社会,2012(1):46.

⑥转引自梁波.权力游戏与产业制度变迁——以中国石油产业外部合作战略转型为例[J].社会,2012(1):41.

⑦李友梅.组织社会学与决策分析[M].上海:上海大学出版社,2009:引言.

⑧周雪光.组织社会学十讲[M].北京:社会科学文献出版社,2003:303.

确定性或随机性是人类意图和组织的对立面，完全正确的确定性也不过是一种想象中的虚构。[①]人们所做的只不过是努力地消除不确定性，尽可能地接近完全的确定性。

无处不在的不确定因素给人们的决策过程带来了大量的困难与偶然性。决策条件的偶然性，行动的偶然性，结果的不可预测性……理性人面对这样的状况愈加不可控。然而，行动者之间相互约定的正式制度与非正式制度对这种不可控起到了明显的制约效果，而且，我们更多地面对的情况是可控的条件的比例远远高于不可控的条件，因此，在决策分析中，理性原则仍然会起到主要的作用。

3.3.2 复杂的心理

偏好。偏好是行动者在决策过程中面对某种情境而产生的心理倾向，它并不一定与理性的选择相一致，也不一定具有清晰的目标，它是不确定的，是变动的。像马奇、赫施曼等学者还认为偏好并非一定在行为之前形成，偏好受制于决策者一方自觉或不自觉、有意或无意的操纵控制（March 1978；Elster 1979）。决策过程中的行动者的偏好有自利性的偏好与社会性的偏好（马格利斯）、个体偏好与集体偏好之分。偏好是由多种因素促成，它会影响行动者的理性行动的倾向性。偏好有可能会导致行动者的冲动，如果行动者的环境条件与行动者偏好条件的重合性大，则更容易忽略理性的控制，扩大其偏好的行为，而出现冲动的现象。偏好还会吸引人们的注意力，把更多的精力放在心理倾向的要素上，结果就会出现西蒙所说的会一门心思在行动者偏好的那个问题上转悠。

信任。信任可以被定义为：对一个人或一个系统之可依赖性所持有的信心，在一系列给定的后果或事件中，这种信心表达了对诚实或他人的爱的信念，或者，对抽象原则（技术性知识）之正确性的信念。[②]信任是一种情感表达，也是社会中人与人交往的基础。信任的建立条件是极为丰富的，日常生活

---

①［美］詹姆斯·汤普森．行动中的组织——行政理论的社会科学基础［M］．敬乂嘉译．上海：世纪出版集团上海人民出版社，2007：185.

②［英］安东尼·吉登斯．现代性的后果［M］．田禾译．南京：译林出版社，2011：30.

中的每一件事都可成为信任的基础。因此，信任不是一成不变的，信任的程度也是有所区别的。决策过程中，行动者会依据信任程度来判定所获信息的准确性，这种判定本身就是一种非理性的因素。信任更多的是情感的取向，外在的条件会对信任本身产生影响，变动的社会环境决策信任也是多变的。而且，不同的行动者会对同一行动对象产生并具有不同程度的信任，这在决策过程中也是无法准确把握的。

价值观。每一个人都会对其外在的世界有一个价值判断，组织也有其价值观。价值观是决策过程中影响决策行为的一个重要因素，对于信息的加工与处理不是依靠某种工具去测量或评定，而是价值观倾向。价值观还会影响行动者采取某种行动的取向，无论是依靠最大化原则还是满意化原则去对行动进行对比与筛选，除了依赖于理性原则之外，价值观在其中起着决定性作用。价值观也是一种经验积累，这种经验积累可能是理性的，也可能是非理性的。据此，我们也不能说价值观是纯粹的非理性的因素，但至少在表现上，表现出行动者主观的价值判断。另外，诺斯曾经特别强调："在许多情况下，人们不仅有财富最大化行为，还有利他主义（altruism）以及自我实施的行为，这些不同动机极大地改变了人们实际选择的结果。同时，我们发现，人们是通过某些先存的心智构念（preexisting mental constructs）来处理信息、辨识环境的。[①]" 先存的心智构念就是价值观，包括西蒙所说的行动者满意原则，这里说的满意在一定程度上也是指符合其价值观的满意。对组织与部门而言，在划时代的著作《组织与环境》（Organization and Environment）中，劳伦斯与洛尔施（Lawrence and Lorsch, 1967）考证了复杂性的来源与后果。……部门之间的区别不仅在于具体任务的不同，还在于成员内在的行为和观念。[②]

直觉。研究者们对于直觉的讨论也非常丰富。什么是直觉？西蒙认为，它无非是人们有时突然发现了问题的答案。这是一种可以观察到的事实。[③]直

① [美] 道格拉斯·C. 诺斯 . 制度、制度变迁与经济绩效 [M]. 杭行译 . 上海：格致出版社、上海三联书店、上海人民出版社，2008:27.

② [美] 理查德·H. 霍尔 . 组织：结构、过程及结果 [M]. 张友星等译 . 上海：上海财经大学出版，2003:66.

③ [美] 赫伯特 · A . 西蒙 . 现代决策理论的基石 [M]. 杨砾、徐立译 . 北京：经济学院出版社，1989:123.

觉能使我们得到那些通过搜索以往已经掌握了的知识。由此我们可以料到实际发生的情形。①西蒙的观念里，直觉是早期经验的积累，是一种行为判断。他认为直觉只不过是可以迅速凭借经验进行判断的过程。西蒙把通过直觉进行判断的模式叫作直觉模型。按照这种模型，人类的思维和人类做出正确决策的本事，大多被归功于人类具有良好的直感和判断能力。②说到底，西蒙的直觉本质上还是一种理性的应用。而研究者张茉楠认为，直感也称直觉，是人类在认知程序和心智运算过程中完全突破了逻辑的狭隘界限，不受逻辑的规律、方法、形式的束缚，对事物的本质和内部联系有深刻洞察和领悟的认知能力及认知方式，是人们在应付不确定性情境时显著的认知特征。③她所理解的直觉也是经验积累，但这一过程是隐性，潜在的，是早期积累后沉淀在思维深处的，而在决策过程中表现出来直觉则是无约束的潜在认知的释放。还有一部分学者认为直觉是人的本能反应，是人在瞬间形成的敏锐的洞察力与观察力。它基于人的经验与阅历，但又不受人的意识的支配，属于源于经验的本能反应。在决策过程中，人们往往会受到直觉的影响而改变决策，人们往往认为这种选择是能够获得更多利益的，特别是在两难选择的境况下，直觉更是人们信赖的方式。

情感。情感是人类中最复杂的角色，它不可测量，不可确定，甚至包括行动者自己也无法准确地判定情感。情感掺杂在所有的社会行动之中，即使是科层制想要建立无情感的人际关系也是一种理想而已。西蒙曾提道："要得到完整的人类理性理论，就必须理解情感在理性中所扮演的角色。④"可见，情感是社会研究中最绕不开的因素，否则建构起来的理论体系就显得不堪一击了。研究者们也一直无法给情感一个合理的位置去分析，但它确实在社会研究中影响研究结果。在决策过程中，行动者在进行判定的时候，常常会受情

---

①［美］赫伯特·A．西蒙．现代决策理论的基石［M］．杨砾、徐立译．北京：经济学院出版社，1989：126.

②［美］赫伯特·A．西蒙．现代决策理论的基石［M］．杨砾、徐立译．北京：经济学院出版社，1989：122.

③张茉楠．从有限理性到适应性理性［J］．经济社会体制比较，2004(6)：81.

④［美］赫伯特·A．西蒙．现代决策理论的基石［M］．杨砾、徐立译．北京：经济学院出版社，1989：126.

感的影响而发生摇摆，竞争中，情感也成为一种竞争的工具，通过情感的控制来实现对竞争对手的控制。情感是内心对外界的一种心理体验，其本身是一种心理满足与舒适性的反应。行动者在决策过程中会把这种体验作为行动中的一个考量要素融入行动过程中，有时“他在其上级面前实施自己的决策也可能受到他对上级的‘同情’的影响。[①]”

感知。信息不会自动进入或传遍某个组织。组织内外正在发生的任何事情，都有赖于决策者对它的感知和理解（Duncan, 1972）。[②]感知是客观事物通过人的感觉器官在人脑中的反映。信息的过滤要通过人大脑的思维，而大脑接收的信息则依赖于人的感官所感受到的信息。人的听觉、视觉、嗅觉、触觉等等的反映并非一直是客观地反映给大脑，感官的敏感性是与人的认识直接相连的。人们乐于获得令人舒适的感官刺激而迅速传递给大脑。例如在社会交往中，有人对赞赏奉承的话语愿意接受，而对反对抵抗性的话语则带有反感情绪，同样是话语，在听觉上来讲没有差别，但对此人来讲便会故意控制感官接受的信息传递给大脑进行加工，因此，我们会看到，同一件事，不同的说话方式会有不同的效果。

以上仅仅是对部分常见的心理因素进行的小讨论。而事实上，还有很多其他的心理因素在决策过程中被利用。心理战或心理博弈也是决策过程的重要环节，行动者甚至通过环境的改变来影响人或组织的心理，从而影响其决策。对待复杂的心理要素，除了加强理性的认识与行动之外，还要控制影响心理的资源与环境。一部分人会对其心理产生着迷的状态，也就是我们看到的只相信自己的判断，而对其他的判断视而不见，这其实是其对自己心理的信仰，这样的人更容易在决策过程中出现心理变化与波动，进而影响选择。理性是人们追求的，但长期的心理、情感、经验、体验等等心理情结的积累，会形成独立于理性目标之外的力量干扰人的行动。因此，在决策过程中，心理因素的了解与控制同样是重要的。

---

①李友梅．关于构造社会现实的若干社会学思考［J］．上海大学学报．社会科学版，2000(2):15.

②转引自［美］理查德·H. 霍尔．组织：结构、过程及结果［M］．张友星等译．上海：上海财经大学出版社，2003:175.

3.3.3 互为决策条件导致的非理性

在决策过程中，对外界信息的收集与判断不会是一个人的信息，而是多个人与多个组织的信息加工。在这里，"游戏"的概念，是有组织行动的基本的概念，也就是说，是展现在一种策略性相互依赖环境中的行动的概念。①因此，每个行动者的决策过程都是以其他行动者为条件开展的，反过来，每个行动者也成为其他行动者的决策过程前提要素，这种互为条件的依赖构成了组织复杂的博弈与运转过程。每个行动者在决策时，都会把其他行动者的行为假定为理性的，且是不变的，进而进行自己的理性决策。而事实的情况是互为条件的行动者是变化无常的，决策的前提条件就不是完全理性的，这些变化经常会给决策过程带来影响，使其偏离理性的轨道，甚至出现风险与危险。为避免这种情况，人们经常通过制度约束或者相互约定来减少这种风险与危险的出现，但仍然要承认一种不稳定的行动影响在另一个不稳定的行动身上，其结果是无法理性预测的，必然会带有非理性的性质。

3.3.4 并不具有完全理性的角色与声誉

每一个行动者都有其社会赋予的角色与声誉，表面上看来，这与正式制度有关，角色及随之而来的声誉应该是客观的。在经济学家看来，在重复交易中，声誉是一个有价值的资产。②应该在决策过程中作为成本之一的要素去分析。人们根据自己的角色、身份来解释信息。……人们关心的问题、利益也因角色而异。③因此说，角色与声誉也是变化的。它确实由制度给予行动者以相对稳定的角色与声誉，但我们看不到明确的制度与角色声誉之间的关系，什么制度下给予行动者的角色与声誉都是什么程度的？这些都不是确切的，而是由人来评价的。并且，一方面是由行动者本人来评价，另一方面则是由行动者之外的人或组织来评价，这样，评价就带有主观性、非理性的特征。由于地

---

①［法］埃哈尔·费埃德伯格．权力与规则——组织行动的动力［M］．张月等译．上海：上海人民出版社，2005:239.

②［美］道格拉斯·C. 诺斯．制度、制度变迁与经济绩效［M］．杭行译．上海：格致出版社、上海三联书店、上海人民出版社，2008:69.

③周雪光．组织社会学十讲［M］．北京：社会科学文献出版社，2003:299-300.

位与声誉是由环境给予的，那么在互动过程中，行动者本人的判断与周围环境的判断是否一致也成为决策过程的一个影响因素，即理性的决策会因为对行动者角色与声誉判断的不一致而不会出现理性的结果。我们在遵循制度与契约的同时，也在遵循角色与声誉赋予我们的能力与权力。通过对行动者角色与声誉评价的影响，同样会对决策过程进行干扰，或者加以利用，可以扩大行动者获胜的机会。

3.3.5 制度促成非理性也限制非理性因素

关于组织实际生活的一些经验性研究使我们认识到，无论人们对组织结构作出怎样的详细明确的界定，也不管人们如何完善组织内部的规章制度，都无法消除组织内的个体或群体行为的难以预料性。[①]正式制度包括非正式制度都试图减少这种不确定性，但人的行为并非全部都处于体制之内，大量的体制之外的行为是我们无法预料的。即使是体制之内，制度也仅仅是对行动者共通性的特征进行约束，细腻的行动过程仍然不是所有制度能够控制得了的。而制度中的大量非正式制度则是建立于人们非理性之上的，习俗、惯习、传统文化等的制度追求是为了对行动者公认的行为的许可与默认，这些行为可能是建立在理性基础之上的，也可能是建立在非理性基础之上的。制度自身的双重性质就决定了非理性因素在制度中也是存在的。制度是建立于人们的日常生活之中的，日常生活本身就是理性与非理性结合的产物，制度一方面在制约着日常生活中的非理性因素，另一方面在保护大家接受的非理性的产物，例如地域文化中的陋习。

①李友梅．组织社会学与决策分析［M］．上海：上海大学出版社，2009：117.

3.4 具体案例分析

3.4.1 领导者的情绪影响

城市社区承担了很多街道办事处下达的任务，两者有着密切的人员与事物联系。社会事务几乎都是由社区来承担与完成的。但在观察的过程中，发现D社区因其是市里乃至全国的“社区标杆”，它每年都会有高频率的参观任务，平均每周要达到2～3次正式与非正式的参观。因此，社区的事务与人员被分为两部分：一部分是从事具体的社区业务，例如办理低保、老年人社保、残疾人救济等工作；另一部分是从事社区的其他行政工作，例如迎接参考检查人员、各种社区资料的整理与写作、对社区发展进行计划与布置等等。

由于社区高频率的接待参观，在观察过程中，除服务大厅人员固定从事第一部分工作之外，其他人员几乎全部都在忙于迎接各种检查和参观。各种检查和参观的迎接标准与接待方式也不是完全相同的，社区内部会自然地把各种检查与参观分级别、分档次地对待，以什么样的姿态迎接参观？需要下多大的功夫对参观进行准备？具体如何安排？这些问题几乎都由社区中的书记来安排。当然具体实施过程中，书记还会做细致的检查。

2011年2月21日，社区召开会议，YJ书记介绍了会议内容，其中有一项内容是上级街道办事处通知D社区2月23日下午，文化部一副部长会到社区进行调研，要求社区做好迎接调研的工作。会议中先对文化部副部长此次调研的目的进行了讨论，根据文化部的工作内容与工作目的，大家一致认为此次调研主要是针对社区文化生活的研究，于是商定，利用剩下的一天半的时间全力打造社区文化建设工作，要求社区中所有与社区文化有关的活动与工作保证在检查时全部启动，主要包括社区各文化室的开放（例如阅览室有人读书、活动室有人使用器械、网络室有居民在上网等等）、社区技能培训业务的开展（例如组织居民学习编织、学习泥塑、写大字等等）、对社区居民开展的文化服务的开放（例如心理咨询室内要有咨询师与居民、社会工作站要有社工师与居民等等）。除此之外，社区还要准备各种牌匾、与社区文化活动有关的所有资料（例如活动开展的记录、心得、社区相关会议讨论记录等等）。因此，对社区工作人员来说，这次迎检活动任务急，工作量大。并且是文化部领导调研，要求社区与社区工作人员要高度重视。

此次工作的初步决策已在这次会议上达成，并且相关人员都被分配了具体的工作任务。与以往的其他检查相比，此次任务除了具有时间紧，级别高的特点之外，社区工作者都认为可以顺利完成任务。但是在准备工作进行过程中，计划的工作还是进行了调整。其中影响决策的一个重要原因就是领导者，即 YJ 的情绪变化。

21 日任务布置下去之后，22 日中午各个部门与人员陆续把任务的完成情况向 YJ 做了汇报，其中一些海报内容写得不够真实，电子宣传版没有做完，这引起了 YJ 的不满，对其中的两个工作者提出了批评。这两个人回办公室进行修改的时候，YJ 在自己的办公室里向其他的领导者提出了抱怨，认为这些人工作不认真，也不经过思考，工作完成不好等等。办公室内除了 Z 给予了几声附和之外，其他人并不完全同意她的看法，也未进行表态。鉴于此种情况，YJ 越说越生气，吩咐 Y 通知所有人员到会议室开会。22 日下午 3 点 15 分，会议在小会议室举行，只有一个议题，即对 23 日下午文化部的检查迎检工作重新强调与安排。YJ 在整个会议过程中，言辞激烈，直接点名批评任务完成不好的工作人员，并对其他人提出警告，要所有的人把手头的任务重新过滤一遍，再次保证圆满地完成任务。并提出，当晚要把所有的文案工作准备完毕，不完成不准下班。这个短小的会议仅仅二十分钟，但是 YJ 的不良情绪贯穿始终，所有人员不敢对此抱有任何异议。YJ 的情绪严格化了行动结果，每个人不得不改变对自身行动的要求，提高目标，否则就会受到严厉的惩罚。

YJ 的情绪影响远远没有结束。从当天晚上 5 点开始，工作者陆陆续续向 YJ 第二次汇报工作。其结果是，因 YJ 当天情绪不良，从副主任到社区其他行政人员无一人幸免受到批评，不容许对 YJ 的批评进行反驳。批评的内容从工作到能力都加以指责，甚至牌匾设计的颜色不符合 YJ 喜好也会受到批评，还有两名刚到社区不久的工作者被 YJ 批评到痛哭。直到晚上 6 点，所有工作在 YJ 看来还算满意之后，当天工作结束。

3.4.2 冲动的代价

D 社区与其他社区相比，在人员安排上有一些特殊的情况，社区中的主要领导者同时是另外一个社区—— L 社区的领导者。也就是说社区是两个社区，但社区人员却是一套班子，管理过程中也引起领导人员及工作者的抱怨，但导致这种情况的渊源却仍然来自 D 社区的领导者，源自领导者的冲动。

2009 年，YJ 担任 D 社区的书记，对 D 社区办公楼的用途进行了改造。其中，原来四楼的居民活动室（主要是乒乓球活动）因需要给安置于二楼。后来为增加居民社区服务项目，又把二楼的活动室取消，改为居民阅览室。这样社区就不再为居民提供乒乓球活动的场所，这引起了玩乒乓球的老干部的不满，要求 YJ 为他们提供活动场所。YJ 与他们协商不成，便答应一定给他们一个活动场地。但 D 社区办公场地有限，于是 YJ 想到了一个不太完美的办法，便是在社区办公楼与旁边的大楼之间搭建了一个临时的板房。结果这个办法不仅没有彻底解决问题，反而引起了另外的事端：周围的居民来到社区表示强烈抗议，因为这个房子的搭建第一属于违章建筑，第二房子对旁边的居民产生干扰——挡光、有噪音。并且，因为矛盾激化，还发生了社区居民强拆事件。最后，房子不得不被拆除，老干部仍然没有活动场所。这件事对 YJ 书记是一个巨大的冲击，也是对 YJ 能力的一个挑战。

随后，老干部把此事直接反映给街道，街道也因此事对 YJ 产生了不满。这加剧了 YJ 的压力，并且这也是对她能力的不信任。此时，YJ 成为社区行动与决策的主要代理人，社区内部的不满与要求 YJ 退让的建议根本不被 YJ 接受，她要想办法让老干部服从与接受她的能力。理性在 YJ 的头脑中已是少得可怜。恰逢此时，与 D 社区相邻的 L 社区矛盾太多，社区工作者无法继续开展工作，社区居民对社区强烈不满，街道因此要求重新组织领导班子对 L 社区进行改革，便提议让 D 社区代为管理 L 社区。此消息传到 D 社区，社区领导进行商议与讨论，除 YJ 外，其他领导都认为不可行，因为 L 社区人员闲杂，前期工作不完善，管理工作的开展会非常困难，而且 L 社区是老城区，建筑落后，还有大量的地下室，雨季会给社区带来大量的防洪工作等等，L 社区会给 D 社区增加大量的工作与任务。但此时的决策并没有实现民主，YJ 看到 L 社区的办公楼面积比较大（两层，一共大约 200 平方米左右），便想到了前期与老干部之间的矛盾，便想到把L社区的办公楼改建成活动室，这个问题就解决了，还展现了个人的能力。因此，最后，YJ书记没有遵从其他人的意见，接管了L社区，老干部活动的问题解决了，但却引起D社区内部人员的不满。

这样的一个事件，制度、民主、协商等理性手段似乎在决策过程中都不再起作用，YJ因其性格冲动而使得决策过程表现出非理性化，也由此带来许多不可估量的后果。理性的分析不是YJ的主要决策方式，为实现自身情感上的满足，由情绪带动了整个决策过程的倾向性：与老干部“制气”，证明自己的能力。

3.4.3 案例总结

通过上述案例的介绍与分析，我们看到，社区活动中个体的情绪等非理性因素会对决策产生重要的影响。决策者的一些非理性行动目标虽然仍然指向理性的预测的目标，但会对这一目标的实现产生干扰。城市社区的行政性影响非常强，但为了维护这一行政性（比如社区做假迎接检查的现象），社区工作便往往表现出众多的非理性因素。社区书记的地位与影响是重要的，因此，社区决策中受其非理性因素影响非常明显。其实不仅仅是社区书记，其他的决策者在工作过程中也会出现一些不可确定的现象，例如D社区经常为了减少其工作量，想方设法把一些难以处理的事件推给其他部门。或者行动者对于YJ书记也会通过察言观色，选择不同的时机处理不同的事件，以避免冲突的发生。而且社区中的工作者在与居民打交道的过程中，更容易引起非理性行为，同情、可怜、赞同、避开制度约束等决策经常会发生。例如，社区中有人申报低保，但现有的条件并没有达到要求，而且居民又确实存在困难，居委会一方面为了减少这个困难给社区带来麻烦，另一方面也是出于对其实际生活状况的同情，便以非正式工作交流的方式，为其想办法，达到低保申请的要求。在社区工作者看来，这是正常的，她们认为：“其实也是看这家实在太可怜了。制度是死的，人是活的，我们想帮的话总会有办法帮到他们家的。”因此，非理性因素的影响并非就是一定会导致结果的不满意，反而可能会是一个皆大欢喜的决策。

3.5 小结

理性与非理性是相对应的。在解释了理性在决策过程中的作用时，非理性的作用也是不可忽视的。人们在追求理性目标的同时，很大程度上是在借助非理性的要求去实现这一目标。人具有非理性，使得事件过程也无法准确预测，因此，管理与控制就成为一个难题。决策过程是人与人互动与互相影响的过程，理性人不能完全实现，其行动也难以达到完全理性的要求，而人与人、组织与组织之间的影响，结果就表现为不完全理性 + 不完全理性，还是不完全理性。不完全理性就意味着非理性因素的存在，因此，我们在对决策过程进行解释的时候，理性的原则不能对所有现象给予合理的答案，其中的非理性因素影响了决策行为。

然而，非理性导致的不确定性与无法预测性是在理性逻辑的前提下被发现的，非理性是一种意义的解释，而且是从理性出发的意义解释，因此，理性与非理性并没有被完全地区分开，它们是可以转换的。我们跳出组织之外，看到理性选择与有限理性选择在决策行为内部具有重要的意义，在组织与周围环境的关系中发现非理性因素在影响着决策过程。这又是一个决策分析的视角，与之前的两个视角相比，其范围已不再局限于决策行为自身的思考，而更多的是关系的思考。

综上所述，非理性因素会影响理性决策的过程，但在由人构成的社会行动中又是无法忽视的。既然如此，我们主动把非理性因素纳入研究视野中，它反而会有助于我们更清晰地解释决策过程。

第4章 互为嵌入的制度与决策过程

4.1 理论综述

4.1.1 制度的概念

什么是制度？从广泛的意义上来讲制度是指要求大家共同遵守的办事规程或行动准则。具体来讲，一般把制度分为正式制度（Formal institutions）与非正式制度（Informal institutions），正式制度是指一些成文的规定，包括国家中央和地方的法律、法规、合同等，以及企事业部门的规则规定等，一般靠法律、权力等刚性手段的强制性来保证；非正式制度是指人们在长期社会交往过程中逐步形成，并得到社会认可的约定成俗、共同恪守的行为准则，包括价值信念、风俗习惯、文化传统、道德伦理、意识形态等。

在社会学领域，制度的含义被赋予了社会学内涵。从孔德开始，其对社会运行的研究便是一种制度内涵的研究。之后，迪尔凯姆、韦伯、马克思、帕森斯、布迪厄等都在用社会学的意义观察社会运行，并对社会运行机制进行解读，但从组织社会学角度来看，下面几位学者对制度的概念研究有着重要的意义：

科斯虽然属于经济学家，但他的交易成本理论却对社会学的制度研究产生了重要的影响。在其交易成本理论中，交易成本为零是其理论的先决条件，但我们也知道，事实是交易成本不可能为零，那么他认为制度就是最重要的。他认为，交易费用反映了制度的整体。正式的与非正式的制度，构成了一个经济体，或者在更大的规模上，一个社会。[①]由交易费用决定的行为人对信息的处理过程，是制度形成（the formation of institution）的基础。[②]也就是说交易成本理论的理想状态不能够实现，那么维持或控制整个交易过程的就是制度，制度就是在报酬递增与不完全市场下形成的信息处理过程。

而早期的组织学中的制度研究主要由塞尔兹尼克开始。他的制度理解深受默顿的思想影响，在默顿研究的基础之上发展起来的。首先，他认为组织不是一个封闭的系统，它会受到其外在环境的影响，因此，他认为组织（organization）即是一个制度化的组织（institution）。换言之，所谓的制度化组织是处于社会环境、历史影响之中的一个有机体。[③]在随后的《行政管理的领袖》（Leadership in Administration）一书中，塞尔兹尼克进一步阐发了这些思想。……他把制度化（institutionalization）定义为“超过了组织的具体任务或者技术需要的价值判断渗透、渗入进组织内部的过程。”也就是说，当一个组织本身不断受到外在的价值观念、观念制度的影响，而且这种影响超越了组织内部的技术需要时，那么我们观察到的即是个制度化的过程。[④]塞尔兹尼克的制度观开启了组织研究与决策分析的先河，之后的学者则在其制度化的理解之中有了更深入的研究。

随着组织研究的发展，对组织的认识越来越社会化，强调组织与周围环境之间的关系，斯坦福大学兴起的新制度学派对制度研究作出了重要的贡献。诺斯认为，制度是一种“自由秩序”，制度本身不是组织，如果说制度是社会游戏的规则，组织就是玩弄社会游戏的角色。[⑤]而斯科特则认为制度包括为社会生活提供稳定性和意义的规制性、规范性和文化—认知性要素，以及相关的活动与资源。[⑥]不同的社会理论家先后把规制性（Regulative）、规范性

---

①［美］道格拉斯·C. 诺斯 . 制度、制度变迁与经济绩效［M］. 杭行译 . 上海：格致出版社、上海三联书店、上海人民出版社，2008：93.

②［美］道格拉斯·C. 诺斯 . 制度、制度变迁与经济绩效［M］. 杭行译 . 上海：格致出版社、上海三联书店、上海人民出版社，2008：148.

③周雪光 . 组织社会学十讲［M］. 北京：社会科学文献出版社，2003：70.

④周雪光 . 组织社会学十讲［M］. 北京：社会科学文献出版社，2003：70-71.

⑤转引自李友梅 . 基层社区组织的实际生活方式——对上海康健社区实地调查的初步认识［J］. 社会学研究，2002(4)：16.

⑥［美］W. 理查德·斯科特 . 制度与组织——思想观念与物质利益［M］. 姚伟、王黎芳译 . 北京：中国人民大学出版社，2010：56.

（normative）和文化—认知性（cultural-cognitive）系统分别确定为制度的关键要素。[①]周雪光则认为组织规章制度不仅指正式制度，而且包括了非正式的社会规则和行为规范。[②]

还有学者认为规则在组织中具体表现为惯例、程序、规章、传统以及其他形式的制度等。规则是区别正式组织和非正式群体的标志特征，是正式组织的定义性特征。[③]

关于制度的定义变化是一种研究视角的变化过程，从经济行为到社会行为，制度的意义理解更倾向于社会化的解读，整体上来说，制度与组织紧密地联系在一起，相互之间构成了组织与组织运行。从一般意义上来说，仍把制度分为正式制度与非正式制度去认识，事实上，二者并不是有清晰的界限的。

4.1.2 制度的合法性机制研究

制度是社会行动者所普遍接受并遵守的规则体系，具有客观性、公正性与强制性的特点。合法性是大家普遍接受的制度的根本性质。合法性机制的基本思想是：社会的法律制度、文化期待、观念制度成为人们广为接受的社会事实，具有强大的约束力量，规范着人们的行为。[④]制度建立的根本原因也是合法性机制的体现，为社会中的人的行为找到普遍被接受的依据，反过来，也通过这些制度期待去约束人们的行为，使其在社会运行的正常轨迹内发展。周雪光认为，合法性机制是指那些诱使或迫使组织采纳具有合法性的组织结构和行为的观念力量。合法性机制可以在多种层面发生作用。[⑤]它在正式与非正式组织中都可以发生作用，在行动与思想中也可以进行良好的规制。在组织制度学派的理论中，人的行为正是受到制度合法性作用，受到强制、进行模仿，也正是因为出于合法性考虑，才会有认知与行为上的趋同。（例如斯坦福

---

①［美］W. 理查德·斯科特．制度与组织——思想观念与物质利益［M］．姚伟、王黎芳译．北京：中国人民大学出版社，2010：58.

②周雪光．组织社会学十讲［M］．北京：社会科学文献出版社，2003：294.

③李志斌．内部控制的规则属性及其执行机制研究——来自组织社会学规则理论的解释［J］．会计研究，2009（2）：40.

④周雪光．组织社会学十讲［M］．北京：社会科学文献出版社，2003：74.

⑤周雪光．组织社会学十讲［M］．北京：社会科学文献出版社，2003：75.

大学对组织趋同现象的分析）

制度的合法性机制还表现在人们的行为之间可以产生平等的对话，惩罚或奖励那些违背或服从制度的行为，以刺激大家公认的行为的普遍性。在社会生活中，人们的行为是可以自由选择的，他可以选择服从或不服从制度的安排，但是社会想要建立秩序，只能建立在遵守大家共同接受和认可的行为基础之上，制度是共同行为建立的基础。一种良好的社会秩序的建立不仅表现在制度合法性的制约上，还表现在制度合法性的利用上，以此来预测行动者的行为，并与他者建立合作与契约，以实现自己的和共同的目的。由此，哈耶克将人类社会的秩序分为两种类型：由人有意设计的建构秩序以及独立于人的计划之外而在人之行动作用下形成的自发秩序。[①]其目的都是通过制度的合法性机制的运用，从他人身上达到理性目标的实现。

4.1.3 制度与权力关系研究

古尔德纳对规则进行了区别，进而得出了这样的结论：规则不只是服务于强制性规定的等级制度的利益，也是执行者掌握的一种工具。[②]执行者利用制度所获得的最直接的目的物就是权力。制度的建立与变革过程就是一种权力竞争的过程。行动者通过权力实现对制度的使用，进而通过权力对制度进行改造与变革，权力的竞争也是制度间的博弈。反过来，制度借助权力实现其作用与影响的实体化，制度通过权力体现它的强制性。最明显的制度与权力关系的体现就是韦伯的科层制体系，这一制度体系的建立要求严格遵守规章制度，人的行为受制度的严格制约与限定，并因等级制度而获得等级性的权力，权力与制度的级别是直接相关的。

法国组织学派强调围绕着具体要解决的问题，行动者通过建构权力游戏，实现组织与制度变革中不同行动者间利益与目标的整合。[③]权力游戏是组织的主要内容，而制度是权力游戏中的约束规范，既是游戏的规则，也

①陈薇．城市社区权力秩序研究的回顾与展望 [J]．兰州学刊，2008(8)：89.

②李友梅．组织社会学与决策分析 [M]．上海：上海大学出版社，2009：87.

③梁波．权力游戏与产业制度变迁——以中国石油产业外部合作战略转型为例 [J]．社会，2012(1)：46.

是游戏的内容。克罗齐耶和费埃德伯格认为社会行为者总是拥有一定自由的余地。……策略分析就将焦点放在社会行为者如何使用这种相对的自由。[①]自由地使用就是权力的获得，并且这种使用必须是受制度影响和支配的，是合理性的。同时，法国组织学派还认为："如果人们要真正理解行动者的权力，还必须把他的权力与另一些权力资源——自主（autonomie）、约束（contrainte）和合法性（legitimite）——结合起来。[②]"并提出权力的来源之一是对组织规则的运用。因此说，在法国组织学派这里，权力与制度互相影响，互相制约，成为构成组织结构的要素。

4.1.4 制度的制约性研究

制度具有合法性，相应地，如果发生违法的行为，制度会对其施加惩罚以维护制度的权威性。这种惩罚首先表现在制度本身对行动者的制约性上。奥尔森提道："逻辑告诉我们，如果人们可以自由地交易或者不交易的话，我们会自动处于所有可能世界中的最有效状态中。[③]"但是这种自由并不存在，为尽可能达到有效状态，交易必须受到制度的制约。制度包括两个方面：有时它禁止人们从事某种活动；有时则界定在什么样的条件下某些人可以被允许从事某种活动。因此，依照此定义，制度乃是一种人类在其中发生相互交往的框架。[④]无论是直接的制约还是间接的约束，对行为人来讲都是一种行动限制，用经济学的行话来说，制度界定并限制了人们的选择集合。[⑤]与制度制约性相对应的就是奖励与惩罚。在制度主义理论看来，制度的主要目的是实现行动者的服从，这种服从是强制性的，但是当自由的人选择与制度不一致的行为时，处罚也会随之出现，这也是制度强制性实施的一个原因之一。个人或团体

---

①［法］克罗戴特·拉法耶．组织社会学［M］．安延译．北京：社会科学文献出版社，2000：39.

②李友梅．组织社会学与决策分析［M］．上海：上海大学出版社，2009：124.

③［美］曼瑟·奥尔森．权力与繁荣［M］．苏长和、嵇飞译．上海：上海世纪出版集团，2005：45.

④［美］道格拉斯·C. 诺斯．制度、制度变迁与经济绩效［M］．杭行译．上海：格致出版社、上海三联书店、上海人民出版社，2008：4-5.

⑤［美］道格拉斯·C. 诺斯．制度、制度变迁与经济绩效［M］．杭行译．上海：格致出版社、上海三联书店、上海人民出版社，2008：4.

遵守规则和准则的目的是获取奖赏或规避惩罚。行为的正常性取决于是否符合现有的规则和法令。[①]在决策产生的过程中，制度的适应与应用更加明确，行动者遵循制度，实现在组织内的正常行动，并被他者接受和认可，同时，也可以利用制度，合情合理地使用他的行动余地，[②]实现其个人的目的。从更宏观的角度讲，制度的制约性也是一种组织与社会控制的手段，在科层制中，还会转变为下级对上级的服从与预防。总之，制度的制约性是两面性的，既有行动者被动地接受制约，也有行动者主动利用制约性的意义。

4.1.5 组织中的制度研究

组织制度学派的研究与组织社会学的发展相适应，早期的制度研究主要体现在经济学的研究领域，关注通过制度作用提高生产效率。20 世纪 70 年代开始，受组织与环境关系理论的影响，组织制度学派开始兴起，主要是指新制度学派。新制度学派的研究不仅关注组织中的技术，更加关注组织环境对组织管理的影响。此后，对于组织制度以及制度对组织决策影响的研究就日益丰富起来。

组织制度学派认为组织的分析单位为场域。而场域永远是一个受时空条件限制的具体存在。[③]因此，组织是指特定时空中的组织，其特征会不断发生变化与变迁。伴随组织而存在的制度，按照组织制度学派的理论，同样也具有时空性。时空条件中的组织又是由组织中的行动者构成的，法国组织社会学的研究者克罗齐耶和费埃德伯格认为：“行动者不可能游离于系统之外而存在，行动者是唯一能成为系统的支撑者，是唯一能赋予系统生命，并且能让系统发生变化的因素。概言之，是行动者构成了系统，而系统又约束着行动者。[④]”在行动者与系统之间存在着一个联结物，那就是制度。行动者通过制度形成了有秩序的系统；系统通过制度制约了行动者。克罗齐耶特别

①［美］W. 理查德·斯科特、杰拉尔德·F. 戴维斯. 组织理论——理性、自然与开放系统的视角 [M]. 高俊山译. 北京：中国人民大学出版社，2011：243.

②李友梅. 行动者的选择余地及决策理性 [J]. 社会，1995(10)：35.

③［美］沃尔特·W. 鲍威尔、保罗·J. 迪马吉奥主编. 组织分析的新制度主义 [M]. 姚伟译. 上海：上海人民出版社，2008：代总序（高柏）.

④李友梅. 组织社会学与决策分析 [M]. 上海：上海大学出版社，2009：引言.

研究了法国的科层制，认为科层制组织有着严格的规章制度。他认为，规则是组织中的弱者用来保护自身的手段，以免受管理者随意处置的侵害。①

引起研究者对制度产生新的兴趣的原因之一就是组织环境与组织的关系进入研究领域，对于制度研究而言，这是一个重要的分析背景。当决策分析的研究涉及行动者在其中实施决策的组织条件和社会条件——复杂背景时，研究者意识到研究领域的结构特征、活动规则、权力平衡机制以及联盟体系是不可忽视的重要因素。②这里的规则既包括组织内的规则，也包括组织外的环境制约与要求，行动者便通过行动找到组织内外的制度平衡。迈耶认为组织环境包括技术环境与制度环境（institutional environment），我们必须从组织环境的角度去认识组织行为。制度环境的目的是提高组织效率，也是早期制度学派关注的重点。但从组织与环境的关系来看，制度环境对于组织的发展更有意义。他认为，制度环境要求组织服从“合法性”机制，采用那些在制度环境下“广为接受”的组织形式和做法，而不管这些形式和做法对组织内部运作是否有效率。③由此，迈耶也同时认为，面对制度的约束，组织应该把内部动作和组织结构分离开来（loose coupling），正式结构是适应制度环境的产物，是做给别人看的。而非正式的行为规范是组织运作的实际机制。④梅约和佩鲁等人也强调了组织与环境之间关系的重要作用，他们认为组织行为是组织对制度的反应，组织制度化的过程即是组织不断采纳制度环境所认可的组织形式和行为的过程。⑤并以此讨论了社会中组织趋同性的现象。

那么组织中的规章制度在组织运行过程中到底都起到了什么作用？在韦伯的观点中，组织应该是为促进效率提高而形成的机构，高效率的基本保障就是制度，并且制度使组织具有可测性，最典型的就是韦伯提出的科层制。除此之外，马奇认为，规则使组织活动惯例化，并定义了部门间以及决策结

①周雪光、赵伟．英文文献中的中国组织现象研究［J］．社会学研究，2009(6):176.
②李友梅．组织社会学与决策分析［M］．上海：上海大学出版社，2009:56.
③周雪光．组织社会学十讲［M］．北京：社会科学文献出版社，2003:72-73.
④周雪光．组织社会学十讲［M］．北京：社会科学文献出版社，2003:77.
⑤周雪光．组织社会学十讲［M］．北京：社会科学文献出版社，2003:180.

构间的权威关系和关联。[①]而伯恩斯则认为制度架构能够将人们之间复杂的关系、角色、建构和调整经常性人际互动过程的准则等组织起来。这样一种制度架构就是一种组织制度或制度安排（如制度的综合）。它是由一组社会关系、角色、规范、“游戏规则”等组成，……它安排行动者的行动方式或角色是通过规定他们的权利和义务——包括命令和服从的条例——他们可以获取和控制现有的人力资源和物质资源。[②]更多的新制度学派的研究者都把制度看成是一个综合体，并在社会与环境中形成。而周雪光则更加强调了正式组织中规章制度的作用，认为组织规章制度决定了注意力的分配、利益分配和信息。与前面所阐述的制度的形成及制度的作用不同，经济学家海纳（Ronald Heiner）在1983年提出规章制度产生的原因在于组织环境的不确定性，大量的不确定性需要制度产生从而形成可预测性行为，使人们的生活能够有序进行。

马奇提出了一个“合乎情理的逻辑”的决策模式，这个“合乎情理”就是指人们普遍接受的行为规范的制约。而周雪光则讨论了循规行为，他认为组织决策常常为稳定规章制度所制约。可以说，大多数组织决策都是制度下的循规行为。[③]这里所说的循规行为（rule-following behavior），指个体或组织行为方式的常规性与可预测性，即这些行为模式或者为已有规范、惯习和标准等隐性规则所“预先设定”，或建立在正式程序、政策和条例等干部制度的基础之上。而且这些循规行为常常基于超越组织边界和即时决策情境的社会过程。[④]组织按照规则行为同样也被韦伯、西蒙所认可。而在具体的组织与组织决策分析上，制度学派普遍认为行动不仅仅是单纯地顺从制度的安排，行动者会对行动进行意义追求，当意义被群体接受时，其结果就会形成某种制度。因此，制度与组织决策之间也是有着密切关系的。周雪光提出了制度与组织决策之间的“多重制度逻辑”的分析框架，从制度的多重机制与相互作用

---

①李志斌．内部控制的规则属性及其执行机制研究——来自组织社会学规则理论的解释［J］．会计研究，2009(2):40.

②［瑞典］汤姆·R．伯恩斯等．经济与社会变迁的结构化——行动者、制度与环境［M］．周长城等译．北京:社会科学文献出版社，2010:10.

③周雪光．组织规章制度与组织决策［J］．北京大学教育评论，2010(3):3.

④周雪光．组织规章制度与组织决策［J］．北京大学教育评论，2010(3):3.

为分析着眼点，认为制度逻辑诱发了具体的可观察的微观行为，制度可以对此行为进行预测。而不同群体的行为方式及其相互作用有助于认识这些制度逻辑，从而使得制度变迁研究建立在实证基础上。①

总之，组织制度学对制度的分析不仅涉及组织建构，还涉及组织效率、组织与环境之间的关系，分析的视角较为全面，从正面到反面，从制度的积极意义到消极意义等方面，研究了制度与组织之间的相互作用以及制度在决策过程中的重要意义。

4.1.6 制度中的意义性研究

制度有正式制度与非正式制度之分。人们更多地研究了正式制度对组织与行动的影响。而事实上，在“行动领域”中，正式与非正式的因素是相互交融的，行动者不能以其正式组织的规则来处理与其他组织的关系，他们必须遵循“行动领域”的规则。②也就是所说的非正式制度。通过前文对制度内涵的分析，制度不仅是集体共识的体现，它也是对行为意义的理解，表现为风俗习惯、价值信念、文化传统、道德伦理、意识形态等非正式制度。

组织制度学派的分析必须对具体的场域特点及其演变历史进行研究。与此同时，组织制度学派注重文化在认知方面的作用，而文化只能是具体的文化。③组织制度学派同时也强调认知因素、意识形态等在社会建构过程中的重大作用。他们认为，行动者仍然在追求理性的社会建构，但是规章制度的制订和使用并不总是一个理性的过程。④正式制度是理性的约束，而在实际的操作上，往往是非正式制度在起作用。在佩罗看来，正式规章制度的弱化使雇员容易受管理者随心所欲的干预和评判。⑤因此，组织制度学派仍然强调正式制度

---

①周雪光、艾云．多重逻辑下的制度变迁：一个分析框架［J］．中国社会科学，2010(4)：135.

②李友梅．基层社区组织的实际生活方式——对上海康健社区实地调查的初步认识［J］．社会学研究，2002(4)：22.

③［美］沃尔特·W. 鲍威尔、保罗·J. 迪马吉奥主编．组织分析的新制度主义［M］．姚伟译．上海：上海人民出版社，2008：代总序（高柏）．

④周雪光．组织社会学十讲［M］．北京：社会科学文献出版社，2003：172.

⑤周雪光．组织规章制度与组织决策［J］．北京大学教育评论，2010(3)：5.

的建立与运用。周雪光也在研究循规行为时认为组织规则不仅包括组织内制定的程序和规章条例，还包括组织外那些塑造决策情境、决策者角色、期待和行为方式的文化模式。[①]对组织中非正式制度的研究更多的是人类学家的研究，他们在进行制度分析时，意识到了非正式制度的意义，例如道格拉斯认为制度赋予人们“身份”，储存着信息与规则。但是无论哪一学派对非正式制度的研究，都接受非正式制度与正式制度是不可分离的，非正式制度也是在社会制度中得以生成并具有意义性的。

综合以上组织与制度关系研究的回顾，我们发现，制度与组织是分不开的，行动者也是借助制度构成组织，并使组织正常地运行。制度对组织架构与组织分析起着约束、引导、保护、预防等作用，制度从来就没有离开过组织。但是，新制度学派对环境中非正式组织的研究还不够充分，非正式组织的存在意义以及它与正式组织的关系协调又是如何实现的呢？这需要进一步的讨论。

4.2 决策与制度之间关系的分析逻辑

在组织运行的过程中，如果想要找到制度的影子，只能看到文本化的各种规章制度。而在分析决策过程时，想要区分出每一个决策都有哪些制度在发生作用又是十分困难的。组织中有制度，制度中也有组织。这是大家都接受的，但从上述的组织决策过程的分析中，制度既存在于其中，又无法确定哪些制度在影响决策。如何理顺组织决策与制度之间的关系是一个重要的内容。理性的分析是追求绝对自由条件下的决策过程，而在有限理性条件下，行动者又为什么遵循制度，并且通过自己的行为不断地制造与改革制度呢？对于组织而言，决策行为与制度之间是如何契合并发生作用的呢？

制度是有效经验的高度集合体，它是被所有成员接受和认可的。制度并不追求理性的规范，而是追求集合体的共同意愿。制度是有时限性约束的，它

①周雪光．组织规章制度与组织决策［J］．北京大学教育评论，2010(3)：12.

只能存在于与其相适应的组织中，否则，其结果就是或者制度进行改革，或者组织进行改革。制度具有重复性，能够被反复使用。制度具有意义解释，每一个制度都有其意义本源。制度分为正式制度与非正式制度，其区别在于制度表现及其奖惩是否规范。正式制度更为严格一些，非正式制度更多地表现在行为习惯与文化意义的阐释上。制度包括法律法规、规范、程序、价值观、期待与期望、榜样、符号、文化等内涵。制度只能通过人的行为表现出来。制度为组织的决策提供了稳定、良好的秩序环境。但从微观上，规章制度在许多的决策过程中有着至关重要的作用。微小的（参与）规则变化可能会引起重要的后果。[①]反过来，决策过程是复杂的，理性与有限理性、理性与非理性、客观性与主观性都是交织在一起的。因此，与此相应的，我们可以提出第六个基本命题：制度中的正式制度与非正式制度也是互相交织、不可区分的。

组织行动的目的是实现理性的追求。组织理性的建构是整体意义上的建构，它是被组织所普遍接受的。但前面的分析已经清楚地说明，这种理性目标是追求个体层面上的决策。即便如此，个人行动是在社会背景中通过与其他人的交往而实现的，因此，个体层面上的追求只是作为目标而存在，具体的行动过程仍然是有限理性约束下的。同时，理性的建构不仅是社会的，它也是文化的。[②]我们要对理性赋予其文化意义，是基于社会基础上的文化建构。因此，理性也是制度制约下的理性，是脱离不了制度的理性，是在制度中建立并发生作用的。而实际的组织生活与组织决策真正的建立基础是有限理性，有限理性就意味着人的认识的局限，对于决策而言，未知的部分只能由大家共知、共识的制度来弥补，才能尽可能地实现理性的目标。

人是组织中的一员，人与人之间的关系协调需要制度的作用，人构成组织后要提高组织的效率，实现组织的积极意义，同样需要制度的管理与监督。制度被创造出来不仅仅是为了提高组织效率，更主要的意义在于服务于人的行为与活动，达到人的目的。人们有选择地使用或忽略某一规章制度以适应特定的情境。[③]

---

①周雪光．组织社会学十讲［M］．北京：社会科学文献出版社，2003：296．

②［美］沃尔特·W．鲍威尔、保罗·J．迪马吉奥主编．组织分析的新制度主义［M］．姚伟译．上海：上海人民出版社，2008：代总序（高柏）．

③周雪光．组织规章制度与组织决策［J］．北京大学教育评论，2010(3)：13．

具体地来看制度与决策之间的关系。组织与决策都是在制度中存在与完成的，即使我们分辨不出哪一具体制度影响了决策，但从结果上来看，行动者的行为表现了标准性与被接受性，这是因为制度的约束，才使决策结果有一个共同的趋向性。在诺斯看来，制度的存在是具有其合理性的，最基本的，他认为制度的存在是为了弥补信息的不完全。而不完全的信息会给其他的行动者控制的空间，在决策中会有利于其他行动者对决策过程的控制。而恰恰是制度弥补了这一缺憾，使行动者在制度的运行中尽可能实现自己的自由。这是从组织对制度的需求上来看二者的关系。而从制度对组织的需求上来说，制度是人的共同思想的体现，其本质是一种文化。要把无形的文化在实际生活中体现出来，则需要借助一个载体，这个载体就是组织，包括各种各样的组织体系，其实质是指向组织中的个体行动，也指其中的决策分析行为。

行动者在决策的过程中，不仅要对自己的行为有一个评价与预期，还要对其他的行为有个预测。行动者对过去、现在与未来时间段的行为了解得越多，那么他可能遇到的风险越小，其决策目标才更有可能实现。制度的遵循便很好地达到了这一目的。同时，有限理性也反映出对制度的需求。而制度首先表现为促进群体效率的提高，当我们把视角放在社会层面去看制度时，这一促进作用是明显的。随着研究开始关注组织与环境之间的关系，制度的作用更多地表现在组织协调的作用，包括组织内部的协调与组织外部间的协调。最基本的方式便是借助制度的约束性作用。行动者在决策过程中利用这一约束性作用与人的有限理性很好地结合起来，人的行动意义实现了最大化，更容易达到满意原则。制度可以有效地协调人际关系，因为如果有违规的制度发生，严厉的惩罚也随之而来。

制度限制了行动者的行为，也赋予了行动者角色、地位、声望、名誉等。制度控制了决策的程度与过程，掌控着决策信息的流动方向。制度在决策过程中的作用也分为正式组织中的作用与行动过程中的作用。在实际的行为中，行动者对正式组织中的制度作用有选择地遵从与逃避，往往更多地遵循行动过程中的制度。前者为行动者的行动与决策提供了良好的借口，后者才是行动者真正实现其目标的手段。但我们也要承认，行动中的制度是以正式组织中的制度为大前提的，只是在行动中的具体行动方式中有所差别。

通过上述的分析，看到制度与组织决策间的复杂关系，人与组织、制度相互交织，通过具体的行动充分体现出来。决策的任何一个形态、任何一个阶段，其实都离不开制度的作用，决策方案的成本与结果也都是在制度的背景下受制度的影响而实现的；反过来，制度是人的共识体现，哪些意识成为共识，这也是人的决策选择过程。制度与决策都是有限的，都试图通过这种互动性的改革实现互补，以减少其中存在的漏洞，减少风险的发生。

总之，由于制度与决策互为条件、互为决策，且是可以无限循环地寻找源头。而且，制度中存在决策过程，决策过程受到制度的影响，二者互相嵌入在具体行动中。因此，此时可以提出第七个基本命题：制度与决策过程是互为嵌入的关系。

4.3 决策过程中相关的制度因素分析

4.3.1 制度为决策过程提供的规范性因素

制度是决策过程必须遵循的条件，否则决策过程就无法正常地维持下去，行动者之间的交往、讨价还价也无法合理地进行下去。通常意义下，正式组织中的制度会给予行动者相应的角色、权力与地位。特别是科层制组织对等级要求森严，组织中行动者的地位与权力是不可逾越的。这就为决策过程提供了行动者间的先天的差别。相应地，制度对行动者也会产生强烈的制约性，严格的科层制度对于上传下达、执行指令是有效的组织结构。[①]行动者对命令的执行与制度的遵循是其决策的总体走向。

权力是由制度带来的一个重要的影响因素。权力同样受到制度的约束，制度给予不同地位的人以不同的权力。当然，在决策过程中，权力不是固定的，要结合实际的使用才能确定权力的大小与作用，但权力的确是制度在行动者身上的一种体现。制度制约下的权力只是行动者全部权力的一部分，这

①周雪光．基层政府间的“共谋现象”——一个政府行为的制度逻辑［J］．社会学研究，2008(6)：6.

种权力一方面受到制度制约，另一方面也被利用起来扩大自由的余地，具有更多的权力掌握，以实现其目标。

制度在决策过程中还会实现一个重要的作用——合法化。合法化是制度存在并得以维系下去的根本原因。通过社会成员对共识行为建立的标准，人们得以在公平、平等的条件下进行行动。决策过程中，合法化为行动者的行动找到了合理的借口，并对自己的行为有一个有效、合理的解释。当然，行动者也通过制度的合法化处理个体之间、个体与组织之间、组织与组织之间的关系，明确相互之间的关系距离与影响，以形成相对稳定的关系群体。

制度运行必须有相应的奖惩制度，人们会对社会行为给予评价，并借助制度对其行为进行奖惩，这是组织决策过程中促进组织发展而使用的刺激手段。同时，这种奖惩制度还会实现对弱者的权力保护，对施压者的控制，以期尽量实现资源分配的均衡。制度中的奖惩制度还会影响组织内外部的环境氛围，从而影响个体行动者在决策过程中的选择。例如，近年来网络的发展形成了强大的网络舆论氛围（特别是一些网络技术的使用，例如“人肉搜索”），在这个非正式制度环境中，网民会对某一事件形成评判，给当事者造成压力，从而重新考虑其行为的选择。

总之，制度自身的特性在决策过程中主要发挥着规范性的作用。组织借助制度建构的秩序体系中，利用正式与非正式的制度，调整不同的资源，满足组织内外的博弈，实现行动目标。

4.3.2 行动程序中的制度——潜规则、人情关系

研究者们在研究的过程中都发现，实际的组织中运行的制度除了正式制度及由此建立的正式关系之外，影响决策与竞争的还有大量的潜在的被大家接受的制度以及大量的私人关系，并且这种潜在的制度与私人关系更容易成为组织运行的依赖制度。在我们国家，主要就是指潜规则与人情关系。

组织决策过程之所以越来越复杂，除了决策人与决策环境的复杂性之外，我们会发现，决策并不像我们想象的，完全遵循大家共同接受的制度去进行决策。可以想象，如果完全依靠制度进行选择的话，就会大大简化决策的程序，减少其中主观性影响，决策过程相对更为容易实现。而事实是，我们常常会看到，正式组织中的正式制度被完全抛弃在一边，而遵照同样是大家心

照不宣的另外一套制度去决策，即我们常说的潜规则。那么，既然都是大家默认的制度，为什么不把潜规则变成正式制度去遵循，而代替原来的正式制度呢？我想其中的原因就在于潜规则属于行业内资源控制者默认的，按照潜规则，资源控制者可以实现资源扩张，丰富个人的利益。行业内的其他行动者因为没有资源控制能力，则没有话语权，只能被动接受这一规则。而行业外的人更是如此，与此行业打交道只能遵循此行业的潜规则。因此说，潜规则只能是部分人的制度，它不可能变成社会成员普遍接受的制度，更不要说取代正式制度的位置了。当然，正式制度对潜规则中的行动者同样具有约束与惩罚的作用，但这就要看资源控制者能否对二者进行有效的协调了。

吉登斯在《现代性的后果》中提道："在现代性条件下，地点逐渐变得捉摸不定：即是说，场所完全被远离它们的社会影响所穿透并据其建构而成。建构场所的不单是在场发生的东西，场所的'可见形式'掩藏着那些远距关系，而正是这些关系决定着场所的性质。①"这些关系具体来讲就是每个个体的千丝万缕的网络关系。现实的组织决策过程中，个体往往成为组织决策的关键，对个体的影响成为如何决策的关键。费孝通在提到中国的人际关系的时候提出了"差序格局"，形象地说明了中国人在社会关系中的地位。而决策过程中，每个个体的差序格局网络互相影响，必然会找到其中共同的联结点，这个点就是中国人际关系中被利用的个人人情。

中国特有的组织环境决定了在决策过程中必须把这两个因素考虑进去。也正因为如此，在我国的组织决策过程，行动者在决策时要分析的内容有所增加，而且，很多潜规则与人情是潜在的、无法获得的，因此，也常常出现"被决策"与"无法预测"的现象。但是，正式制度在其中仍有其作用与意义。

4.3.3 其他非正式制度的影响

相对于正式制度而言，非正式制度更具有灵活性，它没有强制性，也没有明确的奖惩制度，这些非正式制度融入于人们的日常生活之中。正式制度是做给别人看的，而实际的行动中，行动者更愿意按照非正式制度的原则行事。

① [英] 安东尼·吉登斯．现代性的后果 [M]．田禾译．南京：译林出版社，2011:16.

其根源在于文化的渗透。在中国文化中有“内”“外”之分，人与人的关系有远近、内外，家庭与家庭之间也有内外之分，同样，组织与组织之间也是如此，组织内都是“自己人”，没有必要讲太正式的规矩，而组织外都是“外人”，对外则用正式制度，以让其他组织明确自己的组织在制度中的地位、作用与权力。人们包括决策者关于成本、收益、决策规章制度和理想的决策结果的理解本身，可能植根于文化逻辑中，而不是单纯理性判断的产物。[①]文化从内而发的影响表现出来往往就是非正式制度。

除了文化之外，惯习、信仰、舆论、正式体制之外的声誉等，都是对决策过程具有重要影响的非正式制度。这些都是个人与组织面对环境而产生的应对方式。非正式制度与正式制度之间很难清晰地剥离开，但是在行动中却可以透过具体的行动，体察到非正式制度的影响，包括决策习惯，各个组织中个体与组织的决策常常受非正式制度的影响而产生决策习惯的差别。例如，大学中的文科生与理科生，在行为决策的过程中，通过行动细节，可以分辨出学科的分类，大致来讲决策过程中追求程序、效率，按部就班地达到目的的多半都是理科生。相反，追求细腻、浪漫主义的决策更多的是由文科生做出的选择。组织也是如此，组织的性质直接反映在行动上则表现为一种文化。例如警察这一职业，要求具有正义感，公平、公正，因此在警察的具体行动中看到的更多的是办事果断、讲话有力。

因此，决策过程中的非正式制度的影响非常丰富，除了隐形的约束之外，还含有期待的意味。透过非正式制度，体现对个体与组织的行动、角色的期待。总之，非正式制度是内化于具体的行为之中的，并且与正式制度巧妙地契合在一起，共同影响行动者的决策过程。

①周雪光．组织规章制度与组织决策［J］．北京大学教育评论，2010(3)：18.

4.4 具体案例分析

4.4.1 制造行为去适应各种正式制度

社区的职能之一便是落实街道办事处的任务。D 社区的主要工作内容也来自街道办事处，社区与街道的关系极为紧密。两者经常会联合起来实现某种制度动作或任务完成。作为正式组织，正式制度的实现仍然是社区的主要工作目标。从社区行动结果来讲，是否圆满实现制度要求是社区行为考评的主要标准。因此，为达到考评良好，增加业绩，社区甚至会故意制造行为去适应各种正式制度。最典型的体现就是在 D 社区中观察到的社区选举行为与种种迎检行为。

2011 年 5 月 16 日至 6 月 11 日，是 D 社区进行社区选举的日子。这是时隔四年的选举。社区选举是一个重要的事件，具有重大的政治意义与现实意义。5 月 13 日，Y 去街道办事处参加有关开展社区选举的会议，会议结束回到社区后，除了对其他人给予信息与任务传达之外，大家的第一个反应就是"仔细研究一下带回来的选举法和文件"。这个提法目的不是为了增长知识，促进学习，其真正目的则在于社区选举是上级提出的一项政治任务，"不允许出任何差错""不允许有上访上告现象""程序必须严格依据民主选举的原则进行社区选举"。以往的任务下派，上级部门也会提出一些要求，但实施的过程中，往往也并不十分严格，但社区选举活动直接影响到社区声誉，居民意见，领导的政绩。如果出现任何差错，其惩罚是非常严重的，甚至是免职、负法律责任等等。因此，如何对待这一任务成为社区领导人员主要讨论的内容。严格按照正式制度的要求去行动是决策者一致的意见，但这种严格要求对实际情况而言其实是难以实现的。D 社区对此选择了另外一个大家都接受的决策，即制造行动去适应制度。

社区中的 YJ 书记已确定调转工作到街道办事处，她不参与选举事情，而空缺下来的书记一职由上级委派。社区主任 Z 因到退休年龄，不再参与社区主任的竞选。社区中其他人全部都要参与选举，所以选举的主要工作就落到

Y、ZL 和 S 三人头上，其实主要工作的就是 Y 和 ZL 两人。因此，从任务下来之后， Y 和 ZL 就在考虑如何按照制度完成任务。

她们需要解决两个主要的问题：一是要保证对选举过程的绝对控制。一般在正式选举前领导层要有一个内部的讨论会，确定大部分的社区工作人员名单，要保证领导能定人定职，其他工作人员的基本定人定职。简单地说，就是在选举前就确定哪些人被选上，并具体是哪一职务。另外一个需要处理的问题就是如何通过技巧性的工作达到选举法的要求。面对这样的问题，针对想要达到的目标， Y 和 ZL 经过商议，并听从街道相关领导的意见，确定了下一届社区人员名单，两人按照这个名单对照目前的工作人员，确定可能存在问题的人员进行动员工作。社区中有一名工作人员没在名单之列，但她又不想回家， Y 特意来到她家做她的思想工作，花了一个晚上的时间，动之以情，并以临时反聘为交换条件，最后该工作人员同意放弃参加选举。选举前期的人员动员与安抚工作完成后，两人便按部就班地开始正式选举程序。最直接的方法就是拿着选举法逐条分析与理解，遇到实际情况无法达到的地方，一起商议对策，通过制造行动来适应制度。例如选举法要求选举当天要有超过 50% 的选民参加投票选举，但实际情况是不可能达到这一要求，于是，两人经过政策研究，发现选举法上也注明，不来参加选举的人中，有一部分放弃选举权的，只要注明是主动放弃选举权，并签字确认的，这部分人不计入正常参加投票的人数中。Y 和 ZL 便使用了一个技巧：让社区工作人员去各家通知的时候，如有不来参与投票的，就直接让其写一个弃权证明。这样，自然没有弃权的人都是能够参加选举的人，选举的结果就是有效的。所以，社区选举的行为前期决策过程是花费大量的时间、精力与工作去实现的。

社区中另外一个典型的制造行为去迎合制度的事件就是各种迎检活动。这同样是表现政绩、增加对社区领导者“好感”的最佳时机。每一个检查或调研任务下来之后， D 社区领导商议的主题就是分析检查者的需求与要求，基于此，社区的领导者在分配任务的过程中就会依需求与要求为标准进行“制造”，包括制造各类文件、各类硬件、各类行为等等。例如，该市要求社区尝试建立社区老年人日照间，实现对一些老年人的白天照顾。日间照顾是社区工作中的一个方法，可建立在社区内，也可与其他组织合作完成，是对社区老年人提供的多种社区服务中的一种。而在 D 社区，对这一任务，并不追求对日间照料概念的理解与调研，为求组织先进性，马上在社区里空出一间屋子，里面放四张床，门口挂着日照间的牌子，便是完成了任务，并得到表扬。日照间成立后，没有真正实现日照间的功能（当然这也与社区人手严重不足有直接的关系），但是在迎检期间，参观者就会看到房间里有老年人，并说经常来这里休息，接受照料。所以，来到社区后，就会看到功能齐全的社区。

前面的两个案例其实体现了在正式组织中，正式制度是被严格执行的，但在被执行的过程中，行动者的决策还是会借助正式制度没有顾及的地方，利用技巧与手段，完成决策过程。

4.4.2 依据正式制度去解释行为

在社区中，当一些非正式的制度并不能起到作用，而社区利益又受到威胁时，正式制度的作用明显地体现出来。社区的决策者一面利用制度保护自己的利益，同时也利用正式制度拒绝不利于自身决策的行为，还有一种情况是有时会利用正式制度去为自己的决策找到理由与借口，从而摆脱社区在遇到的问题中的责任。

2011 年 3 月 23 日，社区接到居民举报，D 社区中有一低保户居民几天前因酒后抱电炉子睡觉被烫伤，治疗一段时间后因家里条件不好此人主动要求停止治疗。这一天脚部伤口恶化，危及生命，邻居把此事反映给社区。社区马上派人上门了解情况后，领导者在办公室内商量对策。此人常年喝酒，还经常赊账不还，骚扰邻里，身体健康却不出去工作，依靠低保维持生活。YJ、Z、Y 和 ZL 在商量对策时，首先对此人的行为提出了不满，并指出其恶劣行径以及对社区工作人员态度不好，不听从社区的劝阻。后四人预测如果社区对他进行管理并且社区拿钱给他治病，此人会一直赖着社区而来要钱，没有休止。因此讨论决定把这“烫手的山芋”扔给街道办事处，此人没有胆量去街道打闹。所以仿照程序马上把情况向街道汇报，请求资金支持。28 日，街道办事处拨款 2000 元治疗费用，400 元照顾费用，并联系医院，把烫伤人员送入医院治疗。4 月 1 日，此人药费用完，对照顾人员也表示不满，要求社区给钱治病。此时，社区再次依靠制度去解释自己的行为，并推脱自己的责任，向病人申明：社区的权力只能够做到为他提供低保，协助他申请救助金，并帮助他雇用护工对他进行护理，社区已对他实现了社区应尽的所有义务。此人表示质疑，并来到社区吵闹，社区报警后警告此人干扰社区正常工作会受到法律制裁，此人听后因害怕而走开，之后便不知所踪。

此个案社区便利用制度技巧性地实现了自身利益的保护。并把影响社区的不利因素同样利用制度转移给了街道办事处和派出所。在决策过程中，正式组织经常会利用这一技巧周旋性地处理一些问题。

4.4.3 非正式制度对实际决策的影响

至于社区中的非正式制度的影响在社区的很多行动中都能够看到。社区与其他的机构不太一样，首先在体制上属于居民自治，不是真正的行政机构。其次，社区直接与居民打交道，处理居民的具体事务，社区更容易受到民间居民交往方式的影响。所以，非正式制度在社区的很多地方都有所表现，并且会影响其中的决策。最常见的就是人情关系。

2011 年 3 月底之前，区里要求 D 社区上报廉租房申请表。D 社区把通知发给居民后，由居民参照条件，自主到社区中填写申请表申请。其中有一位申请者的姑姑与社区中的 YJ 非常熟悉，是熟人关系，因此，此人被直接带到领导办公室，YJ 亲自打电话找到一个工作人员带领申请者迅速办理。这是典型的熟人社会里的交往原则，即办事熟人是最稳妥的。一般情况下，如有申请廉租房的居民只能到办公窗口上正常办事，并无专人接待。而此申请不仅有专人接待，在办理前还有一段时间的关系联络。YJ 还会为申请人提供最为快捷、最能达到目的的一些策略。而这些在正式制度中是不可能听到和看到的。

对组织而言，中国式的人情交往也是必要的。进入 2010 年的 12 月，一直到除夕之前，这期间是社区密集地开始人情往来的时期。如同社会中的家庭一样，社区也会趁过年这个时节对其他的与之有影响关系的组织、个人表示感谢。当然，这里也包含一部分领导会借工作机会表达个人间的情感，但这种个人情感的发展也是与社区工作有关系的。同时，其他组织也会来到社区进行交往与感谢，一部分组织采取社区贫困家庭慰问的方式表达，一部分组织直接通过一些联谊会向社区表达。2010 年 12 月 10 日，书记 YJ 提出马上要进入新年了，各单位会来社区慰问，社区也要去各“兄弟单位”进行感谢与联谊，这是例行的规矩。具体工作由 Y 列出需要感谢的单位名单。这些人情往来都计入工作内容，因为这会对社区的一些决策产生重要的影响，方便社区建立有利于社区发展的决策。

当然，个人与组织的人情往来是交织在一起的，在决策过程中会起到非常重要的作用。有时社区的工作人员也会把私人的人际关系作为决策的影响资本，对竞争者构成威胁，从而实现对自己有利的决策。

4.4.4 案例总结

通过上述案例的分析，社区这一组织表现出正式组织的特征，正式制度对决策过程的影响是最主要的。而且，它还没有表现出一些企业组织表现出来的“潜规则”代替“正式制度”的现象。社区仍然在落实制度任务，并按照正式制度的原则进行安排。但从具体的细节上来看，非正式制度在城市社区中也是无处不在，主要表现为社区中的个体与社区组织都会与其他个体和组织进行“人情往来”，这种现象在我国组织的决策过程中会产生巨大的影响，在进行决策过程分析的时候，中国的人情关系是必须要考虑进去的。

总之，通过案例的分析，决策过程中的正式制度与非正式制度并不是清晰地分开的，它们会综合性地作用于行动者身上。个体与组织、各种制度之间、各个决策之间都是互相交织、互相影响的。众多要素的综合作用才形成了最终的决策。

4.5 小结

组织的形成源于制度的建立，制度为组织提供稳定的秩序，行动者得以在组织中，并且借助组织与其他行动者产生互动。在决策分析中，制度是进行决策分析的重要依据，社会承认逻辑的基础是“合法性”机制。[①]通过案例分析，我们发现，作为我国的城市社区，特别是东北的城市社区，它仍然是以制度为依据进行行动的，落实制度是其主要职能。决策及行动过程中，制度则成

①周雪光．组织社会学十讲［M］．北京：社会科学文献出版社，2003:265.

为主要的依据，无论在决策过程中，制度的作用是大是小，是否起到了明显的作用，行动者都是以制度作为背景，并把制度融入于行动之中，行动的结果仍然是落到制度的执行，对社区来讲，则是正式制度的执行。正式制度是社区存在与发展的根本，没有正式制度，行动者与组织都将解体，无论其中行动者所使用的手段是否是正式制度，但其行动的出发点与行动结果是正式制度的执行，这是毫无疑问的。

社区中的制度作用是相互交织在一起的，共同作用于个体与组织，正式制度与非正式制度都在行动者的日常行动中体现出来，通过分析发现二者是相互交织在一起的，是不可区分的，只不过在不同的情境下二者的表现度是不一样的。对于决策过程来讲，制度是决策过程的一个先决性的背景，决策在制度体制内完成，而决策过程的性质也区分出制度的使用。二者不可分离，不可独立存在，并在相互的运行过程起着重要的作用。因此，二者的关系是相互嵌入的关系。

第5章　社区决策分析的研究总结与讨论

5.1 研究总结与现实指导意义

5.1.1 研究总结

组织决策分析研究已是越来越丰富，但是我们也发现，随着研究成果的丰富，其间发现的新问题与新的研究点也就越多。从经济学中“经济人”视角的决策分析研究到社会学中“社会人”视角的决策分析研究，从个体人的行动到计划的组织行动、社会行动，行动主体的内涵也发生了变化。研究者们试图对个体人与组织的决策过程找到一个规律性总结，但事实说明这是非困难的，研究者自身的有限理性是不能掌握研究对象的全部信息并给予总结的。本书也仅仅从理性、有限理性（包括非理性因素）、制度这三个不同的视角对决策过程进行分析，认为这三个视角是从微观、中观、宏观三个层面来进行决策分析研究，不同的研究视角其强调的目的意义是不一样的：从个体的视角来看，决策目标更倾向于理性的追求；从组织的视角来看，决策的目标则倾向于有限理性的追求；而从宏观的组织与环境的关系来看，决策的目标归根到底还是为了执行制度。对这三个视角进行分析与讨论之后，更进一步地，我们可以得到如下七个基本命题：

命题一：我们在利用理性进行决策分析与判断。

命题二：理性的目的决定了实现目的的决策过程是具有理性的。

命题三：有限理性抛不开与完全理性的关系。

命题四：从行动者层面进行决策分析，完全理性是存在的；从组织整体层面进行决策分析，有限理性决策分析方式是正确的。两种决策方式并存且不发生冲突。

命题五：从更加宏观的组织与其周围环境的关系来看，非理性因素在决策过程中是大量存在的。

命题六：制度中的正式制度与非正式制度也是互相交织、不可区分的。

命题七：制度与决策过程是互为嵌入的关系。

事实上，本研究试图通过一个视角性的线索对决策过程的逻辑顺序进行梳理，但这仅仅是一个“线”的思路，决策过程是复杂的，它涉及的内容不仅是“一条线”就能理顺出来的，因此研究中难免会有不严谨和考虑不全面的地方。但是任何一个研究目的都不是仅仅通过一个研究就得以实现的，每一个研究都进一步丰富了这一研究领域的内容，也是具有理论意义的。

在研究中，从社会现实出发，引起研究者对现实状况的思考：究竟是什么样的逻辑才有了观察到的现象。决策分析过程中，经常会使用定性方法对社会现象进行观察，进而推导出背后的理论逻辑。但我们也应该意识到，这一分析过程本身就是一个理论逻辑，就如同研究者去研究决策过程中的理性、非理性以及制度一样，研究者本身就受到有限理性与非理性的影响，身在制度体系之中去观察社会现象的。因此，观察条件的约束在研究中并未充分考虑进去，但是这也在一度程度上限定的研究范围，使研究逻辑更易于在研究过程中发现并寻找出来。

5.1.2 对东北城市社区建设的启发

在实践中，所有大型组织均涉及一定程度的委托授权。……权力下放后，下属所作的决策将为组织的最终决策出一份力。[①]我国的城市社区发展已日趋成熟，现在正处于举步不前的状况。最近几年，对我国东北社区提倡进行改革的建议越来越多，其中之一就是区政府应该把权力完全下放给社区，甚至有研究者提议取消我国街道办事处这一级别的机构，并在尝试进行定点

① [美] 盖瑞·J. 米勒. 管理困境——科层的政治经济学 [M]. 王勇、赵莹、高笑梅、季虹译. 上海：上海三联书店上海人民出版社，2002:122.

试验。事实上，无论是从理论上还是从实际中，街道办事处的取消完全是可以的，由社区直接对区政府负责，这会减少烦琐的行政程序，社区可有更多的权力对资源进行支配。但对政府与各级机构中的人来讲，街道办事处取消的最大困难就是大量行政人员的安置，这也成为改革的一个障碍。城市社区中的决策因其权力范围太小，仅仅是街道办事处的制度落实机构，它所能控制的资源是非常有限的，因此在决策的过程中也是障碍重重。本研究中所观察的D社区算是所在市所有社区中条件数一数二的，但在其日常工作生活中，权力仍然是有限的，受街道办事处的干预与控制太多，D社区的书记也是由街道下派的。在2011年的选举之后，D社区的书记直接由街道办事处的副主任兼任。可见，街道对社区的管理是非常严格的。

当然，社区虽然是民间自治组织，但实际的运行则完全依赖于政府，这里的政府不仅仅是街道办事处，也包括政府其他部门。例如直接相关的有民政部门，在解决具体问题时还要依靠公安部门、教育部门、医疗部门等等的支持，否则社区的工作就无法开展下去。目前，我国的社区就面临着这样的尴尬：性质是民间自治组织，但却受到政府机构的控制与管理；并非国家机构的延伸，却做着国家机构中最底层的工作；从事最实际的工作，却没有一丝控制资源的权力。社区的这种地位上的两难会使社区中的个人与组织在决策时有所顾及，同时也不难理解在前文中所看到的种种决策使用的手段。例如与其他组织机构间的人情往来也是社区继续正常地维持下去的一个生存手段。

正因我国东北社区面临这么多的障碍与困难，城市社区的发展是缓慢的。现有的制度约束更多地体现于正式制度。前述的案例分析中也看到正式制度是社区运行的核心。社区的建设模式、发展模式都是与正式制度的意向直接相关的。正式制度带给社区很多资源，带给社区中的人很多权力，同时，也带给社区很多束缚，带给社区效率滞后。市场经济开始以后，很大一部分资源被分流到市场，政府不能自由控制，社区更是无能为力，这样，社区又被迫让出一部分资源与权力给市场来换取自己的进一步生存。例如，D社区自建的农贸市场、浴池、老人院等经济体，因D社区受政府制约太强，面对市场经济已无法使这部分经济体充公获利，因此，D社区把这几个经济体全部推向市场，由市场对其进行自由调节，把经济体承包给个人，社区只按投资比例进行分红。结果表明，这一选择是正确的，政府与其中的任何机构都再无权对此加以干涉，而且社区也通过这种方式丰富社区的资金，改善社区办公环境等。

当然，社区面对市场经济制度应该适时地对其所面对的制度进行调整与利用，社区想要进一步发展，应该考虑逐渐摆脱正式制度的约束，而增加非正式制度的应用，特别是非正式组织应该进入社区运行与发展的视野中。市场制度完全可以被社区利用起来，逐渐成为社区决策的新背景。这对社区发展也有着重要的促进意义。

总之，通过对社区的观察，对其决策过程的研究，逐渐明白是什么逻辑支持社区表面良好的运行。

5.2 延续的讨论

研究总是带有太多遗憾。在社区决策研究的这段时间里，看到了很多社区运行与决策的真实状况，社区的决策与被决策都是要接受的。但组织终究是要发展的，此次研究只是对其中的决策分析过程进行了一种理顺，但在其中还有一些问题需要进一步研究：

第一，性别对决策有没有影响？如果有，又是如何作用的呢？在研究中社区这个组织与其他组织相比有一个明显的性别上的特点，即社区中女性是组织的主体，决策者与行动者都以女性居多，整个D社区仅仅有七名男性，在决策过程中几乎起不到任何决定性作用。那么，性别的差异对决策过程有没有影响呢？都说男人理性、女人感性，这有道理吗？因为没有对比的样本，因此并不能对此给出一个有效的结论。

第二，对一个有明确界定的组织进行决策分析会不会出现研究视野狭窄的问题？在做决策分析的时候，研究者都只是在界定的组织内研究决策影响因素，那么我们也知道，每个个体属于不同的组织，是不同组织中的一员，个体具有不同的角色，各组织与角色互相作用与影响，那么，这种单一角色与组织的分析是否会导致研究的局限性呢？

第三，非正式组织决策研究的缺少。本研究也是正式组织的研究，那么非正式组织体系中，决策的影响因素是否还遵循前面的讨论逻辑呢？它与正式组织决策过程的区别又有哪些呢？对组织建设与发展又有什么意义呢？这些应该是进一步研究的问题。

第四，关于研究方法，在定性研究中，研究者的角色对决策分析过程是否有影响呢？在本研究中，研究者主要选择了非参与式观察，即研究者不会参与社区中的任何事务，并不会参与任何决策，只作客观的观察研究。但是，研究者也是一个实体的人、一个行动者，不可能与社区中的工作者不发生任何关联。研究时能够清晰地感觉到，刚进入社区时，社区工作者对你的态度是客气、防备、谨慎和小心。大约两周后，关系熟悉起来，又开始把研究者作为社区中的一员，经常叫研究者去帮助社区解决一些问题。同时，社区领导者也开始陆续地向研究者讲述一些只能对研究者讲述又不能对其他人讲述的经历或感受。这样的倾诉大部分都是对一些工作经历的不满。研究者在倾听的同时也会适当给予同情或鼓励。甚至在结束调查时，已经与社区的工作者建立了深厚的友谊。这些真的不会对社区中的个人与组织产生影响吗？观察的现象还会是客观的吗？

其实，以上的四个问题只是研究中想要进一步研究的一小部分。一个问题解决可能会伴以另外几个问题的出现，正是有问题才会推进研究的进一步发展。

总之，东北城市社区的决策分析研究无论是从理论上，还是从现实上来说，都是一个有意义的研究事件。以往对城市社区老旧的研究框架已不能促进社区的发展，而决策分析理论的视角则会对社区进步注入新生力，寻找到新的更有效的方式去发展社区。

第6章　社区决策分析与社会管理升级的过渡分析

完成对东北城市社区的决策分析过程的研究，提出了相应的命题，这并没有实现最终的研究目的。这样的一个决策过程的分析，更加清楚与明了了一个社会组织运转过程中的多因素的共同作用。为此，在这一决策分析的基础上，把此研究放入更加宏大的东北社会发展背景中，结合东北社会发展的现状，意识到以城市社区建设为切入点的社会管理模式需要进行进一步的升级，以适应东北振兴的需求。而城市社区的建设与发展是进行社会管理升级的最佳视角。

6.1 决策过程分析对社会管理升级的启示

无论是个体的决策分析过程，还是一个组织的决策分析过程，行动者、选择以及制度的约束都是存在的。而对城市社区的决策过程的分析，则从组织中行动者个人与组织整体的角度看到了决策与制度的互为嵌入性。其中，通过具体案例的分析与解说，更加清楚个体与组织之间的角色表现，理性与不完全理性的决策过程，看到社区运行的原则与视角。随着社会的进步与发展，社区运行作为社会管理的重要方式之一，需要随之进行改革与升级，从而提升社会管理的方式与方法。反过来说，社会管理的升级模式建立，需要与具体的社区组织决策过程联系起来，找到升级发展的关键点。具体来讲，通过前文的城市社区决策过程的细致入微的分析，可以考虑以下几个方面对社会管理升级的具体影响：

6.1.1 社会管理模式升级过程中需要满足个体行动者的充分利益需求

社区中的每一个行动者在行动的过程中，看起来按照制度原则进行理性的行为表现，但实际上，在这个过程中，每一个行动者都在努力地实现充分的理性，达到个体利益的最大化。在社区决策中，行动者会利用各种充分的与不充分的条件，在达到组织目的的同时，也没有遗忘自身最大利益的获得。社区运行过程中，个体的利益需求是时刻存在的，是具有一定的空间的。个体利益的满足直接决定和影响了社区组织的行动结果，是影响社区的目标达成路径的实现的。因此，在社会管理模式升级的过程，要给这部分个体以足够的需求空间，才能充分发挥决策者的作用。这并不是说以个体需求满足为第一目标，或者对个体需求的全部无条件的实现，而是要有意识地留有这样的空间，反而会促进个体更充分地发挥其作用，更好地达到组织目标。

行动者对自己不同利益的偏好或认知在一定程度上指导着其行动的策略，为行动提供内在激励。不过，即使是行动者对自己利益有明确的认知，也有维护利益的动机，但能否采取行动，以什么方式维护或实现自己的利益，却受到其掌握的行动资源及其相关的行动能力的影响。[①]所以，社区中的行动在追求自身利益的同时也在维护自身的利益，在这一过程中，它会充分调动自身的各种资源。而处于社区组织中的行动者，他们的利益实现离不开社区组织的环境，他们通过社区组织获得正式和非正式的资源，社区组织也通过决策者行动，实现组织的良性运行，二者互相促进，互相依赖。因此，社会管理要想实现升级，必须给予社区中的行动者以空间与需求满足，而非只顾居民的需求满足，对决策者需要忽视不理。

6.1.2 组织运行过程中的正式与非正式资源对社会管理升级同样重要

社区组织层面的决策不仅仅要依靠制度与规则，一定程度上还需要依靠

①李月军．社会规制：理论范式与中国经验［M］．北京：中国社会科学出版社，2009：54.

大量的非正式资源，例如中国最为关注的人情面子等等。社区基层组织嵌入在陌生人社会和中国式求助关系结构下，一方面需要通过时间的积累和密切的互动，将与居民之间的陌生人关系转化为熟人关系，累积情感、面子等非正式资源；另一方面，还需要具备为民办事的能力，满足居民的需求。有了正式资源的获得与支持，社区能够直接面对居民的需求，实现社会的基本公平与正义，社区居民可充分享受到制度与政策带来的利益与好处。而非正式资源的获得，使社区在运行过程中更注重情感层面，更能够结合社区居民的实际需求与情感需求，在实现组织目标的过程中，更加亲情化，这是符合中国文化特色的，中国的居民更容易接受这样的运行方式。

体现在社会管理的过程中，组织的运行要有制度的约束，更要符合文化制度的要求与特点，有管有理的组织与个人的关系才能够存在并延续下去。有效的社会管理一定是既具有强硬的社会管控手段，也必须具有温和的疏通渠道，二者结合，才能实现有效的社会管理。

正式资源与非正式资源都是组织运行的必备条件，而具体的运行过程还是需要决策者来实现。决策者作为社会个体，作为社会人而存在就不得不考虑人际互动的规则，在我国更多的是表现为各种人情交往。组织决策者的人情交往不仅带来社区具体问题的解决与目标的实现，更主要是会带来人际资源甚至是其他的组织资源，这对一个组织的发展来讲，是有利于进一步迅速实现组织目标的，也就是具体的指向了社会管理的目标。

6.2 制度理论研究对社会管理升级的意义

社区组织运行过程中的行动者的决策体现为充分理性与有限理性相结合，正式资源与非正式资源的有效使用，这一过程的具体实现离不开制度因素，具体的就是指正式制度与非正式制度的影响。在社会管理升级过程中，治理模式的转化主要是制度变迁的结果。升级的表现之一即为制度升级，让制度更加适应社会发展与居民需求。既然制度与决策过程是互为嵌入的关系，制度是决策方式的一种体现，决策也是制度的具体应用，结合决策的特点，相应的，制度就必须从正式制度与非正式制度两个方面进行讨论。“国家既存在通过社区建设强化基层社会管理的控制意图，从而会抵制社区的自主性空间和可能出现的公民社会；也可能通过合作、放权、赋权或妥协而为社区自治提供新的机会。反过来，基层社会中也是既存在着体制外的对抗冲突，也有试图通过合作和渗透进而影响现有体制的迹象。这在很大程度上是由于国家与社会两者内部都存在着分化和间隙，从而为彼此提供了新的机会。”①社会管理模式升级，制度运行模式也在此过程中不断更新。

6.2.1 正式制度对社会管理升级的意义

社区运行过程中的正式制度的制约性作用是居于重要地位的。另一种制度是经人们的设计而产生的。它们往往是由那些居于社会权威中心的人设计并强加给社会。……由于这类制度的外在性和强制性，公民们有必要防止政治代理人为私利而滥用其制定和执行规则的权力。因此，要求政治决策和执行过程本身也必须服从一定的规则。我们称这类由法律、法令和“程序性规则”所构成的制度为“外在制度”（external institutions）。②这个外在制度就是所谓的正式制度，它管理与平衡着组织运行的目标与建设，同时也保护着组织的有效运行。社区治理制度的变迁受到多方面的影响，既有国家的正式制度变迁，又有社会的非正式制度变迁，前者来自权威、正式组织，后者则是一种风俗习惯、意识形态的促动，但是不管怎样组织与制度都必须遵循“合法性”，否则是无法生存的。这种正式制度的控制并不会影响具体的行动与决策过程的结节。外在制度往往是在内在制度运作失效时才发挥其作用的。③也就是说正式制度为组织运行建构了宏观的环境规则，同时，组织运行过程中非正式制度无法协调行动者的冲突与矛盾时，正式制度才会再次介入。

在社会管理升级的过程中，管理模式必须源自和外在环境、正式制度的有效契合。同时，正式制度的有效体现也反映了社会管理发展目标。正式制度

①肖林．“‘社区’研究”与“社区研究”——近年来我国城市社区研究述评［J］．社会学研究，2011:4.

②童星主编．现代社会学理论新编［M］．南京：南京大学出版社，2004:246.

③童星主编．现代社会学理论新编［M］．南京：南京大学出版社，2004:252.

不断地完善与发展了，必然要求管理模式的进步，对社会管理发挥着重要的推动性作用。社区建设的过程要以正式制度为依据，完善社区组织运行的机制，保障行动者的合法权益，维护社会的公平与正义。

6.2.2 非正式制度对社会管理升级的意义

非正式制度具有较强的社会嵌入性，具有较长的历史沉淀性。它更多地融入社会人的日常生活中，与正式制度不同，它并没有表现出具体的规则与制度，更多地通过社会行动者的意识、经验、价值观等形成约定俗成的规则被人们接受与认可。能够满足人类欲望的行为方式将被选择和保留下来，而相反的行为方式会被抛弃和终止。因此，大多数社会制度是经人类交往中的试错式的选择和调整而逐渐生发起来，并循着从习惯、习俗到惯例这一条稳定的路径演变。我们称这类演进而产生的制度为“内在制度”（internal institutions）。[①]这个内在制度就是非正式制度。非正式制度更多地在行动中或社会交往中发挥着作用，行动者轻易不会去触碰正式制度，而是在非正式制度中寻找可利用的空间，以实现自身的行动目标。某些人坚决维护某种习俗可能是为了保持该习俗给自己带来的显在的或潜在的利益；另一些人遵从习俗仅仅是为了集体的认同，或者是为了避免因违反习俗而受到集体的惩罚。[②]惯例构成了自生自发的社会秩序的重要基础。[③]当然，非正式制度是随着人们的生活发展而不断地改善与进步的，它是不断变化的，而非停滞不前的。社会中的行动者就是一方面不断寻找非正式制度的漏洞，投机取巧地最大化地实现自己的利益目标，一方面又为了保护自己的利益而不断地修复这个漏洞，形成新的非正式制度，然后又去寻找，再去修复……形成一个循环往复的过程，促进社会的进步与发展。

非正式制度并不像正式制度那样对行动者有着明确的奖励与惩罚性，但它却是行动者的基本行动规则，行动者不会轻易去触碰正式制度，那将会带来严重后果。因此，在社会管理升级的过程中，在提出制度与法律建设的同

①童星主编．现代社会学理论新编［M］．南京：南京大学出版社，2004:246.

②童星主编．现代社会学理论新编［M］．南京：南京大学出版社，2004:249.

③童星主编．现代社会学理论新编［M］．南京：南京大学出版社，2004:250.

时，不要忽视非正式制度的建设与发展，并且要把此作为升级的核心。在现代社会，习俗并未随着现代性而衰微，仍然构成以市场为核心的经济生活的基础。[①]即使是非正式制度，其本身也在进步与发展，现代社会的市场性特征也充分地体现出来。社会管理升级过程中，必须结合现代社会发展特点，立足于市场经济进行制度建设。

挪威奥斯陆大学的学者安娜·里科（Ana Rico）在2005年指出“以行动者为中心的制度主义”。它“假设社会现象可以被解释为有意图的行动者（个体、集体或合作行动者）之间相互作用的结果，但这些相互作用及其结果是被行动者所在的制度设置特征所构建和形塑的”。即一方面它强调行动者具有在不同选项中进行选择的能力，制度演进不是内在法律的结果，而是相关行动者如何运用制度的结果；另一方面，它也假设制度不仅具有约束，还有能动作用。这就是说，制度包含着许多潜在的能够启动关键环节的资源，强调制度会持续地影响（而不是完全决定）行动者偏好和有限理性决策以及政治过程的结果。[②]通过立法和其他外在因素的影响，本土惯例也会得到改变。[③]由此可见，制度与决策的互为嵌入性表现得更加明确。需要特别注意的一点是，迪马吉奥（1988）是最早主张对制度过程的解释必须考虑“行动者的能动性”的理论家之一。……他认为，在制度变迁过程特别是制度建立过程中，权力博弈的作用更值得重视（DiMaggio，1991）。[④]权力这一特别的要素在行动者、制度中起着微妙的作用，其运行方式直接影响了组织的行为方式与发展方向。在建设社区，实现社会管理的过程中，要把权力要素作为重要的考核与改革内容。

---

①童星主编．现代社会学理论新编［M］．南京：南京大学出版社，2004：248.

②转引自李月军．社会规制：理论范式与中国经验［M］．北京：中国社会科学出版社，2009：52-53.

③童星主编．现代社会学理论新编［M］．南京：南京大学出版社，2004：250.

④转引自［美］W．理查德·斯科特著，姚伟、王黎芳译．制度与组织——思想观念与物质利益［M］．北京：中国人民大学出版社，2010：104.

6.3 东北振兴进行社会管理升级的必要性

东北是老工业基地，有过它的辉煌与进步。社会的迅速发展，其他地区把东北远远地甩在了后面，经济发展不起来，社会进步速度减慢。这种落后的局面迫切需要通过东北振兴来打破。习近平总书记在 2018 年 9 月来到东北的视察给东北社会的发展带来了压力与动力，东北振兴在压力与动力并存的局面下慢慢地推进。经济发展是东北振兴的目标之一，相应的，社会发展也应符合东北振兴发展的要求，应与经济发展相匹配。而社会发展的重要内容就是对社会进行积极有效地管理，即社会管理模式的振兴建设，其中社区建设是社会管理模式的重要内容之一。

6.3.1 社会管理升级为东北振兴提供良好的社会运行环境

社会振兴发展必须在良好的社会运行环境下实现，要保证人际和谐，社会安定，才能够保证发展振兴的过程顺利实现。东北的社会管理已经得到了充分的发展，但受其社会发展历史的影响，遗留了很多与现代社会不适应的旧有的体制与模式，无论是单位制的影响还是东北传统人际交往模式的影响，对东北社会振兴来讲都已成为重要的桎梏，必须打破这一枷锁才能使东北振兴得以实现。

东北之所以发展不起来，经过与其他地区相比较，思想意识与文化观念过于保守，缺乏主动性意识是其中的重要原因。居民只是被动地接受管理，各个组织的管理者也是被动地等待上级的命令，没有发展意识，没有人本意识。归根到底也就是社会管理模式的弊病。因此，要发展必须对社会管理进行升级，具体管理模式来讲，则更多地体现为社区对社会居民的自治管理。现存社区的运行状态与制度管理方式同样也是理性选择的结果，也是在不同的社会条件下进行“充分理性”选择，其存在状态有其合理性。但是这仅仅局限于东北地区范围内的“充分理性”，选择了自认为最为理想的发展路径。但要想解决目前的问题，促进社会管理创新模式的发展，则应基于目前的状况而进行更加充分的理性路径设计。

社会管理升级的研究与形成，有助于对社会成员积极有效地管理与促进，社会成员顺利地实现其社会职能，各司其职，各尽其能，社会稳定发展。在此基础上的东北振兴环境具有良好的人际社会基础，管理模式科学，遇到问题易于积极主动去面对与解决，这大大减少了社会发展遇到的障碍，反而促进了东北经济、政治、文化等各方面的振兴与发展。

6.3.2 社会管理升级为东北振兴建设了良好的公民社会空间

社区是社会管理模式中公民公共社会空间建立的最佳渠道。通过社区生活的充分实现，形成居民对国家与社会的管理者的意识。社区是居民的自治组织，在我国也同时受到国家与政府的充分指导。公民的“公共性”与国家的“共同性”都在社会中得以体现。居民在社区组织的领导下找到进行社会参与的有效途径，国家与社会的管理借助社区这个媒介，真正地能够交由居民的手中进行管理。正是在社区这一微观层面，国家与社会之间直接互动，在假定了地域性共同体与居民自治对于社区建设的必要性与可能性的前提下，学界主流进一步将城市社区提升为一个与国家相分离的公共领域和市民社会。[①]居民的责、权、利都能够在社会中得以实现，社区这个社会基层组织成为建立公民社会的直接有效的途径。

在东北振兴建设过程中，公民社会空间的建立与充分实现是必要的。现代社会发展更加需要社会成员与社会紧密联系，与信息不脱节，必须清楚地认识到社会经济、政治、文化发展进步的进程，公民的公共空间满足了居民的这些需求。同时，经过社区公共空间的建立，居民更能够发挥其主动积极性去了解社会、参与社会管理，这正是东北振兴过程中较大的弱点，打破传统单位制的束缚，进入市场经济体制中，在国家的宏观调控下，居民进入社会发展的公共空间，自由发挥能力与能量，投入社会发展的建设中来，东北振兴则指日可待。

①杨敏．作为国家治理单元的社区——对城市社区建设运动过程中居民社区参与和社区认知的个案研究 [J]. 社会学研究，2007(4):138.

6.3.3 社会管理升级为东北振兴建立了更为有效的社会控制

社会稳定、和谐发展是社会进步的核心。社会要形成整体性的凝聚力，团结合作、共同进步，才会促进社会繁荣。而有效的社会控制是其中重点之一。历史证明，社会控制并不体现在暴力与绝对的管控上，而在于社会可以给社会成员以充分的发展空间，是自由、平等、民主的共同促进社会进步。而这些正是有效的社会管理的内容，具体体现在社区管理上，社区从人们生活的方方面面提供有效管理，进行协调服务。

在我国，中国共产党是社会领导的核心，社会管理也并没有脱离党的领导，这是必须要服从的。在此基础上，现代社会的居民并不需要严格与严肃的政府部门的全面管理，居民完全有能力实现自治。社会管理的强行政性这一点在东北社会中表现得尤为突出。对居民的社会控制更多地依赖于各种行政命令与管控，这容易导致居民出现逆反与依赖的心理，其实并没有真正地实现对居民更为有效的身心管理。

随着社会的发展与进步，随着居民需求的不断提高，政府已不能完全充分地满足居民的各种需求。在这样的情况下，各类社会组织作为有力的服务补充力量应运而生，为居民提供各种服务，满足居民的需求。在一定程度上更为有效地解决了居民的困难，带动了居民互助合作的积极性。社区作为居民自治组织的一种在其中起着更为重要的作用。同时更多的社会组织也与社区组织合作互助，多角度地实现居民的“软管理”。其中大量专业社会工作组织的出现，大大减轻了社区组织的负担，并切实解决了大量的居民困难与需求。最近几年，随着党组织建设与活动的加强，一部分社工机构改为党群服务中心，更进一步地有效实现了对居民的管理。当然，社区居委会作为法定群众性自治组织，具有权威性和唯一性特征，且具有政治属性和法定协助行政职能，在社区公共事务治理中实质上兼具半行政半自治的混合性质。同时，政府对社区的让权使社区形成了其自身的行为规则与惯例，这也表现为社区自治的一个方面。总之，这种更为有效、温和、人性化的社会控制方式，更有利于在党和政府的领导下实现进一步改革，实现东北振兴。

6.3.4 社会管理升级可以为东北振兴进一步地去掉社会弊端

东北落后的现象不仅源自经济的落后，更主要的是东北人民的意识落后，大量固有的思想严重影响了东北社会的经济与社会发展。其中单位制遗留下来的“等靠要”也体现在目前的社区运行方式上，只等上级的资源与工作方式的命令，不会发挥社区的自主性。社区居民也更多地表现为对国家与社会的“等靠要”，习惯于被动接受，

整个社会处于旧有的“单位制”的深刻影响，严重阻碍了社会发展与进步， 想要解决这一严重的弊端，则必须从最底层的居民入手，从他们的思想入手去更新居民的观念，形成具有现代管理意识的社会的主体，建立更为有效和具有积极意义的社会管理模式。因此，必须进行社会管理升级，摆脱旧思想，建立新意识。

而在东北振兴的过程中，社会管理升级是其中极为重要的环节，只有通过改革升级，社会管理才能够更深入人心，更具主动性地参与到社会管理与社会发展建设中来。这些更是离不开社区组织的建设与革新。我国的社会形势早已证明社会居民已从“单位人”转型到“社区人”，东北地区是老工业基地，单位制也切实地给居民带来了福利与服务，使单位职工无后顾之忧，社区的出现打破了这种僵局，单位也无力对职工进行保障，双重制度改革下，居民迅速被推入社区，要求居民自我管理与发展。其他不是老工业基地的地区，单位制时就无法提供优厚的保障，因此，当居民被推向社区后能够迅速地适应社会与社会需求，发挥自身能力在社会中立足并迅速发展。对比之下，看到了东北地区的严重弊端。社区成立之初也没有充分意识到这一点，没有从根本上避免这一问题，日积月累就成为今天阻碍东北发展的绊脚石。所以，想要解决这个问题，则还要从最基础的地方入手，加快社会管理升级，从细微处着眼，从社区入手，分析制定详细的社会管理发展规划，促进社会改革的步伐，克服旧有体制的遗留弊端，建设现有体制下更为先进的社会管理模式。

6.4 由社区决策分析到社会管理模式升级的研究路径

在对社区组织的决策过程进行了细致的分析之后，对社会成员产生直接影响的社区组织有了更加全面的认识与理解，我们清楚地知道，认识一个社区不能仅仅从某一层次出发、定义与理解，而应多角度、多视角地去看待。研究之后才明白社会组织决策的过程也不仅仅体现为某一原则，其过程更为复杂多变。仅仅是社会中的一个居民自治组织的运行就表现出这样的复杂性特征，那么面对东北老工业基地要实现东北振兴这样一个大的问题，必须从点到面，从社会发展中的一点入手去慢慢影响整个东北振兴大视角。由此，既然已从社区组织的决策过程研究开始，那就需要更进一步地进行以城市社区建设为视角的东北社会管理模式升级的分析，由此一点来推进整个东北社会的发展与振兴。社区组织的管理者与行动者应结合社区发展实践而进一步扩展为社区的全体居民与相关的各类组织，其中党的建设与领导也应在社区社会管理过程中起到更加重要的作用。具体来讲，要想实现由决策分析到社会管理模式升级的过渡研究，必须立足于社区，考虑从以下几个路径实现充分有效的研究。

6.4.1 理论分析到实践建设是社会管理模式升级的直接路径

要想实现社会管理模式升级，最直接的路径就是在充分的理论分析基础上，实现具体的社会发展实践建设。以社区建设为视角的社会管理模式就立足于社区组织自身，对社区组织的决策分析过程进行理论梳理之后，便需要对这一研究结果开展具体的实践实施。从理论到实践，在具体的研究过程中要把握住社区为研究根本，更是实践基础，从社区的特性特质出发，结合具体的社区行为，结合具体的制度要求和决策实施模式，有目的性、有针对性地进行社会管理模式的升级。

根据研究的思路，首先要对社区组织有充分的认识与了解，并充分认识社区的具体运行模式。这种理论分析是建立在对社区组织历史形态研究的基础上的，其理论结论也是立足于过去的社区状况，即针对的是社会管理未升级的状态。而要实现社会管理的升级，就要了解社会管理已经发展到什么程度，升级要从哪些方面实施，未来的社会管理模式的升级状态又具有什么特征。所以，理论研究是升级的基础，要想实现社会管理升级则必须把理论落实到具体实践，具体指明如何达到升级的目标，即社会管理升级的指标要明确，这是未来社会管理模式升级的立足点，立足于现有的社区发展状况，立足于现在的理论研究方向，二者相结合，共同实现社会管理升级，并提出未来的具体建设目标与目的。因此说，最为直接的研究路径就是由理论到实践的推进，当下到未来的具体实施。

6.4.2 权力分析仍然是社会管理模式升级的重点

社区社会组织无论表现为什么样的运行状态，本质上讲都是由其中的权力决定着。权力决定了组织的运行方式，组织的行为表现，行动者的最终决策也是受权力的影响。所以，在对社区进行理论研究视角的选择时，权力一定是独一无二的视角，它决定了组织运行的方式、方法、状态与效果。一个组织的运行效果其实就是指其中权力的运行方式，社会管理模式也是围绕着各个组织的综合权力而形成的。既然如此，社区组织的决策分析就恰如其分地体现了权力的一种分析视角：行动者、决策博弈与制度环境的制约共同形成了一个组织的决策结果，这一过程无疑都时刻由各方权力互相影响与制衡着。分析了社区组织的决策过程，便可推进社会管理模式升级的渠道了，即以权力结构变革为核心，推动社会管理模式的升级。

城市社区组织的权力分析除了需要考虑社区领袖与精英的权力实施，还需要考虑社区居民在社区决策过程中的作用，这是不容忽视的。社区组织的性质是居民自治组织，居民是社区的主体与行动者，只不过由于各种限制与制约，居民的主动性并没有充分地体现和表达出来。社会管理模式升级必须要进一步推进这一特性，需要通过多种渠道充分实现居民的各种权力实施。因此，权力分析过程体现在社区组织上是较为复杂的，多要素的影响让社区的权力实施过程并不明朗，这就更需要研究者能够抽丝剥茧，层层递进，围绕着权力结构的深层分析展开研究过程。

6.4.3 制度特别是非正式制度是社会管理升级的建设重点

在诸多的社会管理升级的要素中，除了权力是其研究的重心之外，制度则是进行研究的过程中不可忽视的要素。特别是其中的非正式制度建设，更是社会管理升级的重点。在社会发展与建设过程中，无论是何种研究视角，最终都体现为社会管理的具体方式，即表现为大量的社会制度，包括正式制度与非正式制度。正式制度建设随着社会的文明与进步在日益完善与发展，体现了社会进步，它的改革更为明确与具体，会随着社会需求与进步而迅速做出调整，最典型的就是市场经济在我国社会发展中的影响与作用，正式制度立刻随之做出改革与调整。而非正式制度的反应与发展并不如正式制度这样迅速，它往往是建立在公民日常的经验增长的基础上的，更多地体现了习俗与惯例等等，它对社会发展的反应并没有那么迅速，因其前提是公众对社会发展全部有了充分认识后，内化到经验与意识形态上，才能逐渐成为非正式制度被固定与延续下来。而正式制度的反应只要权力者能够意识到未来发展趋势而做出正式制度的权益保障与风险预见即可，不需要全体公民的整体认识。所以从两种制度的差异来看，非正式制度非常容易出现与社会发展需求不一致，更多的是落后于当今社会发展的变化，落后的意识经验与发展中的社会发展需求之间形成冲突与矛盾，就会阻碍社会的进步与发展。因此，相应地，要实现社会管理升级，必须把非正式制度建设作为重点，否则就不可能实现全面的社会管理升级。

在东北的社会发展进程中，受东北老工业基地的影响，非正式制度的制约性更为明显，正是由于公民思维模式停留于传统移民文化与单位制的思想体系中，面对现代化的社会发展新需要一方面是不能够理解与有效吸收，另一方面则是不愿意主动去面对，由此只能被社会发展所抛弃，东北社会发展停滞不前。对社会管理研究往往关注主流要素的影响，而忽视非正式制度等非主流要素的作用，所以改革的效果往往是只治标不治本。只有居民的意识与经验与社会发展相一致，社会管理模式自然会表现为良好的改革模式。

6.4.4 新生组织力量的注入是社会管理模式升级的动力

研究社会管理模式升级除了看到社会管理过程中各重点要素的改革与

建设，还要看到社会发展过程中，原有社会管理体系之外的各种新生力量的注入，这是社会管理模式创新的动力。有新生力量的加入才会有社会管理分析的新视角与新模式，才会有新的发展，否则只能走老路、无进步。社区本身作为一种社会组织，其运行过程中不断地与其他组织进行交往，就会存在合作与协同以达到更好的社会发展目标，所以在社区建设过程中，更要关注其与其他组织之间的多种协作方式，这些对社区来讲都是可以借助的新力量。社区的功能除了对上与对下之外，还可以考虑借助其他力量更好地实现其行政、服务与自治的目标，社会管理的升级不是要求闭关锁国，而是要开放与接纳，实现多元合作，切实达到社会改革的目标才是根本所在。

东北老工业基地的城市发展与建设是有其内在的优势的，作为曾经全国发展迅速的地区，文明与文化发展也是最先进的，注重教育是东北地区的重要特征，众多著名的高等院校都地处东北，因此，其文化底蕴是丰厚的，这可以成为城市社区建设的重要借助力量之一。社区在发展与建设过程中，可以考虑与高等院校合作，也可以考虑把研究机构的先进研究成果及时应用，甚至可以考虑与多专业、多学科一起多角度地建设城市社区，形成社区改革进步的新路径。

除此之外，多组织的合作与发展也是社会进步的基本模式之一。社区组织发展也要考虑多种合作方式，形成组织与组织之间的资源有效利用，功能最大限度发挥。对社区来讲，其中社会工作服务机构是最近几年与社区合作机会较多、互助方式多样化，更有进一步发展的合作空间的组织。社区的建设也更多地依赖于专业的社会工作知识体系。社区与社会工作专业、社会工作机构已是密不可分的实现社区居民需求的主体。可以结合社区组织的职能与发展目标，从社区与社工机构两个角度考虑如何更有效地促进双方的互惠与发展。

6.4.5 社区组织决策到社区改革创新研究是东北振兴发展的要求

对东北老工业基地社区的决策过程进行分析的目的并不仅仅是一种社会现象的思考，或者是对东北移民特色的重新思考，最终目的还是为了促进社会改革与社会进步。特别是市场经济体制下，我国原有的社会管理模式已严重影响了居民需求的实现，这同样在东北地区表现得尤为突出。东北老工业基地的社会发展背景看到了东北地区迅速地发达起来，也看到了迅速地衰落，这种极速的对比性变化是值得认真思考的，因为东北地区还要在此基础上再次崛起与发展，实现东北振兴。所以，社区研究由组织决策分析到社区改革创新分析的过程是必要的，是东北振兴发展的要求。

在城市社区建设改革过程中，社区组织的管理者与行动者应结合社区发展实践由社区精英而进一步扩展为社区的全体居民与相关的各类组织，其中中国共产党的建设与领导应在社区社会管理过程中起到更加重要的作用。无论是哪种形式的或哪一群体作为社会管理的主体，都是要传承重要的组织发展思想精髓与意识形态的，这在我国主要表现为中国共产党的领导。有了党的领导与指引，社区发展与建设过程中获得了大量的有效资源与具有前瞻性的指引，这才使社区得以在我国生成、发展、进步，并且会继续存在下去。

习近平总书记来东北考察之后，对东北振兴发展提出了具体的要求，经济发展是基础，更主要是人的发展与建设。东北振兴发展的障碍不仅仅体现在经济落后的问题上，还有居民素质与能力发展的建设，而社区组织直接面对居民，是社会管理的基础，作为社会发展的基石，社区必须实现有理有据、合情合理的改革创新，这才能够推动人的进步，推动社会关系的和谐发展，其他的一切社会改革才会得以实现。因此，由社区组织决策的研究必然要进而进行社区改革创新研究，这是实现东北振兴发展的必经之路。

6.5 小结

由社区的决策分析研究过渡到社会管理升级研究，都是放在东北地区发展大背景与需求中进行讨论的。种种的必然条件与应然性说明了社区组织决策研究与社区建设研究是迫不及待的。东北振兴与发展并非仅仅通过社区这一视角而实现全面的社会进步，也并非由组织决策到社会管理升级的研究必然会实现东北振兴，但在东北老工业基地的背景下，这一研究是有着重要意义的，并能够切实推进具体问题的解决与改革性的尝试。

其实，东北地区的社区建设与发展一直没有停止过，也在不断地尝试新的发展模式，借鉴发达地区的先进经验。但方式先进，历史背景的巨大差异使得这些发展模式都无法真正在东北地区落地生根。例如，最近几年，东北地区的社区也依照发达地区的社区建设，形成了社会管理的“三社联动”模式，由社区、社工与社会组织构成的新型社区治理结构，成立了大量的社会工作机构、社区工作站，为居民提供专业的社会工作服务。这种发展意识是值得赞扬的，但从实际的工作效果上来看，有效的模仿变成了直接的“照搬照抄”，引进来的工作方式很大程度上是不适应东北老工业基地的社会发展要求的，“三社联动”并没有真正地“联动”起来，更谈不上实现联动的目的与效果了。联动可以，但前提是一定要吃透东北地区的社会运行特征，这一前期的功课是不可缺少的。所以，本研究的先有社区组织本身的运行方式分析，再提出社区建设的对策性分析是正确的研究路径。

同时，社区组织的正式与非正式的制度运行使社区的行动者与管理者都介入其中，无法脱身。这样，在进行社会管理过程中就留有大量的余地与空间去进行有目的的操作。换句话说，使社会管理模式的创新升级得以可能。在下面章节的研究中，就结合社区的组织决策分析的研究结论，寻找社会管理过程中的余地与空间，进行城市社区的建设研究，最终促进东北振兴与发展。

第7章 以城市社区建设为切入点的社会管理研究的综合背景

无论是在哪一个地区，城市社区建设都是进行社会管理的重要视角，因此，以城市社区建设为切入点，对社会管理进行分析与研究。

7.1 城市社区建设背景分析

7.1.1 城市社区建设理论背景

自德国社会学家滕尼斯提出社区的概念以来，学者们对这一概念的理解就从未停止过。虽然滕尼斯的概念意义与现代学术上的概念意义已经大不相同，但都没有离开地域、人口、组织与文化的要素，社区整体的发展是进行社区研究的最终目标。我国的“社区”概念得益于著名的社会学家费孝通先生，community 一词翻译时，将它译为“社区”，形象地说明了社区的含义，并在我国开始了真正意义的社区研究。1949 年，浙江省上城区上羊市街成立了新中国第一个居民自治组织——居民委员会。20 世纪 50 年代，居委会开始发挥它的积极作用，主要进行民生民情的体察，并协调居民间的大量日常事务。1986 年，民政部第一次把“社区”概念引入城市社会管理，强调在城市开展社区服务工作的重要性。1989 年，第七届全国人民代表大会常务委员会第十一次会议通过并颁布了《中华人民共和国城市居民委员会组织法》，其中

第二条和第三条对居委会的组织性质和任务做了明确的规定。居委会是一个“自我管理、自我教育、自我服务的群众性自治组织”城市居民委员会正式被法律所认可,并得到法律保护。1991 年,我国召开了全国社区建设理论研究会,民政部在这次会议中明确提出“社区建设”这一观点。1991 年 5 月 31 日,时任民政部部长的崔乃夫明确指出城市基层社会建设应着重抓好社区建设。同年 7 月 5 日,崔乃夫部长在中国社会工作者协会成立大会上再次强调要“重视社区建设”。社区建设进入全国推行阶段。1994 年 3 月,建设部颁发了《城市新建住宅小区管理办法》(1994 年第 33 号令),这是建国以来我国有关物业管理的第一个法规。它与社区管理办法相结合,共同管理着现代居民的日常生活。1995 年 5 月,上海市在 10 个区的 10 个街道进行了“两级政府、三级管理、四级网络”的试点工作。20 世纪 90 年代中期,上海市率先提出市政府—区政府—街道办事处—社区(居委会)共同构成的具有垂直整合特征的城市社会管理网络。①1998 年,国务院明确赋予民政部“指导社区服务管理工作,推动社区建设”的职能。整个 20 世纪 90 年代,关于社区建设的重点就在于对社区居委会功能的研究,进而确立社区建设的任务与发展目标。2000 年 11 月,中共中央办公厅和国务院转发了民政部《关于在全国推进城市社区建设的意见》(中办发 [2000]23 号文件),开启了社区建设的全面推进阶段。2001 年,民政部又下发了《全国城市社区建设示范活动指导纲要》及标准。2002 年,民政部在吉林省四平市召开了全国城市社区建设现场会,进一步明确了社区建设的任务、目标、思路和要求。2009 年,由全国人大宣布废止 1954 年颁布的《街道办事处条例》,城市基层建设的重心开始向城市社区转移。2011 年 7 月初,中共中央、国务院下发《关于加强和创新社会管理的意见》。我国政府公布的 2014 年官方数字中显示,目前我国有大中型城市 654 个,包括地级市 286 个,县级市 368 个;全国各类城市面积为 183416 平方千米,城市绿化覆盖 242.7 万公顷,公园占地面积 33 万公顷,生活垃圾清运量 17239 万吨。全国省会级以上城市 36 个,人口数量 2.56 亿人,医疗地

①王巍 . 社区治理结构变迁中的国家与社会 [M]. 北京:中国社会科学出版社,2009:100.

点 11541 个，医护人员 82.75 万人[①]。这些数据表明了城市社区工作的工作量之大与繁重，公共事务的复杂化。更加迫切地需要城市社区居民参与到社会管理与建设中来，实现自治与有效管理，真正成为社区与社会的主人。

7.1.2 城市社区建设社会背景

社会管理是所有社会成员的基本责任与义务。在每一位社会成员推动社会管理的同时，还需要对社会管理的模式进行探讨。在我国经济发展的今天，综合国力也在突飞猛进，社会主义经济建设、政治建设、文化建设、社会建设及生态文明建设等在得到进步的同时，也在积极得到推进。社会主义市场经济体制的建立，使得我国经济放开发展，经济改革得以迅速进行。相应的体制建设就要求迅速跟上经济发展的脚步，但在此过程中出现了大量的不一致与不和谐，使得这一建设过程矛盾与问题接踵而来。正如黄宗智所说，国家体制既是中国 30 年来经济发展“奇迹”的能动主体，也是同时期凸显的社会和环境危机的主要根源（黄宗智，2009）。在此社会背景下，我们更需要社会管理体制的改革与发展，以与时代发展相契合，这才能减少社会冲突与矛盾的出现。

当然，我们也应该看到，政府与社会都在积极努力地缩小各个领域的发展差距。政府开始实现政企分开、政资分开、政事分开，下放政府权力，推动政府职能转变。而政府职能有两个重要的方面，那就是社会管理和公共服务。基于此，推进社会管理进步与公共服务完善就成为实现社会真正发展与进步的重中之重。因此，进行社会创新模式与政策研究是具有重要的意义的。国家也在最近几年推出了大批的相关文件，以促进社会管理体制的改革与创新。党的十六大以来，中央开始系统地规划社会管理体制改革；十六届四中全会正式提出了“建立健全党委领导、政府负责、社会协同、公众参与的社会管理格局”[②]；十六届六中全会就构建社会主义和谐社会的相关制度建设做出了全面部署；十七大正式将社会建设与经济建设、政治建设和文化建设并列，社会

①国家统计局．2013 年国家统计局统计年报［DB/OL］．北京：国家统计局网站，http://data.stats.gov.cn/normalpg?src=/lastestpub/quickSearch/y/year01.html&h=800，2015.3.2.

②中共中央关于加强党的执政能力建设的决定．北京：人民出版社，2004:25.

体制改革正式提上党和政府的工作日程。十七届五中全会进一步强调，必须以更大决心和勇气全面推进各领域改革，加快推进文化体制、社会体制改革，使上层建筑更加适应经济基础发展变化，为科学发展提供有力保障①。这些都表明社会管理建设已经进入了理论与实践同步进行的阶段。

我国社会管理的发展经历了由计划经济时期过渡到市场经济时期的重要阶段。计划经济时期，社会管理的主要责任由单位承接下来，在政府负责制的前提下，单位承担了国民基本生存和发展的需求。学者把这一现象称为“单位制”的中国。后来，又逐渐建立了“街居制”，以街道办事处作为政府派出的最底层组织，而实现对社会的管理与服务，政府的权力有所下放。而到了市场经济时期，政府职能与权力继续下放，社会管理体制开始全面建设。最主要表现就是居委会的成立，我国社会管理进入了“社区制”阶段。社区成为现代社会社会管理体制的最基本组织与群体。居民由“单位人”转向了“社区人”，国家居民有大量的机会参与国家管理，国家也反过来借助社区的力量不断满足居民的需求，促进社会管理与进步。

在社会管理体系中，社区是开展社会管理的基本单位，要想对社会管理模式进行创新性研究，并提出相应的政策，社区是其介入的突破口与重点。因此，以城市社区建设为切入点，对社区建设进行系统的观察与分析，提出社区建设的发展状况，并根据实际条件与未来的发展目标，提出社区建设的有效建议。更期望能以此为据，为社会管理模式升级找到最佳的切入点。

在这样的社会大背景下，作为社会管理中的一部分，东北老工业基地的社会管理建设也是迫在眉睫。东北地区是我国重要的农业省份，具有其独特的社会发展特征，在社会管理过程中，一方面要吸收其他地区的经验教训，另一方面更要切合东北发展实情去规划与升级社会管理。其中城市社区建设更应从实际出发，进行有效的公共事务管理与社会服务。对城市社区建设进行细致的研究工作对社会管理的推进有着重要作用，东北地区的人口、地域、组织和文化仍是进行社区建设的分析要素与建设重点。以社区推进社会管理与政策创新是有其研究意义的。

①中国共产党第十七届中央委员会第五次全体会议公报，2010.10.18.

7.2 研究的意义

7.2.1 理论意义

实践依赖于理论的支持，理论的发展则要以实践为基础。以城市社区建设的角度去分析社会管理具有重要的理论意义，主要表现为：

第一，有助于关于社区建设理论的梳理。目前学术界关于社区建设的理论应用繁多，但并没有对这些理论做出详细的梳理，这不利于理论的发展与进步。在本研究中，对社区的发展与具体问题进行分析的同时，相关的理论也得以梳理与探讨，有助于对前人研究的理论进行总结，同时，也为后人的继续研究提供了一个参考分析。理论的梳理也是进行社会学、社会工作研究的内容之一，同时也表明研究者对相关理论的分析与理解的程度，可以看到其研究的层次。

第二，有助于把理论有效地应用于实践。理论研究源自日常生活，其最终也是为了回归于日常生活。目前的很多研究表现出理论与实践的脱节，自说自话随处可见，这本身就把理论的真正意义给忽略了。理论研究是为了更好地指导实践，更有效地帮助需求者达到目标，理论是不能离开实践而存在的。特别对于社区建设的理论而言，更要求理论与实践相结合，能够有效地指导实践。本研究则在理论的指导下开展分析与研究工作，整个研究过程做到了有理有据，证据翔实，使研究结论更具有说服力。

第三，有利于理论研究的新发展。实践对理论的推动也是本研究的目标之一。研究过程中，大量的实践研究，用真实的案例与精确的数字分析验证了理论，而且，面对社区发展中出现的新情况、新现象，相关理论也要做更深层次的研究，面对新问题，理论要不断发展与进步，才能对实践给予不断的新指导。理论与实践之间正是通过这种相互影响、相互依赖的关系而相互促进与发展的。

7.2.2 现实意义

研究的真正目标是发现问题，并能够对问题的解决给予有建设性的意见。本研究视角对现实的发展同样具有重要的意义。主要表现为：

第一，对东北老工业基地的社会管理具有重要的推动意义。城市社区研究作为社会管理的重要视角，也是社会管理的重要内容之一。城市社区建设问题解决了，社会管理自然具有实践意义，有利于社会的有效管理，并促进社会的发展与进步。东三省特殊情境下的实践分析，更有利于找到适合东北老工业基地发展的路径，有利于实践问题的解决。

第二，有利于促进东北老工业基地城市社区的发展。社区发展一直是社区工作追求的目标。各地都从实践出发尝试了多种社区发展的推进。东北地区在吸取经验的同时，也在实践中创造着社区进步。本研究专门以城市社区的运转过程为研究对象，从宏观到微观，从复杂到简单，都在努力做到推动东北城市社区的进步与发展，创建出更有利于社区，更能满足居民需求的社区发展模式。

第三，有利于社区真正实现其自治性。社区是居民自治性组织，但在实际中，社区往往听命于政府，并主要为政府服务，这与社区自治、服务于民的本质相对立。通过研究，可以找到更好的路径协调政府与社区之间的关系，并把二者的角色地位进行良好的分工，使社区真正实现自治，并能够与政府的社会管理目标相一致。社区应是居民与政府的协调者与沟通者，通过社区的工作，可以利用政府的资源服务于居民，并能够通过调动居民的积极性参与社会管理，使居民需求与社会发展在社区的协调下同时得到满足。这也是社区自治的真正内涵。

7.3 研究的目的

本研究的总体目标就是通过理论与实践相结合的研究，推动东北社会管理模式的升级，建立具有东北地方特色的城市社区建设规划，实现社会发展与进步。具体的研究目的主要表现为以下几个方面：

第一，解决城市社区发展过程中的主要问题，并提出对策性意见。城市社区建设至今，其发展就是不断在问题解决与对策提出的循环中实现的。目前的城市社区建设已经表现得越来越专业化，越来越正规化，并越来越得到居民的认可。当然，也还存在很多不断出现的新问题与依旧存在的老问题。本研究就要针对这些问题做出一个基本意义上的分析，并提出初步的对策性意见，以期对城市社区发展发挥积极作用。

第二，根据研究结果与细致的分析，提出符合东北老工业基地发展的城市社区建设模式。东北的城市社区建设，一直在吸收着其他城市社区建设的先进经验，并得到了推广。但这种“移植”过来的社区模式到底有没有发挥良好的作用？研究结果表明，它们发挥了积极的作用，确实使东北的社区发展更能解决社区问题。但在这样的发展背景下，还应该看到东北社区建设最大的一个弊端就是没有“特色”。东北地区的社区发展特点，社会背景特点，服务方式特点，各不同群体的关系特点，以及东北居民需求的特点在目前的社区建设中还没有凸显出来，因此，还会存在大量的具体问题。社会要进步，必须把这一因素考虑进去，才能建立与东北老工业基地相适应的特色城市社区。

第三，根据城市社区建设模式的分析，提出东北社会管理未来工作的重点。社会管理的主要内容之一就是城市社区建设，二者息息相关，相辅相成，互相影响与制约。城市社区建设好了，相应地，社会管理模式与政策也要与社区建设模式相一致。由社区建设模式升级到社会管理模式，不仅是研究的需求，也是社会发展的需求，居民进步的需求。城市社区建设研究的最终目的就是为了社会发展与进步，其落脚点还在于社会管理模式。所以，要在城市社区建设研究基础上，对社会管理模式做出更好的对策性意见才是研究的最终目标所在。

7.4 研究的理论依据

7.4.1 公共性理论

公共性概念最早在20世纪后半期由汉娜·阿伦特和哈贝马斯提出来，汉娜·阿伦特从人的生存意义角度出发，分析了公共性，她认为人们一出生就进入了公共世界，人一旦死亡便离开公共世界，她的观点强调了人在公共领域中的展示，对当时公共性的解体关注很多，汉娜·阿伦特指出如果人只从一个角度去观看世界，当人们只允许世界从一个角度展现自己的时候，公共世界便消失殆尽。而学者哈贝马斯从18世纪民众与国家、宫廷所代表的公权力抗争时形成的“公论”中找到了近代欧洲的公共性，并揭示了与“国家之公”相抗衡的“市民的公共性”，把公论形成的场所定义为“市民社会”。纵观学术界，关于公共性的相关哲学观点早已出现，最早可以追溯到柏拉图的《理想国》，亚里士多德的《政治学》，近代的亚当·斯密的道德哲学，霍布斯等为代表的社会契约学说，以边沁、密尔等人为代表倡导以“最大多数人的最大幸福”为最高准则，这些都蕴含着公共性的思想。自20世纪70年代以来，新自由主义代表者罗尔斯的“公共理性”理论、麦金太尔的“道德共同体”理论、哈贝马斯的社会批判理论等这些论述都有涉及公共性思想。历史悠久的中国文化，也蕴含许多公共性的思想，如孔子提出的“大同社会”，《礼记·礼运》中“大道之行也，天下为公”的思想，一些富含公共性的词语，公理、公道等等。

学术界一般将“公共”一词的定义划分为两点：其一，公共这一概念起源于古希腊词汇“pubes or maturity”，在这里这一概念强调个人超出自身的利益去理解并考虑他人利益，即意味着人们具备公共精神和公共意识，并且这是一个人成熟并可以参加公共事务的标志。其二，起源于古希腊词汇“koinon”，意思是人与人之间在工作交往中相互关照的一种状态。从以上概念来源来看无论“公共”这一词源于哪儿，其共同点皆表现为社会公共性，即表现为社会层面而非个体性。

中国台湾学者夏铸久从政治本体出发讨论公共性，他认为公共性大体归纳为四个方面：(1) 公共性是一种批判性的公共言论。他认为这是最重要的观点，其根源就是哈贝马斯的公共性理论。(2) 公共性涉及国家的管理。这是常见的公共性界定，它规定国家管理为公，市场与家庭领域为私，其实质就是社会的公共权力机关。(3) 由自我授权的共同体重新界定公共性，关注的是非政府社会组织与团体的自治空间。(4) 公共性是建造城市的象征展现，必须具备不可或缺的政治原则。他解释公共性在象征展现方面意味着不同的人聚居在相同的地方，感到彼此差异，为了求生存而互动交往，进而使人们不得不发现使用"我们"这个字眼。他总结说："公共性界定的关键不在于永恒品质是什么，而在于其政治的特质。"

学者贺来从实践本体出发认为，理解公共性概念必须强调与其紧密相关的"公有现实"概念，"公有现实"是人们实践活动创造的，每个人都共有的生活现实。共有的信念、价值、习俗和习惯。

学者李明伍从文化本体角度出发认为某一文化圈的公共性为有关该圈里成员所能共同（其极限为平等）享受的某种利益，因而共同承担相应义务的制度的性质。因此他认为公共性由"成员范围、享受利益承担义务的契机、成员的价值判断"三部分组成。成员范围被称为公共圈，它可以包括宗教性的、文化性的、经济性的、政治性的等；享受利益承担义务的契机归根结底可以概括为参与和追认；成员的价值判断是指成员的公平感。

7.4.2 需求理论

需求理论众说纷纭，不同学者从不同视角对人类需求进行了说明，其中马斯洛需求层次理论是社会工作专业中运用的重要理论之一。这一理论于1943年在《人类激励理论》一文中提出，将人类需求像阶梯一样划分为五个层级，内容分别为：生理的需求、安全的需求、爱和归属的需求、尊重的需求和自我实现的需求。衣食住行这一类的维持个体生存和发展的需求则属于生理需求；法制完善、社会稳定、免除恐惧和焦虑的这一类需求则属于安全需求；与他人建立情感联系及隶属于某一群体，拥有友情、亲情、爱情的这一类需求则是爱和归属的需求；希望有稳定的地位，得到他人高度评价，受到他人尊重或自尊这一类的需求则属于尊重的需求；希望最大限度地发挥自己的潜能，不断完善自己，实现自己理想和抱负的这一类需求是自我实现的需求。这一理论的出发点有两个，一是人都有各种需求，某层次需求获得满足后，另一层次需求就会出现；二是在多种需求没有得到满足之前，最急切的需求先需要得到满足，迫切需求得到满足后，其他层次的需求便会显示出激励的作用。

佩尔曼从整体角度出发，认为人类的需要是过去—现在—将来的生理—心理—社会的组合。即人的需要包含生理、心理、社会三个方面。人往往会根据过去的体验、现在的状况以及对将来的预期，借助人与人之间的联系和处于社会生活中的生活模式寻求需求的满足。例如：人们希望工作离家近、压力小、有声望，这三方面就体现了人们对生理不辛苦、心理上放松、社会有地位的需求，这些需求不是单一存在而是人类行为混合、整合多元需求的结果。

7.4.3 社会支持网络理论

社会支持网络理论是从现代社会系统理论发展出来的。这一理论把社会支持（自助、互助）与社会系统（人在情境中）概念联系起来，20 世纪 60 年代学者 Ross V. Spect 在进行家族治疗过程中发现家庭中较健康的成员往往缺席，而有时家庭的其他亲属对于整个家庭决策居于重要地位。这一经验让 Spect 体验到只要给予鼓励和允许，人类有很大的互助潜能。20 世纪 70 年代，北美社区支持方案迅速发展，去机构化政策伴随而来，强调非正式网络的社会支持，进行完整的支持网络干预。这也因为当时美国虽方案众多，但无法因应社区多重问题案主的需求，因此需要非正式网络中的人提供支持加以弥补。在 20 世纪 80 年代，服务机构经费缩减使得非正式支持需求更加迫切。此外，非正式支持网络在当时得到发展的原因是强调个人责任，也因此自助团体等活动开始成长起来。社会支持网络理论就在这样的历史中发展出来，社会支持网络是一个社会网络与支持理论相结合得出的概念，其定义是一组由个人接触所构成的关系网，透过这些关系网个人得以维持其认同，并获得情绪支持、物质援助、服务、新的社会接触等。即把个体与各种社会关系的交往视为一种相互关联的网络，在这个网络中，个体获得各种正式或非正式的社会支持，从而获取社会资源。

社会支持网络理论的介入是基于关于人的生存、问题解决，与环境适应的一些观点，这些观点包括进化论、自我发展、自我功能与生态观点等。台湾学者宋丽玉根据以往观点整理出社会支持网络介入的基本假定：1. 人类的生存需要与他人合作，以及仰赖他人的协助；2. 人类发展历程中会遭遇一些可预测或不可预测的事件；3. 人类在遭遇事件时，需要资源以处理事件所带来的问题，这个资源包括个人内在资源以及外在资源；4. 社会支持网络中的外部资源，分为正式的支持和非正式的支持两种；5. 即使社会支持网络有时会对个人造成负面影响，但是人类还是需透过与他人间的联系，建立社会整合感，使个体成为社会的一部分，这关乎个体的基本生存；6. 在压力事件的情况下，社会支持网络可以缓解压力带来的负面影响；7. 社会支持网络中的人可以提供压力的处理方法，或者是直接地参与到压力的处理过程之中，有助于个体的问题解决；8. 一些弱势群体的社会支持网络较为薄弱，需要专业人员协助以增进网络的范围和发挥社会网络的支持功能。

7.4.4 赋权理论

赋权理论从历史发展来看，最初源于社会中存在着弱势群体问题严峻，20 世纪初，美国盛行社会达尔文主义，宣扬优胜劣汰的生存法则，在这种社会风潮下，社会出现许多不公平现象，这些现象被认为是由弱势群体自己造成的，而早期主要出现的是带有慈善性的社会救济，被救济者很难改变悲惨现状。而后受到马克思主义、人权运动等影响，20 世纪 60—70 年代出现一些新观点，批判以往对问题的“私人化”，忽略社会权利和资源结构的不正当性。以 1960 年美国学者巴巴拉·所罗门的《黑人赋权：受压迫社区里的社会工作》为标志性著作，代表着赋权取向的诞生。20 世纪 80 年代以后，对于这一理论的研究与实践探索开始活跃起来。

赋权理论最初是通过“增权”的概念进入社会工作当中，这一理论认为弱势群体之所以面临问题，是由于他们缺乏能量和信心，所以需要通过不断“增权”使人们越来越有权能，从失权的状态中走出来。学者文军（2013）对于赋权的定义是：个体、群体或社区凭借赋权所带来的力量能够开始掌控环境并在此基础上进一步地实现自身目标。赋权理论的基本假设指出人有自己的能力对自己的生活进行改善，链接已有资源，改善问题现状，促使自身以及环境达到改变。从以上可以看出，赋权理论的实施主要是相信人有改变自身以及自身所处环境的潜力，进而对个体、群体或社区通过合作、联盟的形式，经过挖掘潜在力量，使其达到意识觉醒，增强自身权能感，进而达到赋权，提升改变的能力。

7.4.5 社区发展理论

社区发展兴起于20世纪中叶，1951年联合国推出“联合国技术援助推广方案”，1952年正式成立了“社区组织与社区发展小组”推动社区发展。学者泰勒和罗伯特及其他学者认为社区工作理论模式应包括五个方面：社区发展、项目发展及服务协调、策划理论、政治行动、社区联络，这是著名的“五分法”。泰勒和罗伯特认为，这五分法其中的社区发展理论强调的是“使能”，即强调帮助个人和社区提高解决问题的能力，鼓励社区居民参与、居民自决和居民自助。美国学者费兰克·法林顿于1915年的《社区发展：将小城镇建设成更适合生活和经营的地方》一书中提出社区发展的概念。美国社会学家桑德斯和波尔斯在《农村社区组织》中详细论述了社区发展的基本理论和方法。自社区发展概念提出后，对其定义就争论纷纭，这一理论随着人类对发展定义的变化而发生变化，总体而言，社区发展即是一种社会运动又是一种实务模式，社区发展模式的基本主张是通过发现社区需要，解决贫困、环境问题等社区问题。根据各国各地区情况不同社区发展模式也会有所不同，大体划分为三种模式，一是整体模式，是中央政府设立的机构，主管社区发展基本政策，研究社区发展规划；二是代办模式，这一模式主要是政府将社区发展工作交给一个或几个部门负责。三是分散模式，即推行社区发展的组织比较分散，由各个部门或团体分别制定和施行。

7.4.6 社会系统理论

帕森斯认为，社会系统是一种行动者互动过程，行动者之间的关系结构就是社会系统的基本结构。社会系统中的行动者通过社会身份和社会角色与社会发生联系。帕森斯的系统概念强调社会秩序的自我维持与均衡，突出系统各部分之间的关系分析。他将社会系统看作是行动系统的一个子系统，其他系统包括人格系统、文化系统和行为有机体系统。德国学者卢曼称自己为系统论者，他在综合帕森斯的系统观和“一般系统论”的基础上，提出了自己的社会系统理论。他这一理论关注的是社会系统与其外部环境之间的关系，认为沟通是一切社会系统产生和得以维持的基础。

7.5 主要研究方法

本研究中采取的主要研究方法有：

（1）文献法与历史法。这一方法主要对东北老工业基地社区工作的社会背景与历史背景的分析，在此基础上进行资料考证，并查阅大量的相关文献，梳理相关理论，进行对比研究。

（2）田野考察法。根据研究目标，结合研究实际，选定研究社区进行长期的田野考察。社区研究更注重日常工作与日常事务的观察与分析，并且更加需要通过事无巨细的日常琐事来分析社区问题，田野考察法是社区研究最有效的方法。可通过这一方法，分析出社会管理过程中被忽视的问题与需求，有助于社区工作的推进。

（3）问卷调查法。本项目在研究过程中强调定性与定量分析相结合。在进行大量的定性分析的同时，更需要辅以定量的科学研究，特别是对一些改革效果的评估上，项目组会对具体问题通过问卷调查的方式，确定其效果与影响，以便于后期提出改革与发展的建议。

（4）数学建模法。本项目在后期对策提出时，试图应用数学建模的方式，为社区服务提供更加方便与快捷的模式，便于迅速地实现社区服务的提供。此想法为初步尝试，因此，仅在社区服务这一问题进行了试探性的应用。

第8章 城市社区建设模式的国内外借鉴

8.1 城市社区建设模式的国内借鉴

8.1.1 居民参与研究

王鹏（2009）认为社区居民参与制度问题、居民参与内容与居民需求不一致、居民参与主体缺乏对社区的归属感、缺乏自主参与能力等这些现状是影响城市社区居民参与的主因素。要扩大城市居民社区参与度则需积极进行社区体制创新，完善社区参与机制。向德平、王志丹（2012）在分析城市社区中居民参与必要性的复杂化与社区公众的多元化诉求时，阐述了城市社区居民的三种参与形式，即社区动员居民参与、居民自发的参与以及社区动员与居民自发的合作式参与这三种形式，两位学者认为居民参与的作用表现方面有很多，主要能够体现在补充社区的管理、优化社区资源配置及促进社区和谐发展。而这其中合作式的参与方式更适合现今中国社区建设发展的形式要求。庹锦峰（2013）认为城市社区建设中管理创新的关键是要提高居民参与度和满意度。从多方面提出对于提高居民参与度的建议，如：大力培育社区意识、强化社区自治、塑造公民精神、加强法制建设、提高社区工作人员的综合素质、建立专业化社区工作人员队伍、发展社区非营利组织，而这其中最关键的是能够为居民提供参与社区建设的众多途径，保障居民利益，进而加强居民与社区的联系。王欢（2013）认为，完善公众参与社区治理的机制是实现社会主义民主的重要内容，它不仅关系到城市基层管理体制的改革，也关系到加强和创新社会管理格局的成效。提出了参与式社区治理的基本思路：加强公众参与城市社区治理的机制建设；营造有利的环境；拓展有效途径；增强保障手段等。[①]

刘盛华（2014）认为我国社区居民参与的现状表现为：居民主体参与率低、参与不平衡。包括年龄上老年、青少年参与多，中青年参与少；不在职的居民参与多，在职的参与少；已婚居民与社区联系密切；在参与客体方面主要表现为非政治性参与；居民参与形式单一，渠道不畅。对于居民参与存在问题的原因的解释，认为“单位人”向“社区人”的转变结果是居民仍习惯于听从于上级指示来行事，而导致社区居民社区意识淡薄；此外居民缺乏参与社区事项的一些条件，如时间、知识及能力等；社区建设行政化仍然占主导地位，自治功能缺位致使居民参与度不高；当前社区建设缺乏完善的规范，具有随意性，致使居民参与机制不完善，参与渠道不畅通。建议培育并增强社区居民的社区意识，提倡社区精英和普通社区居民协同参与，正确定位政府的角色，为社区居民创造良好的参与环境。[②]王红梅（2016）与刘盛华大部分观点相同，但影响居民社区参与的原因分析中与刘盛华不同的是她认为中国人家庭本位的意识形成“重家庭、轻社会”的思想直接影响居民的社区参与意愿；同时认为社区缺乏利益激励机制，就现代经济学而言，人都是“理性经济人”追求效用，所以居民的参与意愿受利益（物质利益、精神利益）驱使。[③]

王柯（2016）在研究社区建设和居民参与之间关系时，对居民参与主体、参与路径等参与问题进行探讨，得出结论：社区居民作为社区建设的客体更作为社区建设的主体，只有社区居民广泛、直接地参与和管理，才能够培育出社区居民的归属感、认同感以及加强居民的社区意识，进而使社区自身各类资源得到有效协调和充分利用，推动社区健康、有序发展。[④]付诚（2015）通过案例分析，详细讨论公民社区参与的行动逻辑和实践路径，在此基础上提出社区居民参与的动力来源于自上而下和自下而上两种力量的共同作用，这一共同力量需要从微观基础上塑造利益相容、确定市场经济条件下工具性契

---

①转引自尹作亮．城市社区建设与管理理论研究述评与展望［J］．市场论坛，2014（11）．

②刘盛华．加强社区居民参与促进社区建设［J］．社会建设与治理，2014（11）．

③王红梅．居民社区参与问题及对策研究［J］．中国四川省委党校学报，2016（1）．

④王柯．中国城市社区建设中居民参与状况研究［J］．经济研究导刊，2016（5）．

约关系、建设社会公平正义为起点的制度以及养成“公共精神”品质，最终形成有助于社区居民参与的开放、包容的规范体系。[①]

8.1.2 公共空间研究

何绍辉（2015）在商品房社区日渐成为新型城市社区的主要形态及社区主要发展趋势的社会背景下，提出改变陌生人社区建设的困境需要构建社区场共同体，构建社区场共同体这一目标的重点在于积极推进社区自治、提高社区服务的质量、塑造社区伦理精神以及着力促进社区的融合等。[②]陈璐燕（2016）提出要深化社区建设需加强社区基础服务设施建设、卫生设施建设、环境设施建设、治安设施建设等。[③]芦恒（2015）认为公共性的内在属性与社会发展自身存在共生互促的内在逻辑关系，公共性的均衡结构成为促进社会和谐发展的外在体现。对于“新常态”背景下的中国而言公共性的理论视角与实践成为促进中国社会发展的内驱力，这样的视角推行以公平分配公共资源为基础，重塑公共生活，激活居民公共精神等内容的公共性建设，促进区域之间、人与人之间等方面的主体的整体和谐发展。[④]冯朝亮，潘晨璟（2014）指出场域共同体这种社区的地域特质并非单纯的指自然地理特征，这其中包括了物理空间、制度设置、资源分配以及文化等综合系统。所以社区的地域性和社会性是密切相关的，指出社区存在于具有一定的边界的地域中，社区成员有稳定的社会和心理联系的生活共同体。[⑤]

8.1.3 社区服务研究

邱鲁军、葛金田（2003）这两位学者较早的关注社区服务产业化，他们指出社区服务产业化是社区建设现阶段的必然结果，他们认为健全的社区服务体系需至少包含两部分内容，其一是一整套完备的组织体系，其二是完善

---

①付诚．公民参与社区治理的经验与民主实现形式 [J]．社会科学战线，2015（12）．
②何绍辉．场共同体：陌生人社区建设的本位取向 [J]．人文杂志，2015（4）．
③陈璐燕．城市社区建设的探索与推进 [J]．工作指导，2016（2）．
④芦恒．共生互促：公共性与社会发展的内在逻辑关系探析 [J]．社会科学，2015（9）．
⑤冯朝亮，潘晨璟．共同体重建与社区建设研究综述 [J]．社会管理，2014（11）

的社会化服务体系。赵作伟（2009）提出回归社区服务的福利性、公益性的科学定位时，需要重视政府宏观指导的功能，提高基层社区组织建设，加强建设社区服务队伍的专业化，进而提高科学化的服务水平。王建生（2010）指出我国城市社区在组织职能、服务意识、工作人员素质、专业化水平等方面满足不了居民的社区服务需求，进而使得社区居民缺乏参与社区服务热情。所以他认为完善城市社区服务体系的关键是加强社区组织的自身建设；提高从事社区服务人员的素质和专业化水平；化解社区服务供需之间的矛盾，创新社区服务项目；培养居民的社区意识，调动社区居民参与社区服务的意愿。李凤琴、林闽钢（2011）两位学者认为我国城市社区已表现出“服务吸纳行政”的社区公共服务多元模式，政府、市场与社区应积极合理的分工与合作提供更好的公共服务。[①]

高玉娟，肖瑶（2013）认为发展社区服务尤其是发展城市社区公共文化服务具有重要意义，他们认为发展社区公共文化服务有利于实现社区基本文化权利；有助于增强社区居民对社区的认同感及归属感；有助于社区的稳定与和谐建设；有助于提高社区居民的整体素质；有利于居民参与社区服务的管理与监督。[②]张云昊（2006）提出滕尼斯所指的共同体已经不存在，现代社区已经失去了共同体属性，社区功能和价值的重构不再以共同体为目标，而是以社区服务和社区自治为社区发展的新方向。[③]

8.1.4 政府角色研究

王莹、沈晓峰（2007）对政府主导下的城市社区中政府角色失灵（指政府职能的越位、缺位和错位）现象进行分析，指出政府在社区建设中的角色与功能主要是制定规划和政策、为社区居民提供管理和服务、组织社区服务和动员社区居民参与社区事务等。鲍宗豪（2010）指出中国具有多种类型的社区，但发挥主导作用的是“行政型”社区。所以创新社区管理，政府需要借

①转引自尹作亮．城市社区建设与管理理论研究述评与展望［J］．市场论坛，2014（11）．

②高玉娟，肖瑶．城市社区公共文化服务体系建设［J］．边疆经济与文化，2013（10）．

③张云昊．从前现代到现代：共同体变迁的内在逻辑及其启示［J］．北京航空航天大学学报（社会科学版），2006（2）．

鉴国外发达社区经验的同时也要结合本国不同社区的实际情况，从“居民的居住环境”“公共服务”“人际关系”等多维度加强城市社区重塑。赵冰琴等（2010）调查研究社区时发现，政府主导有助于积极推进社区建设，但政府在社区建设中易陷入“两难困境”，阻碍社区发展。同时，认为创新城市社区管理的关键是完善双向考核和监督问责机制；使管理重心得到真正的下移；优化社区结构；增强社区主体的多元化；提高政府投入的力度；引导社区资源多元化等。刘雨辰（2010）指出城市社区民主治理的必然趋向是从集权治理向分权治理的转换。由于受传统与现实国情的限制，我国城市发展过程中，社区存在权力结构问题，致使我国城市社区民主治理中出现失灵现象。王永红（2011）指出政府在城市社区治理中有必要承担四种角色：第一，社区建设的指导者；第二，社区公共服务的供给者；第三，社区公民社会的培育者；第四，社区自治组织的监督者。①

白拉萨茹，赵雷，潘华顺，赵金才（2013）认为社区建设要发挥好政府的主导作用，不断完善城市社区建设的同时还要处理好政府与社区组织之间的关系，防止政府主导过度干预社区建设。此外，要使社区建设的内在力量真正地发挥作用，还需要激励社区居民积极参与社区建设，持续提升居民参与的积极性，增强社区居民的社区意识。②陈运雄，朱让谦（2015）认为政府在社区建设方面，购买公共服务早已兴起，但存在着社会组织承接公共服务能力低，相关法律制度不完善，购买程序不规范，资金保障匮乏，及评估监督机制不健全等问题。由此，他们提出大力促进社会组织发展是非常有必要的，同时需要培育社会组织承接公共服务的能力，完善相关政策法规，规范购买公共服务的程序，健全政府财税机制以及政府购买公共服务的评估监督机制。③蓝宇蕴（2014）认为现阶段“政府主导型”的社区建设，仍占主导地位。目前政府垄断性地拥有关键的社会资源，并可以借此创造社区发展的制度环境和支

①王永红．城市社区治理中政府的角色定位及其职能［J］．城市问题，2011（12）：79-83.

②白萨茹拉，赵雷，潘华顺，赵金才．政府主导的城市社区建设中存在的问题分析［J］．前沿，2013（12）．

③陈运雄，朱让谦．政府购买社会组织公共服务的问题与对策［J］．山东行政学院学报，2015（12）．

持系统，进而建构起超越社区自身局限的发展条件。但由于政府在社区建设过程中强势的介入，某种程度上会制约社区发展，同时可能对社区自主发展空间形成挤压。进而总体上指出我国目前的社区建设，还不能够离开政府的主导性参与。但政府的领导性参与需以社区自治为前提，同时需根据社区发展的不同阶段，进行适当的职能调整，以保证政府与社区关系维持动态平衡。①

8.1.5 单位制到社区制研究

郑中玉（2010）认为社区在现代化发展的过程中呈现出多元化的倾向，在单位制解体之后，中国城市社区也是一种多元社区。而当前多元社区的社区整合缺乏制度和组织基础，社区参与及社区认同不足是中国社区建设的瓶颈。并提出弱关系理论为社区整合提供了一条新路径。在信息化和城市化过程中社区网的建构成为大力发展的社区组织，促进社区弱关系的形成，尝试促进社区认同的新方式。②

郝彦辉，刘威（2006）指出任何公共物品都具有供应的相联性和排他的不可能性这两个特征，这两个特征能够导致成员在公共物品的供需上出现搭便车现象。从“单位制、街居制到社区制”的变革作为整个社会制度变迁的一部分，不同发展阶段社区公共物品供给机制有不同的特征。单位体制体系所形成的“政府—单位”公共物品供给体系，已不能满足转型时期社区日益增长的多元需求。在单位制解体和单位功能弱化的背景下，城市基层社区将替代传统单位，成为城市社会整合的又一种制度性选择。③

尹广文，林秀梅（2015）认为随单位制逐渐解体及街居制功能退化，社区成为社会治理的基本单元。就当前中国城市社区的困境而言，要实现城市社区建设与发展，去解决单位制解体后出现的一系列问题，推动社会治理单

①蓝宇蕴．政府主导型社区建设研究［J］．城市观察，2014（1）．

②郑中玉．社区多元化与社区整合问题：后单位制阶段的社区建设——兼以一个社区网的实践为例［J］．兰州学刊，2010（11）．

③郝彦辉，刘威．制度变迁与社区公共物品生产——从“单位制”到“社区制”［J］．城市社区，2006（5）．

元的社区建设，实现这些的核心就在于实现社区从单一地域共同体到人们精神共同体转变的社区再组织化。并指出只有通过这一过程才能真正实现社区治理创新，进而促进社区建设与发展。①

吴晓林（2013）指出随着改革开放的深入，“单位制”解体，生产单位与生活单位逐渐分离。“单位人”向“社区人”的转变打破了原有的组织网络，群体基础从“集体化的社会”转变为“原子化的个体”，人们原本依靠的控制依赖逐渐失效。此背景下，城市社会再组织化成为重要议题，并通过社区建设和社区整合来推进再组织化。一般情况下，社区整合要求在有合理的资源配置、形成共同规则及沟通参与等方面发挥作用。但问题是，政府与社区关系紧张，进而使得社区自治力匮乏，降低了社区资源配置能力，由此可见社区组织习惯于“二人转”式的封闭治理，这样的习惯制约了与其他草根组织形成共同规则的能力，同时也限制了居民社区参与的积极性。一个好的居民社区建设，与国家力量的支持和社会自组织的成长具有密切关系。②

吕方，田毅鹏（2015）提出现今城市社会单元与以往单位时代的“纵向一体化”结构不同，如今，城市社会异质性增加，新社会风险层出不穷。过去十余年间，国家通过社区建设、布局网格化社会管理等方式，以重新建构城市社会的整合，但城市治理主要问题是出于问题主义取向，导致各项改革总是被现实倒逼而不得已做出调整，并没有从城市社会变迁的总体历程与内在逻辑考虑，提出城市治理新构想。而单位社会的消解与变异，其实为理解当下城市社会提供了新的、好的视角，因此，“后单位时代”城市社区建设主要面向为体制机制改革以及建设组织载体，进而实现再造社会团结、培育“结社”民情和构建新公共性格局的三重目标。③

①尹广文，林秀梅．后单位制时代的中国城市社区治理——从地域共同体到精神共同体[J]．山西师大学报，2015（3）．

②吴晓林．“后单位制”时代中国城市社区建设和社区整合的困境——一个框架性的分析[J]．当代中国政治研究报告，2013（10）．

③吕方，田毅鹏．“后单位时代”的城市社会治理[J]．城市社会学理论与实践·新视野，2015（1）．

8.1.6 港台地区相关研究

8.1.6.1 香港地区

香港从开始实行贸易自由港政策开始，带动了香港各方面的繁荣与发展。民政事务署的工作重点是建立社区组织，引导社区工作；社会福利署主要从为社区谋福利的角度开展社区工作。香港的第一份社会福利白皮书将社区发展肯定为提供福利服务的一种工作方法，并指出社区发展的目的在于鼓励个人及团体参与社区事务，互相合作，为社区谋福利；廉政公署的社区工作主要是通过社区网络、社区教育及社区参与，建立“肃贪倡廉”的社会风气；警务署在社区建立防卫性社区组织系统，在社区组织工作中，最具特色的就是基于邻里的自助群体——互助委员会，这是一种由政府主导，自上而下策划实施的居民组织。

香港的社区建设，非政府组织起关键作用。香港民政事务署和社会福利署通过拨款资助非政府机构推行社会福利政策。

香港的志愿组织发展丰富。参加志愿者队伍成为时尚，目前，香港社区参与志愿机构董事会及其委员会工作的社会人士，已超过3400人次，而在机构提供义务服务的总人时数约780万小时。服务范围除家庭、社区、儿童、青少年、复康等服务外，近年来更与不同界别合作，发展各类型创新服务，如雇员再培训课程、长期病患者支持服务、艾滋病教育、市区重建社工队等，范围涉及劳工、就业、教育、医疗、健康、房屋、市区重建、交通、扶贫、国际救援等社会保障诸多方面。资金筹集主要来源于三方面：首先，是政府拨款；从某种意义上说，没有政府的巨额财政支持和投入，香港的社会工作不可能取得这样大的发展。其次，社会和个人捐款。定期举办各种形式的捐款捐赠活动，在很大程度上保障了资金的来源。第三，自办实体创收，这是自力更生、取之于民用之于民的良好表现。在培训义工方面，除了对于参与一般性服务的义工人员作基本的培训外，大部分的义工人员在加入义工前已掌握一定专业技能。

香港政府在社区建设中充分体现了“小政府”“大社会”的特点，发挥了主导作用的同时按照市场规律充分发挥了各社会组织的作用，加快了“第三部门”建设、大力培育社区中介组织。建立覆盖面广泛的志愿机构与义工制度。[①]

8.1.6.2 台湾地区

20 世纪 50 年代，联合国发表《通过社区发展促进社会进步》，自此很多国家和地区逐步开展社区发展运动并开始重视社区建设。20 世纪 80 年代末 90 年代初，台湾的内部状况和外部环境发生急剧变化，这些变化向台湾当时的社区发展模式提出了挑战，同时也为社区发展向社区建设的转变创造了条件。[②]20 世纪 90 年代，台湾地区开始以“自下而上”的社区建设体制替代它实行了近 30 年的“自上而下”社区建设体制。它主要体现在：在制度设计方面引入了“社区导向”，在制度执行方面重视“基层政府”和社区的作用，而在执行过程中引入了“自下而上申请专案”的机制。[③]

台湾社区建设顺应社会经济变迁经由社区发展转变为社区营造。社区营造主要是凝聚社区意识，而社区发展工作则比较着重于社区硬件方面的发展。社区总体营造与过去的社区发展最大不同点在于主体之设定，社区营造是以社区作为主体，强调草根自主性；社区发展工作则是由政府主导，其结果自然大不相同。从内容上讲，社区发展是针对社区居民之需求，由当地社区居民自行拟定推动计划。从内容上看，台湾社区建设每个阶段都有所侧重，由注重硬件设施的建设，到转为文化建设，再到城乡统筹发展。社区的本质内容是社区认同和归属感，文化是本质。从参与主体上看，台湾社区建设多元主体共同参与，较为充分地发挥了居民的自主性，社区组织的引导也极大地推进了社区建设规划制定与实施。从秩序上来看，台湾社区之中，正式制度指的是《地方制度法》与《社区发展工作纲要》等法规。然而，对于社区当地民众来说，这些正式制度有时却是落差太大以至于失去制度的效力。因此，对于社区发展而言，非正式制度可能比正式制度来得重要。[④]

---

①王琳．香港社区建设经验探索与借鉴 [J]．广东培正学院学报，2010（2）．

②朱姝．台湾城市社区建设的经验与反思——以台北市忠顺里为例 [J]．濮阳职业技术学院学报，2016（1）．

③吴晓林．台湾地区社区建设政策的制度变迁 [J]．南京师范大学学报（社会科学版），2015（1）．

④李梅．从社区发展到社区营造——台湾社区建设研究 [D]．华中师范大学，2011.

8.2 城市社区建设模式的国际借鉴

西方发达国家的社区建设是基于社区复兴与重建的理念，受工业化的影响而发展起来。19世纪末，西方国家的社区建设共经历了三个主要发展阶段，每个阶段分别是以社区救助、社区发展及社区治理为主要内容。虽然每个阶段社区建设内容与重点不同，但都是通过利用社区民间资源，团结社区内的不同组织，建立社区福利中心提升社区自助力量，体现了政府相关机构与社区内的民间团体、合作组织等各方力量的配合与协作。[①]

美国社区建设的特点和经验主要体现在：美国社区自治程度高，实行民主管理。美国政府“掌舵”不“划桨”，进而推进社区建设，社区工作在形成和发展伊始都具有自发性质；美国依靠非政府组织，承揽社区工作，非政府组织主要通过提供教育、培训、咨询、扶贫济困等各类社区服务，满足公民需求方面起着重要的作用，非政府组织已成为美国社区建设的主力军；美国社区建设完善法律法规，依法管理社区。自20世纪60年代以来，美国联邦政府通过制定若干包括税收和资助内容的法律法规来推进社区建设，相继制定了《住宅和社区发展法》《社区再投资法》《国家和社区服务合作条例》等法律法规。此外，各个州、市政府和立法机构也制定一系列相应的法律法规，这些法律法规保证了社区建设的规范性和法制化，也保证了居民的各项民主权利。

北欧城市社区建设：北欧实行社区政府自治，北欧国家中，行政划分为中央、郡和社区三级政府，权责明确。北欧国家社区政府的基本模式是：社区民主选举产生社区议会这一最高决策机构，议长由市长担任，下设社区服务、教育文化、财政和技术环境委员会，这是社区民主选举产生的政治机构。实现社区服务制度化、信息化：北欧国家的社区服务与其国家福利体制是一体的，其服务组织具有高度的制度化特征。社区居民民主参与度高：从体制上来说，北

①申可君．城市社区建设中居民参与研究——以佛山市L街道为例[D]．华中师范大学，2013.

欧的城市自治制度从法律上保证了社区居民民主参与的可实现性。

日本的社区建设于20世纪70年代初开始启动，其突出特点为：社区管理以社区为主，政府为辅：政府对社区发展的干预较为宽松，社区管理以自治为主。政府的主要职能是规划、指导并提供经费支持，行政色彩和社会自治特点在社区管理的许多方面交织在一起。社区管理趋于人本化、民主化：政府对城市社区的管理基本上采用间接手段，居民主动参加社区部分领域的管理。社区服务体系完善，内容全面：日本的社区服务不论是从法律、法规的制定，还是各组织机构的建立以及具体的工作实施，已形成了一套完整的体系，而且服务内容细致而全面，在发达国家中具有很强的代表性。

新加坡城市社区建设：新加坡作为一个移民国家，它的多元种族，多元文化和多种语言，构成了新加坡社会的一大特色。在社区建设上，新加坡推行政府指导下的居民自治；构建完善的社区管理组织体系：新加坡主要是由政府组织自上而下地对社区发展进行管理，其职能分明、结构严密。社区内主要有三个组织：公民咨询委员会、居民联络所和居民委员会。其中公民咨询委员会地位最高，主要负责社区内的公共福利服务，协调另外两个委员会（居民联络所、居民委员会）和其他社区内组织的工作；重视培养“义工”精神 ：在新加坡，社区中三个主要社区组织的工作者承担的工作完全是兼职的、义务的，在社区里开展所有的活动都是自愿性质的，包括社区的公共环境美化等也都是义务参加。①

无论是国内关于社区建设研究还是国外社区建设的经验，都从社区的基本内涵出发，强调社区成员的自我管理，强调政府的支持性与指导性作用，强调社区组织的积极性发挥。相互扶助，使得社区组织在社会管理中发挥的作用越来越重要。随着社会发展，会有更多的管理方式发挥作用，更要结合社区的具体发展特点，借鉴吸收，找到适合本社区发展的有效路径，这才是社区管理升级的根本。

①转引自董欢．和谐社会视野中的我国城市社区建设研究［D］．中共中央学校，2009.

第9章　以J省为例的城市社区建设为视角的社会管理模式现状分析

为便于开展研究，在本研究中把东北三省中的J省作为个案进行具体的问题分析，其原因在于J省处于东北三省中的中间位置，其经济与社会发展指标都具有居中的特点，对其进行分析便于推至东北三省。

J省社区建设试点起步于1999年，全省社区建设全部完成于2002年。按照J省委、省政府《关于大力推进城市社区建设工作意见》，全省各地对原城市居委会进行了重新划分，建立了以地域性为特征、以认同感为纽带的新型社区。在J省社区建设这十几年里，各地社区都有了长足性进步，与社区设立之初相比，已经基本建立了以居民为本的新型社区，在全省的社会管理体系中发挥了重要的作用。

根据研究的目标与需求，本次研究仅以J省C市社区建设为对象，并以其中几个典型社区作为分析目标，对C市社区建设现状与存在的问题进行细致的剖析，并以此为依据，提出对策性建议，进一步完善东北地区城市社区建设体系。

以C市为例，C市总面积20604平方千米，总人口760万人，其中市区人口360万人。辖7个城区、5个开发区、3个县（市），68个街道、97个乡镇，共有427个城市社区、1692个农村社区。其中，城区、开发区有389个城市社区、618个农村社区。①C市社区建设过程中，市委、市政府以民生工作为基地，积极为社区建设工作推动政策进步、促进权力下放，切实以社区工作为基

①数据来自于C市民政局《C市社区建设工作基本情况》资料（2016）。

础，努力为居民解决实际问题。C 市将社区建设与全市的经济发展、社会发展与文化发展全面结合起来，利用各社区的优势，统筹规划，促进了全市社区的迅速发展。

9.1 城市社区建设的管理模式现状分析

9.1.1 社区发展的推进性工作发挥积极作用

C 市委、市政府也在积极鼓励各个社区创新工作模式，向发达地区的社区工作模式学习，并鼓励引进，促进社区创新发展。自 2010 年开始，C 市各个区陆续建立了本区的综合服务大楼，居民经常接处的政务处理与各街道、社区全部在一幢大楼内办公，省去了居民到处奔走的麻烦。当然，并不是 C 市所有的社区都进入了各区的服务大楼，但至少政务处理上都在同一地点办公，这对居民来讲，是一个重要的便民服务。2015 年，ED 区作为民政部指定的全国信息化平台试点区，引入并改进了上海的“一门式”办理平台，运用统一电子平台，进行信息整合，简化了居民办事流程。目前，这一模式仍在不断的完善之中。

9.1.2 社区的“硬件”设施越来越完善

社区建设期间，社区的基础设施得到了明显的改善。C 市投入了大量的资金给社区建设，提高社区的硬件设施。C 市幸福社区建设提出了“千米社区”的目标。首先，各社区的服务用房面积得到了大幅度增加。全市各城区、开发区都加大投入，积极推进，经过三年多努力，全市社区用房平均面积从 550 平方米提高到 1040 平方米，基本实现三年翻一番，“千米社区”占比从 10% 增长到 60%。同时，各个社区必有具备社区服务的基本功能划分区，要确保社区用房 80% 以上的面积用于为居民开展服务和活动，办公面积不得超过 20%。① 社区从硬件建设上体现了以民为本的宗旨。政府及有关部门为社

①数据来自 C 市民政局《C 市社区建设工作基本情况》资料。

区同时配备了健身器材、居民日常服务提供的社会组织。各个社区都积极美化社区环境，打造优美生态，注意所辖区内的卫生治理与维护。其次，各社区的办公“硬件”也得到了升级。各社区为方便居民生活，为居民提供更好的服务，注意到了社区中办公设施的更新与应用。C市各社区目前都已实现办公电子化，并充分利用互联网系统为居民提供各类型的服务，并能够对居民进行科学的管理与规划。而电子屏、投影仪的使用，更使得居民迅速了解到社区发展的情况与开展的活动，有利于居民的积极参与。最后，社区普遍加强了居民活动场所的建设。社区普遍设置了条件优越的阅览室、棋牌室、文体活动室、多功能厅等居民活动场所，为居民健康向上的文化活动提供了基本场地的保证，这也吸引了更多的居民参与到其中，推动了社区的文化建设。

9.1.3 尝试各种创新型社会管理模式以增加社会改革的成功经验

J省的社会管理模式多种多样，一方面在政府的支持下去全国各地学习并引进先进的工作经验与模式，另一方面也注重结合本社区的特征与特点，寻找适合本社区发展的模式与思路，因此，J省的城市社区工作模式多样化，各个社区发展都有各自的重点与特色，特别强调与各自社区的社区发展背景结合起来，并与整体的东北振兴结合起来，不断寻找与尝试适合本省社区建设与发展的工作模式。例如：汽车厂社区在转型过程中特别注重该厂对居民生活与治理的影响，社区建设起来后仍然积极与汽车厂建立良好的互助关系，借助工厂的力量发展社区建设；一些老旧型社区则特别注重利用社区良好的群众基础，虽然硬件设施还要逐步提高，但居民对社区的归属性、认同感非常高，居民可以被迅速地团结起来开展各种社区建设活动；而新型商品房社区则表现为硬件基础好，居民素质高，社区主要努力的方向在于提供高素质高水平的社区服务，把社区居民团结起来，增强凝聚力。总之，在J省城市社区发展中，各个社区都在努力尝试各种创新型社会管理模式，以增加社会改革的成功经验。

9.1.4 成功改革模式的推广与改良

J省城市社区发展过程中，社区特别注意到了东北地区的大环境，特别重视单位制的影响。东北是重要的老工业基地，东北在不断地多渠道地振兴。所以，城市社区在不断学习进步的同时，更注意结合本社区的发展特点，不断地尝试各种社区改革的模式，并把一些成功经验进行推广与改良。例如DZ社区在谭竹青的努力下打造了由“小巷总理”引导的社区建设模式，社区领导者亲力亲为，与居民一起改善居住环境，改良了社区整体环境。在DZ社区的引领下，新时代的吴亚琴也同样注重与社区居民共同努力，打造良好的社区环境。这两位领导者所带领的社区都属于具有较长发展历史的老旧型社区，但这种社区的社区归属感强，领导者注重与社区居民建立良好的关系，把居民力量团结起来，借助社区自身的资源与力量发展本社区。同时，社区领导者也在不断改善与促进这一模式，DZ社区又打造了“十委大院”，真正引导居民实现自我管理，居民自主地管理所在地的居住环境，自主地管理社区事务，社区的角色主要是进行资源链接，这种方式更适应新时期的发展需求。J省的城市社区就是在不断的发展中摸索前进，建立了各具特色的社区，并不断地改良与完善，使得居民更乐于接受社区，社区的归属感与认同感都增强了。

除上述的几个方面之外，J省的城市社区还进行了工作方法的改良。社区经常会迎接各级领导的检查与调研，参与各种与社区相关的会议，这对社区来说不仅仅是工作上的完成，同时也可以通过检查与调研活动看到社区自身发展的缺陷，及时进行更改与弥补。而且，大量会议的参与，各地同行的参观学习也实现了一种社区宣传，向更多的机构与社区宣传自身社区建设的丰富经验，从而推动更多社区的发展与进步。社区宣传还会为社区带来资源，有机会让更多的组织与机构投资于社区发展和建设，更加快速地促进了社区的发展。

9.1.5 政府财政力量欠缺阻碍了社会管理模式的升级

社区的发展建设过程中有优势存在，也有问题出现。

我国的社区发展主要还是依靠政府的支持，特别是财政和制度上的支持。J省属于农业大省，但从经济发展上来看在全国来讲并不乐观，而J省的整体发展建设对政府来讲压力就更大了。具体到J省的社会管理上来看，特别是社区建设来讲，政府虽然投入了大量的资金，并给予了很多的政策优惠，但与其他地区相比，政府财政力量的支持仍显薄弱。社区发展的重要指标之一是社区居民的满意度，社区居民在社区生活中存在大量的需求，J省的社区服务可以实现社区居民的基本需求，比如贫困、残疾、特殊群体的基本需求，政府已经有足够的资金与政策给予支持，但这仅仅实现了基本的福利保障，而更多的福利需求，政府则没有足够的资金给予支持。各社区为了自身的发展，主要依靠“驻街单位”的力量，拉来相应的赞助，以实现社区居民更多需求的满足，而对每个社区来讲，所依靠单位的支持力度差异较大，社区问题的程度与多寡也有很大的区别，由此决定了J省城市社区发展是不均衡的。一些社区在创新管理与工作创新模式的过程中，无法得到政府财政力量的支持，其他渠道资金无法实现，这会打击社区改革与发展的积极性，进而会阻碍社区的进步与发展，就更谈不上社会管理模式的创新了。J省的经济发展大背景使得在社会管理模式创新的尝试上政府资金不充足，这直接影响了J省的社区发展与建设。

9.2 城市社区建设的组织结构现状分析

9.2.1 社区的“软件”建设也在不断推进

在建设社区“硬件”的同时，C市各社区同样关注社区的“软件”建设。

第一，社区组织的自治性越来越强。社区组织的基本特性就是其自治性。自治性弱一直是C市社区的一大问题。但在这些年来的体制改革与制度建设过程中，社区自治性得到了强化。社区在社区党组织的领导下，通过民选制度，从居民中选出社区的领导群体。社区的管理以“网格化”的方式，由居民担任网格长，与社区组织机构配合，实现社区事务居民自我管理与改革，充分行使了居民自治的权利与义务。社区居民也更加广泛地参与到社区建设与改革中来，社区中设立居民议事厅，居民代表参与社区事务的民主协商。社区积极利用驻街单位，利用驻街单位资源解决社区中出现的问题，由此，形成了全方位的立体自治格局。

第二，社区组织的民主性越来越强。我国的社会管理自“单位制”转向“社区制”之后，社区成员真正成为自我事务的管理者。虽然，在C市是老工业基地这样的城市，还存在“单位制”遗留的负面效应的影响，但社区的民主性建设仍然日益完善。各社区中社区工作者的选拔严格按照《中华人民共和国城市居委会选举法和组织法》制度执行，整个选举程序严格而具有法律效力。社区事务按照民主协商的原则，由社区领袖与社区成员共同参与管理。C市出台了全市《关于加强基层民主协商工作的实施方案》，重点指导CY区、KC区开展城乡社区民主协商试点，指导其建立了民主协商议事委员会，制定了《基层民主协商目录》，从制度上推进了社区民主性的发展。

第三，社区服务内容日益丰富。在社区建设过程中，各社区不断结合本社区出现的新情况、新问题，充分挖掘利用本社区的资源，开展内容丰富，各具特色的社会服务。社区除了提供社会救助、社会保障的服务之外，还会针对居民发展提供各类型的发展性服务。例如，就业指导服务、卫生保健服务、文化娱乐服务、婚姻家庭服务、国学传播服务等等。有的社区以特色服务建设为主，专门打造针对特殊人群而提供的服务，例如社区养老服务、社区矫治服务等等。社区同时引进大量的各种社会服务组织，以便为社区居民提供更加专业的有偿与无偿服务。这一变化大大方便了居民生活，使居民更加无后顾之忧地投入社会建设。

第四，社区工作者综合素质全面提高。为了给居民提供更好的服务，也为了社区工作更加效率化，政府投入了大量的人力、财力来提升社区工作者的综合素质。C市每年都会不定期地开展针对社区工作者的培训学习工作。鼓励社区工作者学习专业的社会工作并获得学位；鼓励社区工作者考取社会工作师；鼓励社区与高校科研机构合作，对本社区建设进行科学的规划与指导。各社区的工作人员越来越年轻化，具有专业技能与先进知识的人优先录取。C市为了提高社区工作人员的学习与工作积极性，2014年，市委办和市政府办联合下发了《关于提高城市社区工作人员相关待遇的意见》，对提高社区工作人员的政治待遇、生活待遇和福利待遇做出详细规定，以鼓励社区工作者积极上进。2014年，第九次社区居委会换届后，社区居委会成员大专以上文化程度达到82.2%，平均年龄36岁，全市社区工作人员取得社工师、助理社工师资格的达到1700多人。[①]

①数据来自于C市民政局《C市社区建设工作基本情况》资料。

9.2.2 科学地分析与管理社区工作与事务

随着专业社会工作的出现与发展，特别是专业的社区社会工作的发展，同时为了适应社会发展的大背景，社区在不断发展与进步的同时越来越意识到社区工作科学性的重要意义。这种科学性主要表现在社区中的工作者开始有了专业的分析问题的意识，开始科学地管理社区工作与事务。社区工作者面对具体的社区问题不再是仅就问题而解决问题，而是寻找更为科学有效的依据，有理有据地分析面对的问题，找到解决问题的方法。同时，在处理社区工作与社区事务时也强调工作的专业性，对居民提供的服务越来越规范化，从工作方式到工作伦理都强调进行专业的管理与要求。居民到社区中办事或者参加活动更能清楚如何去解决自己的问题。为了促进社区工作的专业性，社区管理者还特别强调工作队伍专业性的提升，一方面在社区招聘计划上越来越倾向于经过专业学习的高等院校的人才，另一方面社区也会通过各种方式促进工作团队专业性的提升，比如鼓励社区工作人员参加社会工作师的考试，通过不同的等级会每月给予不同级别的奖励。同时，社区也会大力提倡向其他先进社区进行学习，甚至每年会派出一定数量的专业人员去外地进行实地考察与学习。随着专业服务水平的提高，社区的工作效率越来越高，问题解决的效果越来越好，当社区遇到困难问题或无法有效解决的问题时，社区更强调专业知识的重要性，会借助J省丰富的高校资源，向高校中的专业人士求助，甚至与专家合作，完成对本社区发展的规划。目前，J省的专业服务方面又增加了新的有效途径，即通过政府购买的方式，购买专业的服务以服务社区中的居民，达到更加良好的服务效果。社区工作的科学性是一种必然的发展要求，J省社区工作正在向着全面科学化的方向发展，并在实践中不断地摸索与进步。

9.2.3 工作人员的老旧观念影响了社区的发展与进步

社区的发展与进步还要依靠领导者的思想意识。领导的意识发展上去了，更能看到社区未来的发展方向，制定出的发展政策则更具有前瞻性。J省的城市社区发展到现在，领导者已经有了很大进步，在领导者的更新换代过程中，越来越趋向于年轻化与专业化，领导者的素质与水平不断在提高，传统的“老大妈”的管理者早已不见，这对社区发展来讲是有利的，使社区发展更具有活力，并能够跟上时代的发展要求，更适合社会进步。但同时也要看到，很多管理者还没有认识到现代社会的新形势，仍然在用老的观念分析社会发展，领导者的思想意识更新与社会发展更新速度不一致，这会阻碍创新的进度。社区建立并发展至今，社区的自治性发展不是特别的良好，行政性的事务加于社区，使社区没有更多的精力切实为居民服务。而目前的社会发展需求和居民实际的发展愿望都要求社区再次进行更深化的改革，社区应回归到为居民服务的居民自治组织的根本，摆脱行政事务的重压，恢复为居民服务的本质职能。政府与研究者都在积极推进这一目标的实现，政府建立了“一站式”的政务大厅，社区的一些职责回归到各职能部门去完成，为社区减了负。此时，最为重要的是社区的领导者应迅速认清这一形式，看到社区未来发展的新趋势，迅速转变思想，才能真正带动社区的进步。但J省受传统单位单位制的影响，很多社区领导者在社区发展过程中畏首畏尾，不敢放开手脚为居民服务，甚至还存在“等、靠、要”的思想，等着政府为社区发展做计划，做安排，缺少勇于创新的精神与勇气。这严重影响了社区的发展与进步。

9.2.4 对服务的专业性和服务质量的一些损害性伤害

近两年来，居民需求的增加，社区发展的迅速，要求社区组织提供更加专业的服务。同时，社区的管理者也开始慢慢意识到这一点，一些社区已经走在的时代的前列，通过大量购买服务的方式为居民提供高质量的服务。社区的工作人员也开始走向专业化，从人才引进的源头上，社区越来越倾向于从事社会服务的专业人员特别是专业的社会工作者，社区组织也通过多种渠道积极推动原有的社区工作人员走向专业化。例如，一些社区鼓励工作人员获得专业的社会工作师资格，并根据不同级别给予不同的奖励；还有一些社区直接采取政府购买的方式提供专业服务；绝大部分社区开始在社区内建立社工站，进行专业化的服务建设。但在一些具体细节的建设上，还存在一些问题。例如，社区工作人员获得专业社工师的资格，只取其表，未获其理，课程的学习也只是为了应付考试，在实际工作中则不存在专业的思维与意识，老办法套了个新外衣，治标不治本；一些社区社工站并没有发挥真正的作用，没有专业的人员从事专业的服务，软硬件设施不配套；更严重的是，专业的服务监督与评估体系不健全，虽提供了服务，对服务进行检验的过程却是非专业的，这其实都伤害了服务质量。J省城市社区的专业性建设必须依靠专业的力量，把专业技能转化成专业服务，目前表里不一的专业服务建设对社区来讲是严重的伤害，居民丧失了对服务质量的信任，在今后真正开展高质量服务的时候，则很难得到居民的认可，需要重新建立良好的信任体系和服务体系，到那时，社区发展就要走很多的弯路，浪费大量的资源。

9.3 城市社区建设的制度现状分析

在C市社区发展过程中，最近几年，社区建设引起了市委、市政府的高度重视，接连几次采取重要转折工作，使C市社区得到了阶梯性的发展与进步。2012年，市委、市政府提出了建设幸福社区的战略构想，并将“三化七有”（“三化”，即居民自治法治化、公共服务有序化、社会事务管理规范化；“七有”，即有健全的组织体系、有完善的服务体系、有完备的基础设施、有优秀的干部队伍、有优美的生活环境、有丰富的居民活动、有和谐的人际关系）作为创建目标。并且与当地科研机构合作，以CY区为试点，获得了社会各界的全面认可。并经过几年的推广，全市的社区工作质量得到了本质性的提高。2014年，C市被评选为全国和谐社区示范城市，C市连续八年蝉联“最具幸福感城市”，这充分体现了幸福社区建设的成果。

与此同时，市委、市政府为了提高社区服务质量，提升社区工作者的素质，与高校社会工作专业合作，把社会工作专业方法引进社区。以CY区为试点，开展了专业的社区工作，积极推进政府购买社会服务组织服务，形成了具有社会工作专业特色的“CY模式”。CY区实现了“一社区一站，一社区一社工”的目标，在全区53个社区均设立了社会工作服务站，组建了一支总数为1946人的社工队伍。而BA社区同样与高校社会工作专业合作，最先建立了具有特色服务的社工站。该社区专门建立了以残疾人康复为目标的康复服务中心，引进专业的康复器材，带领社区中有需要的居民进行康复训练，以提高居民的生活质量。社区同时还建设了个案工作室，帮助有困难的居民从专业社会工作的角度解决问题。社区为青少年建设了课后活动中心，针对青少年课后时间充裕，家长又不能全力管教的情况，社区工作者为这一群体开展了各种活动，既解决了居民的实质性难题，也预防了青少年犯罪问题的产生。C 市其他社区也积极引进专业社会工作，在各自的社区建立社会工作站，社区工作人员也参与到社会工作师的学习与考核中，提高服务质量与人员素质，这些都体现了专业社会工作在 C 市社区建设中的积极推进作用，并且效果显著。

在 C 市进行社区建设期间，C 市社区中不断涌现了社区工作的先进人物，市委、市政府也同样积极寻找、树立先进人物代表，以带动全市社区工作者积极努力工作，提高工作积极性。2006 年 3 月，C 市 DZ 社区的谭竹青去世三个多月后，被民政部追授其“社区工作者楷模”荣誉称号，谭竹青的先进事迹被广为宣传。2009 年，为迎接新中国成立 60 周年，经中央批准，中央宣传部、中央组织部等 11 个部门联合组织开展评选“双百人物”活动，谭竹青被评入“100 位新中国成立以来感动中国人物”。DZ 社区以谭竹青事迹为宣传点，打造品牌效应，积极建设社区发展，全市各社区也同样在学习与推广谭竹青精神。2014 年，C 市 KC 区 TS 街道 CS 社区的吴亚琴被中共中央宣传部授予“时代楷模”荣誉称号，她的事迹同样带动了社区工作人员积极学习，并被迅速推广与宣传开来。这两个人的模范效应对 C 市的社区建设起到了积极的推动作用。

J 省的社区发展过程中，政府与社区结合实际情况，本着社区发展的目的，制定了各种政策为社区居民提供福利服务，并以此吸引更多的资源运用到居民身上。政策与制度是一种资源的引导方式，为资源的有效利用提供了最有力的保障，政府与社区都意识到了这一点，便会在政策允许的范围内积极为社区居民提供福利服务，让居民的生活更加方便快捷。例如“一站式”服务，与社区工作结合起来，工作内容没有变化，社区的协调性增强了，社区的负担减轻了，但却能够切实地解决居民的具体问题。居民来到社区中，在社区的指引下，可以迅速快捷地到相应的窗口达到事件解决的目标。政府为了给居民提供更加专业与优质的服务，会采取政府购买服务的方式，寻找专业的服务方法，切实解决社区的具体问题。近几年，政府与社区通过为有利于社区建设与发展的个人和团体提供资金、场地和人员的支持，来促进社区专业服务水平提升，购买先进技术与工作方法，一切以服务于民为主要目标。这些政策的制定与改良建设了社区发展良好的制度环境，在社区未来发展中，有着良好的制度空间，居民更乐于接受并积极主动投入到社区建设中。

9.4 城市社区建设中各个参与角色及其职能现状分析

9.4.1 社区建设过程中重心逐渐向居民需求转移

在J省城市社区建设过程中，社区的工作重心发生了重大的变化，由原来的单纯地发展与建设社区转向居民需求。这种转移和变化是符合社会发展需求的，这种转移也是社区未来的发展方向，是城市社区进一步发展与建设的巨大优势。社区作为居民自治组织，始终强调以社区居民为本，开展各种社区服务活动。在J省社区建设之初，总是在强调建设成果，关注社区硬件与社区自身功能的建设，忽视了社区的主体，即社区居民的建设。社区要为社区居民提供各种服务满足居民所需，这才是社区的根本性作用。最近几年来，社区已经越来越意识到这一问题，政府也在努力推进社区发展的自主性，很多原来转嫁给社区的职能逐渐收回，政府集中管理，建立民生服务大厦，解决居民的基本社会问题。而解脱出来的社区则拿出更多的精力解决社区居民的具体问题与服务需求，根据本社区的发展特点，开展各种具体的服务性活动。例如，社区开展的家庭综合服务、居家养老服务、青少年服务、残疾人服务、特殊家庭需求服务等等，切实解决了居民的基本需求，能够引导居民回归社区，认同社区，有利于社会建设。

9.4.2 社会组织发展缓慢不利于社区提供高质量的社会服务

社区的改革与发展，最终都不会脱离社区建立的根本目的与目标，即为社区居民提供服务。社区目前仍在不断地为居民提供各种类型的服务，居民的部分需求也得到了满足，但社会的发展与进步，要求社区如果想要对居民进行更进一步的管理，让居民能够回归社区、认同社区，就需要社区为居民提供高质量的社会服务。这种高质量的社区服务对社区组织的工作人员来讲一方面人员不够，无法进行有效的提供；另一方面，这些工作人员的服务专业性不强，无法达到高质量服务的要求。因此，在这种需求之下，社区工作人员更主要的是资源的协调者与链接者，帮助社区居民找到高质量服务的提供者。此时的高质量服务则更多地由各类社会组织提供。而社会慈善组织、社会福利组织、NGO 组织、NPO 组织等机构在 J 省发展缓慢，政府意识不到位，对这些社会组织制度倾向不够。同时，组织管理与监督机制不完善，并不能够满足民众的真正需求。最近几年来，J 省各类社会组织迅速发展，但服务提供的市场并不够规范，所提供的服务质量也是参差不齐、鱼龙混杂，为政府与社区提供的服务质量存在大量不尽如人意的地方。不规范的社会组织市场是 J 省社会组织发展缓慢的最根本原因，由此，社区的服务一直达不到更高的层次，社区发展缺少有利的服务提供助手，这必然会影响 J 省的社区发展与社会建设。

9.4.3 居民观念转变不到位影响社区凝聚力

社区管理与社区体制建设、政府制度建设必然相关，但社区是居民的社区，社区的发展也与居民的发展程度密切相关。其中居民观念更新转变不到位、跟不上时代的步伐的话，会严重影响社区凝聚力，社区发展就会停滞不前。东北老工业基地的转型给居民以巨大的冲击，其中最为明显的不适应就是居民由“单位人”转向“社区人”之后，居民再也享受不到原来单位提供的各种丰富的福利待遇。以前，居民的日常生活所需几乎事无巨细地由单位提供，各类生活事件都由单位解决。而现在，除了没有福利之外，居民所遇到的困难几乎全部由自己解决，社区提供的服务与原来单位的服务是天壤之别，很多居民还无法适应这一转变，便会对社区管理方式心生不满，怀念原有的福利制度。仔细分析产生这一现象的原因，除了对原有生活的怀念之外，还有一个重要原因就是一部分居民还没有看到社会管理的积极作用，还不清楚自身在社会管理中的作用，没有参与到其中的建设上来。社会管理其实就是居民的自我管理，居民的观念没有转变过来，在看待社区的时候，就会只关注社区对自身需求的各种不满足，而非从自我做起，从自我出发，没有把自己当成社区的真正主人，对社区缺少认同感。在这种思想观念的影响之下，社区居民对社区是排斥的，居民就不会致力于社区建设，社区就缺少凝聚力，长此以往，社区就会遗留大量的问题无法解决，问题无法解决，社区居民更为不满，问题就会更多……如此就会导致恶性循环，社区不会发展，社会也不会进步。

综合以上城市社区基本情况的介绍，东北城市社区建设取得了非常大的进步，社区发展已经逐渐走向正规化、正轨化。但要一分为二地看问题，东北城市社区在迅速发展与进步的过程中，还有一些旧有的问题没有彻底解决，更有很多新出现的问题需要进行进一步的探讨。总之，从东北社区建设现状来看，对社区未来发展来讲，东北社区有其自身的建设与发展特点，社区目前状况既有优势，也有劣势，虽然东北的城市社区也不断地尝试进行社区改革，建设社会管理模式，但还需要借鉴成功的经验切实加强社区建设，以促进社会管理发展。

9.5 东北老工业基地城市社区建设的特点

东北的城市社区建设在这十几年里发生了迅猛的变化，与其他省市相比，东北地区的工业化、城市化进程发展较慢，农业生产在东北经济发展中占据很大的比重，东北经济发展较慢。相应的，东北的政治环境良好，但具有刻板、守旧的特点，不能将政策加以灵活的应用，没有发挥出政策的积极效应。文化上，东北属于典型的移民文化，文化基础弱，不具有文化领先的地位，虽有知名综合院校在文化建设上起到了重要的作用，但在文化创新上还存在很大的局限。在这样的特有的社会经济、政治、文化背景下，东北的社区建设有其自身的特点，以 C 市为例，其特点主要表现为以下几个方面：

9.5.1 政府支持力量尚不充分

政府在社会管理与社区建设过程中起着关键性的作用，特别在东北地区，政府的作用更是不可忽视。C 市社区建设的进步也主要依靠政府的推动与政策的引导，C 市政府每年都会认真研究本市的社区发展状况及存在的问题，同时结合实际提出进一步发展的策略。例如，C 市计划在 2016 年更进一步推进幸福社区建设，其中提出创新社区服务内容和方式，运用“互联网 + 社区”的方式，开发探索电子商务、物流配送、金融理财等新的服务项目。

但是，C 市政府支持力量还不够充分，还有进一步挖掘与利用的空间。第一，这种支持主要依靠“自上而下”的推进，缺少“自下而上”的渐变。社会真正的发展变化是基于社会基本生活的发展变化而产生的，社区自身随着社会发展已经发生了变化，但没有迅速地做出反应，而是在"等着"政府的推进，这就会出现新变化与推动力的脱节，就会出现社会问题。对此，政府可考虑通过社区工作，迅速地感应到社区的发展变化，而即时做出反应，让变化与推动同时发生，问题便不会有产生的空间。第二，社区在法律上被界定为自治组织，但实际上承担了大量的政府职能，既然无法离开政府的支持，则应该让社区发挥主动性去寻找与利用政府的力量。社区实际建设过程中，看到更多的是政府给社区分配任务，社区在执行政府的职能，社区是被动的。政府一直在提倡权力下放，在下放时真正应该做到的是主动权的下放，把主动权放给社区，让社区充分利用政府的资源与政策进行服务才是根本之道。这是目前政府支持力量还不够充分之处。第三，政府自身支持力量还可进行进一步的挖掘与利用。政府借助社区开展工作，社区利用政府力量提供服务，但在C市社区建设中，政府的支持力度还可以更大一些，让社区工作无后顾之忧，主要体现在社区服务资源进一步支持、服务人员待遇和地位进一步支持、专业服务提供（特别是专业社会工作服务）的进一步支持等，都有进一步挖掘的空间。

9.5.2 单位制背景影响深远

东北三省属于我国的老工业基地，国企在其社会发展中起到了举足轻重的作用。C市作为其中的城市之一，单位制的影响也同样在社区建设中充分地体现出来。在社区建设过程中，经历了单位制—街居制—社区制，居民受单位制影响的深远性远非单纯的制度改变所能解决。在单位制时期，东北企业规模大，社会互动规模大，企业成员在单位体制内充分地享受到了"单位办社会"带来的福利。这也使居民不愿离开企业，同时也排斥了外来的人员，居民相对固定。而在街居制、社区制改革时期，单位制的全方位福利性改革遇到了阻碍，脱离了单位的居民享受到的福利远远达不到企业所提供的福利，这使居民从根本上就抵制这一改革。而且，一些国企行政级别较高，政府无法对其进行领导，居民管理的改革不如说是企业管理与员工福利制度的一次改革，首先必须得到企业的接受，这种改革才可进行下去。而这一改革对企业来讲并没有实质性的好处，单位制改制便无实质性的意义，企业并不会积极主动地去推进这一改革。因此，在C市社区建设中，单位制的影响是深远的，制度的变革是缓慢的，大量的居民还依赖于单位资源，国企又占据大量重要资源，国企态度的不积极，使社区建设推进缓慢。而国企改制后，经济效益不佳，企业又没有太多的资源支持社区建设，社区发展停滞不前。与此同时，一些地方社区管理成功转型后，也没有摆脱单位制的影响，很多社区的发展仍然要依靠驻街单位，这样就出现了“逆非单位化”现象。综上，单位制在东北老工业基地的影响至今仍然存在，对社区建设来说，不利于社区的独立与自主性服务。企业以经济效益为第一目标，居民与社区发展如果过度依赖企业，当企业发生经济危机或体制变革时，居民利益将受到根本性伤害。东北的社区建设与社会管理必须对这一社会发展背景进行充分的考虑与研究。

9.5.3 社区管理仍具科层性

我国城市社区基层管理体现为“两级政府、三级管理、四级网络”，社区自然而然被纳入社会管理的最底层，并且执行各层管理的任务与命令。C市社区也是如此，被层层政府部门严格管理，社区的自治性无法实现。严格的等级管理使社区在这一管理体系中，一直扮演着“被管理者”的角色，且在层层管理之下，无暇关心居民的需求，只表现为对居民的政策执行性管理，这种信息不对称的结果导致居民需求与管理内容脱节的现象，社区的本质意义也就丧失了。这几年来，C市社区建设中也意识到了这一问题，开始注意“权力下放”给社区，并尽可能地减轻社区的负担，让社区转向居民需求的满足服务。但事实上，社区的管理科层性仍然大量存在，为居民提供的服务也是政府管理模式下的服务，社区的自由性会受到种种的限制，“根据需求提供服务”变成了“根据政策导向产生需求”的奇怪现象。这种社区管理的科层性严重阻碍了社区建设，特别在东北政治环境灵活性差的背景下，这种羁绊会更为严重。

9.5.4 社会组织与社会资源挖掘利用不到位

社区不是“万能油”，在面对社区居民需求，解决社区问题过程中，并不是所有的问题都由社区来解决，所有的需求社区都能够满足。社区一个重要的职能就是进行“资源链接”，充分挖掘社区内外的资源，为社区内的发展需求提供链接服务，达到满足需求、解决问题的目的。在社区提供服务时，一个重要的可借助的力量就是可提供各类型服务的社会组织。政府无力解决或无力提供的服务，便可由这些社组织来完成。社区自身无法提供的服务也可由社会组织来完成。但在C市实际的社区建设中可以看到，社会组织的利用率非常的低。这一方面是因为单位制的影响，另外一方面也是因为J省社会组织不够发达所致，还有则是社区还没有这方面的利用意识。除了社会组织的利用不够充分外，社区对本社区内外的资源挖掘也不到位。居民中资源调动不够充分，社区自身能解决的问题却无法应对，不得不依赖于其他资源，这是资源的一种浪费。社区外部资源同样如此，社区建设中，各个社区都在努力推进本社区改革，往往忽视了社区外资源的发掘与利用，更别提社区间资源的合作与利用了，这同样是一种资源的重复与浪费。

9.5.5 社区定位不够准确

随着近几年国家与社会的不断推进，社区成为社会建设主要立足点，国家也从政策、制度上给予大力的支持，社区重新成为社会发展的前沿阵地。在这样的情况下，一方面要大力推进社区建设与发展，另一方面则要切实反思社区在社会建设中的地位与作用，应该如何对社区有一个准确的定位。东北的社区发展目前已有了长足的进步，但在不断前进的同时，却缺少对社区自身的反思，东北的社区定位还不够准确，这会阻碍东北社区的建设与发展。具体来讲，社区本为居民自治组织，但长期处于政府干预之下，社区的工作内容主要由街道办事处下派，逐渐成为政府的喉舌。社区的自主性降低，工作只可能表现为自上而下，而非自下而上的方式。居民的真正诉求得不到满足，社区成为脱离群众的社区，解决的问题也往往是“擦边球”——与居民利益有关系，却没有切中要害。因此，东北社区发展到现在，看到社区在进步，却看不到居民与社区距离越来越近。社区从自身性质来讲，必须本着居民的切身利益与需求，它的工作内容应该关注居民的日常生活，帮助居民充分利用各界资源，改善居民生活质量。

9.5.6 现有的社区建设对社区未来发展有利有弊

东北老工业基地的社会发展背景，使东北的社区建设具有其独有的特色。综合来讲，东北的社区建设发展到目前，对社区未来发展有利有弊。东北传统老工业基地发展，造就了东北社会邻里之间互助、友爱、和谐的氛围，更强调邻里之间熟人社会的建立，这有利于在进一步的社区建设中，团结社区居民的力量，共同完成社区建设，也更有利于迅速推进社区活动，让社区居民更充分地参与到社区建设当中来。但是，与此同时，社会在发展，经济与科技高度发达，传统的邻里式的管理模式已远远满足不了居民的新要求与新愿望，居民更希望有一个高效、迅速地解决问题的途径，居民也更希望多渠道、多方式地参与到社会管理与社会建设中。经历了这样的变化，在未来的东北社区建设中，一方面要借助传统优势，迅速团结居民、整合资源，另一方面则要与时代发展相适应，尽快寻找到高效快捷的社区管理模式，满足居民不断增长的需求。

第10章　以城市社区建设为视角的社会管理模式的影响因素研究

东北的城市社区建设已经有其良好的运行模式，由最初的社区建设发展到现在的社区服务，社区的根本职能与性质都没有发生变化，社区建设与发展的最终目标都是为了社区居民的基本福利的实现。我国社会发展迅速，社会结构发生了重大的变化，社会福利与社会保障模式也随之不断地进步与发展，例如社区居民委员会的选举与建设更加民主化，社区积极利用各种资源，与各种机构合作，为社区居民提供全面的服务。社区为居民提供“一站式”的社会生活服务，方便居民问题的解决。社区还承担了大量的居民矛盾与冲突的解决，切实保障居民的利益。但在不断发展的过程中，仍然存在一些问题需要在未来的发展中给予解决，并且要用历史的和发展的眼光分析问题出现的原因，确定未来的发展方向，这样才能有的放矢地继续社区的发展与进步。

10.1 政府对社区建设的影响因素研究

政府对社区，一直存在的问题就是没有正确理解二者之间的关系形式，没有找到二者的正确定位。社区发展建设过程中，政府的角色一直很微妙，一些人认为政府时时刻刻在控制着社区组织，社区组织完全是为政府工作的；一些人认为社区就得依靠政府而生存和存在，从资源到发展机会，脱离了政府社区没有办法进一步的发展；还有一些人认为居民在社区工作中是一个弱势群体，是一群被管理的对象，居民服从了社区管理，政府自然会为居民提供基本所需……归结起来有一点，即很多人认为社区发展“行政化”严重。之所以会对社区产生这样的印象，一方面有行政化问题的存在，另一方面，也是最主要的原因，就是没有正确理解政府与社区之间的关系，特别是没有在我国社会发展背景下正确理解政府与社区之间的关系。首先，社区的居民自治组织的性质在任何情况下都不会发生变化，否则就无法被称为社区。其次，在政府与社区之间的关系上要有双向的分析视角，社区在发展过程中，必须以政府未来的工作发展方向为背景，并且要有效地利用政府的资源与政策推动社区的发展与进步。在资源利用过程中，社区是自愿的，不存在对政府的全面服从。同时，社区也要结合居民所需，为社区居民提供各种具体服务。社区对上而言的政府，会协助政府完成一些行政任务，并且把政府的资源利用起来；社区对下而言的居民，则会以社区居民需求为目标，为居民提供各种具体服务。社区在具体的工作中起到政府与居民的联结者，社区会把居民的意见与需求转达给政府，同时也会把政府的政策法规推广到居民中，让居民能够明白、理解并接受这些法规政策。社区就像是政府与居民之间的“润滑剂”，让政府与居民之间的关系更加融洽，政府与社区同样都是为居民服务，居民都需要社区与政府的管理，相互之间是缺一不可的。

10.2 社区自身定位对社区建设的影响因素研究

10.2.1 社区居民未能参与到社会管理中来

社区是居民自治组织，是居民进行自我管理与服务的组织，社区应该由社区居民参与其中，有效地参与本社区的发展建设，进而参与到整个社会的发展中来。东北的社区与很多地区的社区一样，存在着一个基本的问题，就是社区居民并没有参与到社区管理与社会建设中来，社区仍是由一部分人以政府派出机构的定位进行社区管理，居民是社区管理的对象，而没有成为社区的管理者和参与者。这样，居民不会在社区工作中积极发挥主动性，对社区与社会建设也不会有太高的热情。居民在社区工作中的参与性不充分，社区与社会的管理主要还是依靠政府与社区工作人员，居民的潜在能力未能得到发挥，就会形成问题不断出现，解决问题的人参与度小，问题或者未能解决，或者解决得并不尽如人意。长此以往，就会形成一种恶性循环，社区问题仍然存在，居民需求无法满足，社区的认可度低。社会管理的一个最有效的方式就是进行社区管理建设，社区作为居民和国家管理者的中间机构，应起到承上启下的作用，把居民的力量输送上去，把上面的政策贯彻落实下去，社区就是政府与居民的缓冲器，它不应由政府专门管理，也不应由居民随意执行，而是由政府与居民共同参与，政府做引领性的指导工作，居民则通过各种形式参与其中，表达自己的意见。这样，上下协调通顺 ，社会发展才会更和谐。

10.2.2 社区服务求大求全却缺少居民需求满足的针对性

通过对东北一些社区的走访，暂且不提各个社区存在的具体问题，单单从简单的参观过程就发现，各个社区“五脏具全”，不管各个社区的具体情况如何，也不管每个社区是否需要这样的机构，在各个社区建设中都会设置相关的机构。一些社区因办公面积太小，就把多个职能部门放在一个办公室里，门口挂了好几个牌子，但是具体的工作却有点差强人意。另外，社区在发展建设过程中，各社区重点学习的往往是社区建设的样子和基本工作模式，而把居民最基本的需求——服务需求放之脑后。东北社区建设发展缓慢，“街居式”的管理仍很明显，社区自主性欠缺，社区管理者的整体素质有所提升，但仍然缺少专业社区工作者。社区工作的理念仍停留在发现问题—解决问题的模式上，缺少发展性的眼光与工作计划。社区发展不是社区建设得大而全，而在于社区服务的精和准，在于居民需求满足的针对性和有效性。对居民的服务才是社区组织的本职工作，抓住这一本职，提供种类繁多的、高效率的、高质量的服务才是社区进步的重要模式。

10.2.3 居民公共空间建设不发达

对于东北的社区来讲，由于受到气候以及地域文化的影响，居民互动交流的方式与时间非常的少。漫长的冬季使得集体性的活动大大受限，少部分互动性活动转移到室内，这就需要一定的公共空间。即使在其他季节，居民想要互动，实现居民间的有效社会交往，也同样需要公共空间。从社区发展与建设来讲，公共空间建设是否符合居民需求，是否能够被居民充分利用也是社区建设程度的一个重要的标志。居民通过公共空间的各种交往，充分熟识，并能够对社区问题与社区建设互相交流，提出需求与意见，培养对社区的认同感与归属感，有利于社区发展团结性，促进社区迅速有效地解决具体问题。但从东北的社区建设来看，居民公共空间建设不发达，并没有得到足够的重视与利用。公共空间既包括社区提供的室内空间，例如一些居民活动室、学习室的建设，也包括室外的标志性建设物或大面积活动场所的建设，例如喷泉、凉亭、健身场地的建设等等。目前，东北的社区基本可以保证室内活动室的提供，有些社区条件较好可提供较大的场地，并且专门用于居民的活动；有些社区条件差一些，也会尽量提供这样的场地，但可能时间不自由，例如一些会议室，没有会议时才会变成活动场地。而对于室外的公共空间，则主要依靠各小区物业的建设，很多社区则在体委的赞助下，建设了大量的室外健身器材。但这些公共空间的提供远远满足不了社区居民的真正需求。公共场地的使用，特别是社区室内场地的使用往往是社区中的一些固定人员，不足以实现社区居民的有效交流和使用。社区建设过程中，公共空间的建设并没有成为社区发展建设的重点，其意义与对公民管理的凝聚性作用还没有被重视，也不利用社区领袖对社区居民的真正了解与建立有效的工作关系，居民之间相对封闭，也不利于社区事务的参与和管理。

10.2.4 重视硬性建设，忽视社区空间软性建设

东北的城市社区建设迅速，发展较快，发展几十年来变化较大。最明显的变化就是社区的硬性建设发展迅速，从办公条件到为居民服务的条件，从服务环境建设到服务职能建设都越来越全面，居民可以迅速舒适地享受到社区服务。城市社区空间的软性建设也变化显著，最明显的莫过于社区的管理者由“老大妈”变成了“小鲜肉”，领袖与服务的提供者越来越年轻化，知识水平越来越高，服务能力越来越先进。这些社区建设与变化都是有目共睹的，但结合社会发展需求来分析社区的软硬性建设，发现社区仍然是重视硬性建设大于软性建设。硬件性建设一般是指社区运行过程中所需要的硬件要求，例如办公环境、办公工具、居民所需要的公共空间建设等等。而软性建设则一般是

指社区工作人员能力的体现，例如专业知识水平、服务能力水平、创新能力发展程度、服务提供的效果等等。国家注重社区的建设与发展，投入了大量的资金建设，也给予了很多的政策支持，东北的城市社区硬件条件越来越好，服务水平与便利度越来越高，居民在享受服务时能保证享受到舒适的环境。而软性建设上，也在努力促进社区人员的专业素质，鼓励参与社会工作专业的培训，参加社会工作师的考试，鼓励去先进的社区进行学习深造等等。但在具体的服务过程中，专业性与先进性并没有真正地发挥出来，社区工作者的专业素质并不高，参加学习与考试，其过程较短，社区管理者并没有真正地吸收专业知识，无法用专业的方法与素质对社区进行有效的管理，为居民提供专业的服务。所以，社区的具体服务性活动与具体服务水平就会停滞不前，社区无法进步与发展。当然，这也是与社区和政府的支持力度直接相关的，专业人才的引进与其作用的发挥，将是社区未来软性建设的重点。

10.2.5 社会管理的研究与操作缺少专业性

东北老工业基地的社会发展、社会建设与社会管理在改革开放后取得了长足的进步与丰硕的成果。社会管理中的社区管理更是进步明显，从居民生活出发，为居民谋福利，居民的生活得到了巨大的改善，居民的很多问题都可以足不出户地得到迅速的解决。但东北的城市社区工作经验虽然丰富，总结归纳起来还是不成体系。其中最重要的原因就是社会管理的研究与操作缺少专业性。与非专业性的研究与操作相比来说，专业性的操作更容易形成一个有效的体系，对以后的工作过程进行专业的指导与总结，在实践过程中更能够获得有效的经验进行分享与推广。与此同时，由于缺少专业性，很多具体问题无法从源头上得到解决，问题解决不彻底，便会阻碍社会发展与进步。这种非专业性既表现为工作人员的非专业性，也表现为管理方式方法的非专业性。其结果则是社会发展过程中走了很多的弯路，问题得不到有效的解决，未来社会发展没有规划与计划，不利于社会成员基本利益与需求的满足。社会管理专业化实施是一个方面，更重要的是对实施过程要进行专业化的分析与研究，得出专业化的研究结果以确定未来社会发展的方向。现在的社会管理已经越来越重视专业性建设的问题，强调相关专业的引进与指导，从更加科学的角度安排与提供社会服务，居民的满意度更高，社会发展更加系统化。但目前与专业化要求下的社会发展还存在一定的差距，还有更大的空间完成与实现专业化程度，还有很多问题需要专业化的技术手段去解决。

10.2.6 社会进步与发展缺少居民的主动性与创新精神

社会体系是由全体居民共同构成的体系，而不是由少数的管理者构成的体系。因此，在进行社会管理过程中，居民必须参与其中，发挥主动性去进行社会管理，通过自身的行动，在社会管理的进程中发挥社会一员的作用，这样的社会参与才是全面的，社会进步才会顾及每一位社会成员的利益。社区是居民自治组织，是为全体居民代言的，它更应该能够代表居民的意愿而在社会管理过程发挥重要的作用。但其前提是社区能够得到居民的接受与认可，居民在社区建设规划过程中参与度不够，主要表现为居民不去主动行使自身的权利，不关心所在社区的发展，无事不去社区，觉得也没有需要社区的地方。社区组织的各种活动几乎都是由固定的几个积极参与者来完成。社区都设有居民议事厅，居民可以参与社区重要事情的管理与会议，但居民的参与者少之又少，居民议事厅的意义缺失，居民与社会管理建设严重脱节，居民的需求不能够正确地表达，反过来，上级部门的一些政策性的传达由于人员的缺失、有效路径的阻断而不能够迅速地传递给社区居民，由此双向互通方式被终止了，群体与居民的诉求就得不到重视与改善，社会进步不能够迅速地实现。更重要的是，社区要发展，就要不断地结合社会现实进行创新管理，单单依靠社区与社会的少数管理者进行改革也是不现实的，发展速度慢、发展方式僵硬老化、工作方式陈旧等等，对这样的社区，社区想要进步与发展，必须建立起社区居民的积极性与主动性，并在社区事务参与的过程中发挥创造性，把社区切实地利用起来。

10.3 其他相关社会组织对社区建设的影响因素研究

其他能够参与到社区建设的组织包括社区外的各类组织，还包括社区内部的相关组织。这些组织在社区发展过程中参与的程度并不高，最主要的是社会资源未被积极的调动起来。社区是社会结构中的基础单位，我国的社会管理就是以众多的社区管理为基点，对社会成员进行有效的管理与服务的。由社区到社会，由点到面，每一个社会成员都处于社区运行之中，是社区中的一员，也是社区建设、社会发展的一个成员。而社区要发展与进步，在我国的社会发展形势下，一方面还是要依靠外来资源的支持，主要是政府、各类组织和各类项目基金等等；另一方面最重要的还是依靠社区自身资源，充分挖掘社区内的个人、组织团体的资源并充分调动利用起来，解决社区自身问题，发展社区建设。而目前吉林省的社区建设与管理过程中，还存在一个很重要的问题，即社会资源挖掘深度不够，社会资源未被积极的调动起来，社区还是被动地等待发展任务，被动地接受资源去解决社区的问题。“等、靠、要”一直是社区发展过程中存在的一个障碍。现代社区的资源丰富，社会的管理模式也更能发现丰富的资源，但社区对资源的敏感性太弱。例如，调研中发现 JD 社区，陷入了社区发展困境，经了解，该社区遇到的最大的障碍就是有活动、无人员，活动过程中居民的参与性不高。经过进一步的了解与研究，发现 JD 社区其实有很多的资源可以被利用起来，社区旁边紧临高等院校，学校里的学习资源、志愿者资源、学术专家的资源等等都可以被利用起来。同时，高等院校同样也可以充分利用社区资源，在社区中建立调研实习基地。而且，社区自身也具有很多的资源，社区中的居民文化水平都较高，并且也愿意参与到社区管理中来，只不过社区并没有对相应的活动进行广泛的宣传，社区居民信息不畅通，也不知通过何种途径参与到社区活动中来。类似于 JD 社区这样的情况在东北不在少数，社区各类组织资源的调查与有效管理也需要一定的周期，因此，很多社区管理者并不会把工作放在社区资源的挖掘与调动上，很多社区问题解决过程中就会困难重重，这也是社区发展并没有达到预期效果的原因。

10.4 社会政策对社区建设的影响因素研究

10.4.1 社区建设缺少科学的发展规划

东北三省发展迅速，变化较大，无论是从社区硬件的配置上，还是从软件人员的素质提升上，社区都发生了翻天覆地的变化。但是细究这些变化，更多的是对有经验社区的模仿，或者变化仅仅集中在其中的几年，从整体上来看东北的城市社区发展缺少整体性与规划性，各个社区发展不成规模，参差不齐。社区缺少科学的规划，一方面社区在解决本社区问题时只能解决一时的困难与冲突，却不能长久地发展下去；另一方面，社区会有短时的迅速发展，后期发展则缺少动力。从东三省的社会发展与进步来讲，由于社区缺少科学的发展规划，整个社区发展就会有快有慢，有发达有落后，东北的社会进步就会时时被发展步伐太慢的社区拖住，社会发展整体就会缓慢下来，这也不利于对当今社会大环境的适应。发展规划不是一时兴起的发展计划，也不是眼前问题的迅速解决，而是必须与社会整体发展背景相结合，运用发展的眼光，结合社区特点进行规划和设计，制定出相应的制度与政策。东北的社区具有地域特色，社区要发展，必须借助科学的手段进行专业的规划和设计，才能促进社会整体的迅速发展。

10.4.2 社会历史发展的影响

东北的移民社会的历史与老工业基地的背景，对东北城市社区的发展有着重要的影响。移民社会的历史，使得城市发展过程中经济基础薄弱，文化底蕴薄，缺少丰富的文化凝聚力，缺少社会发展经济力量支持。新中国成立后，社区建设过程中，移民社会的弊端表现得更加明显，社区居民既缺少文化聚合力，也缺少丰富的家族力量的支持，城市居民呈现出整体涣散的特点，团体性活动缺失严重，制度性建设更是不够全面。同时，社区管理者也受这一特性的影响，不能迅速掌握先进的社会文化，也不能借助家族力量开展管理性工作。而且，东北地区是我国老工业基地，再结合老工业基地的发展历程，东北三省的发展重农重工，服务性行业的发展更是迟迟得不到推进。老工业基地的转型给了城市社区发展良好的契机，也使城市社区建设表现出很多问题，其中的"单位制"的影响较为深远。社区居民"等、靠、要"思想严重，对单位依赖过强，由"单位人"转为"社区人"之后，仍然被动等待社会服务，主动参与社会管理的积极性缺失，再加上社区受传统管理方式的影响，承担了大量的行政任务，因此，对政府与单位的依赖性过高。例如C市汽车厂中的一些社区这一问题表现得尤为突出，即使原来由汽车厂统一管理的社会服务已全部转给了各个社区，但在这一区域里开展服务的社区工作仍然大量的依赖汽车厂，没有汽车厂的单位支持，社区运转与发展就会出现问题。还有其他的一些高度依赖工厂的社区也同样表现出这一特点。东北的社区发展正在走向独立化，但其高度的行政性依赖仍持续存在，社区的发展还要依靠政府和单位，历史遗留下来的制度性的发展特征决定了东北城市社区发展的东北特性。

10.4.3 社会进步与社会基础性秩序建设不匹配

社会发展与进步必须与社会基础性秩序建设相匹配。东北社会发展迅速，生活交往方式发生巨大的变化，生活节奏加快，发展的社会更需要有效的秩序规范，这样社会成员才能体现社会意义与价值，并能够更加充分地发挥相应的角色与作用。城市社区随着社会的进步由社区建设阶段进入了社区发展阶段，社区应及时调整自我的角色，由社会基础性秩序性建设阶段进入秩序维持与促进发展阶段。社会进步必须配套先进制度的管理，社区进步必须配套先进的社会基础性秩序。东北的社区在发展与进步中，往往过于关注发展表面性的社会建设，例如硬件设施、专业人才的引进等等，而社会基础性秩序仍然是行政性的等级式管理，这不能够满足现代社会发展的需求。现代社会中，人与人的关系、组织与组织的关系更加民主与平等，特别在居民自治性质的社区组织，以社会服务为核心，只要能够为居民提供专业有效的服务就达到了社区的根本性目标。社区中的工作者在服务过程中与服务对象是平等的，不再是专家的身份，不再是指导者的角色，工作者在服务过程中是充分尊重服务对象的意愿的，工作者是合作者与协调者的角色。社会运行过程中会调整各不同社会角色之间的关系，与社会进步相适应，基础性秩序也要不断进步，才是社区的本质性发展，这也是社区发展一段时间之后能否再突破的因素之一。

社区的问题表现于多方面，其原因也是多重的，社区要实现有效的社会管理升级，有效的社会服务升级，只有从社会、组织、个人多层面、多视角地认识与了解社区，并与社会发展相适应，把社区管理当作自身的责任与义务，参与进来，发挥相应的管理性作用，社区组织的意义与重要性才能够突显出来。问题总是对应原因的，原因清楚之后就要找到对的、有效的解决问题的方法。

第11章　以城市社区建设为视角的社会管理创新模式升级设计

回顾城市社区发展历程，是为了找到社区发展过程中存在的问题并分析问题产生的原因。而要解决具体问题，促进社区发展则要立足于社区发展现状，设立社区未来发展的目标。因此，根据社区发展中存在的问题，以及对问题原因的具体分析，结合社区发展的具体现实，进行城市社区建设需要考虑从以下几个方面入手设计：

11.1 以社区建设为基点的社会管理模式

11.1.1 社区工作要以为社区居民提供服务为核心

东北城市社区的社会行政性较强，甚至要远远高于其他省市的社区。社区建设到现在，早已经过了最初的艰苦摸索阶段，而进入了有效建设阶段。此时，社区工作的重心就应全面转移到为社区居民提供各种服务。人在社会化过程中，家庭、学校、单位和社区都是最为重要的社会化场所，也是人们赖以成长的重要环境。社区的发展会影响社区中的每一个家庭以及家庭中的人，社区就是要为社区中的成员提供日常生活中的所需，并帮助居民解决所遇到的问题。社区是居民社会化的重要场所，离开家庭最初接触到的就是社区，社区影响着其中的居民，居民也会影响社区的发展。社区的形成最终就是为了社区居民提供各种社会服务，社区工作就应以提供服务为核心，开展各种具体工作。

以服务为核心的工作开展应时刻以社区居民的利益需求为先，本着实现居民自治，解决社区问题，发掘社区资源为目标，要对社区及其成员需求做长期的调研工作，更要充分了解社区内外部的资源，利用资源解决社区问题。所有的工作就是为了向社区中的不同群体提供各种具体服务。社区提供的服务不在于是否亲力亲为，而在于如何有效沟通与协调资源，实现各种服务，让社区居民在服务中真正受益。解决社区问题之余，要正确把握社会发展方向，提升服务内容与质量，提高居民自身的能力，挖掘居民的潜能，让社会成员通过社区服务，充分实现社会化，并促进社会进步。

11.1.2 网络化、科学化的社区管理

就社区发展与建设来讲，跟随时代的步伐，不断创新工作方法与工作理念，适时运用现代社会的先进工具是发展的必然。我国网络化时代已经到来，社区工作在学习西方、引进西方的同时，还要不断地运用现代化的武器武装自己。这与传统理论的学习和引导并不冲突，现代良好方法的加入会使经典的理论更能体现出精致的理论魅力，发挥其专业性的作用。所以，现代城市发展要求城市社区建设实现网络化、科学化的社区管理。

具体来讲，实现网络化、科学化的社区管理，必然要面对在场与缺场（网络）的转换，并处理好二者之间的关系。在场与缺场主要是指社区工作者与服务对象之间的关系，可以是在同一时空下开展各项服务，也可以借助网络不在同一时空中实现服务过程。其实在讲到在场与缺场时，想要实现服务的有效开展，需要借助一个最为有效的媒介，那就是公共空间。无论是哪种情形下，只要找到公共空间（可以是具体时空点的，也可以是虚拟共同话题），工作者与服务对象便可在公共空间中产生交集与互动的可能，服务也就有机会得以实现了。以前的公共空间更强调社区居民的共同活动区域建设，比如活动室、广场、标志性建筑等等。网络迅速发展之后，公共空间也可以实现虚拟化的交流，同样能达到居民互相交流的目的与目标，同时更有助于居民更多权益的实现。例如利用网络实现迅速的社区问题反馈与回应；利用网络实现信息的有效传达与活动的有效宣传；利用网络更好地传达上层政策与反映下

层需求；利用网络更好地实现监督与管理……网络的使用必然会更加快捷方便地实现社区工作的有效服务。

实现网络化管理的同时，科学化的社区管理同样重要。网络功能较多，但也存在弊端，为避免一些不必要的问题出现，除了加强监督管理之外，最有效的方法便是实现科学化的规划与管理。这样，在科学规划之下，网络并不会成为社区管理的主要控制力量，而是成为社区建设的工具力量。社区工作科学化管理，让社区工作变得有规律可循、有依据可讲，所有的社区工作都可实现有理有据、有缘起、有目标的科学工作过程，网络的夸大不实、语言暴力等弊端便可避免。因此，实现社区工作的网络化，必须同时建设社区工作的科学化，二者相辅相成，才能达到最理想的社区发展目标。

11.2 以政府服务为内容的社会管理模式

11.2.1 政府应切实为社区减负

社区负担过重，是东北城市社区普遍反映的问题。各种任务指派、下放给社区，使社区应接不暇，社区成为完成任务的终极服务者，而社区最本职的工作——社会服务则无力提供，社区工作本末倒置，社区的本质意义缺失。所以，目前要想进一步促进社区建设，首要的任务就是要切实为社区减负，把社区从繁杂的任务工作中解脱出来，回归社区自治的本质，让社区成为现实中的社区，而非理论中的社区。

在研究中发现，所有的社区无一例外地每天都在做着本职以外的工作，有些条件好一点的社区，会把社会工作人员分为两部分，一部分是为了迎接各种检查和任务而进行工作，另外一部分人则去社区中进行走访和管理性工作，即便如此，社区的直接反应也是力不从心。为减轻社区的负担，首先要明确社区的自治性质，它是社区居民自我管理的组织，而非行政机构；其次，落实各个不同任务应由不同职能部门来完成，社区可以实现一些协助性工作，但具体任务落实可由各不同职能部门派专门人员来完成，同时要付给社区相应的协同工作的费用，用于社区的服务与建设；最后，可以考虑将一些工作进行整合与打包。例如，现在各个区的民生服务中心的成立就为社区减轻了很大的负担，一些职能抽回到原有的部门，在统一的服务中心按不同的窗口提供服务，一方面社区可以从这些职能里脱离出来，另一方面也方便居民，实现日常生活事务的“一站式”服务。除此之外，也可以考虑几个部门将各自的任务需求打包给社区，社区在保证自身职能顺利完成的情况下，选择承包或不承包，如果同意承包此任务，则这些部门需付费给社区，用于社区建设。社区减负并不是单纯地减少或不作为，也可以转变思想，进行有效承担或转移任务。但最终要保证社区本职性工作任务的高质量完成。

11.2.2 明确政府的主体地位与责任

在我国的政治经济环境下，无论是进行社区工作，还是其他的社会工作，政府在其中的重要作用是绕不开的重要主体。社区工作的开展与进行必须在政府的大力支持之下，其推动意义会更加重要。社区工作是为居民解决具体问题，以居民自治的形式存在，表面上看起来是居民自身的发展问题，但实际上，我国国家与社会的发展都是建立在社区建设基础上的，政府与国家必须密切关注与大力支持社区发展，社会才能稳定。所以，归根结底，政府在社区工作中具有绝对的主体地位，并且负有重要的责任。

社区建设与发展过程中，政府是资源支持与政策支持的主体，为社区建设提供安全的政治经济环境，社会保障制度建设为社区提供充分的保障，社区工作一方面在推行社会保障制度，实现人们的社会福祉，另一方面也在依靠国家资源与保障制度实现自我有效地发展。二者相互依靠，互相促进。我国的社区工作虽然带有强烈的行政性色彩，受政府控制较多，但这也是有利有弊的，社区的自由性发展多少会受到一些限制，但能够保障社区居民的基本需求，使社区发展与建设无后顾之忧。同时，国家与政府从全国大格局中考虑具体的社区发展政策，具有良好的发展意识，反而有利于引导社区长足地发展，更能持久地发挥社区应有的作用。因此，从目前的政府与社区之间的关系来看，社区工作者更应该考虑如何有效地利用政府的资源与有利政策来发展本社区，要明确政府在社区发展中的主体地位，更要明确政府在社区发展中的重要责任。政府为社区发展提供良好的环境，为社区发展指明发展方向，为社区发展提供各种充沛的资源，为社区发展解决后顾之忧。社区离不开政府的工作，政府也要做好社区发展的促进者，出台更多有利于社区进步的政策，政府领导者更全面地认识与理解社区工作的重要意义。

东北三省是农业大省，是老工业基地，正在面临社会转型与改革，这就更需要政府从更为宏观的层次上对社区的发展做出规划与建设。东北的社会工作发展较晚，专业化程度低，社会工作发展一直在向南方发达城市学习与模仿，这是否适合东北的社会发展环境与居民需求，还需要依赖于政府的监督管理工作，通过政府层面的工作效果，考察这种引进来的专业社会工作发展形式是否适应东北的土壤。总之，东北的社区工作发展在很长时间里还是脱离不了“政府”这个重要的拐棍的。

11.3 以资源合理利用为目标的社会管理模式

11.3.1 与研究机构合作实现社区服务专业化

社区服务专业化到底有没有必要？在长期的社区建设过程中已被证明，只有实现专业化，社区的作用与职能才能够长久地发展下去，才能够更有效率地迅速解决具体的问题。东北三省是文化氛围浓郁的三个省，有很多的高等学校与科研机构，这对城市社区发展来讲具有得天独厚的优势与资源。研究机构对社会服务的研究有其独有的视角与分析方式，研究也是基于实务进行理论分析与解读的，而社区在偏重实务问题解决的同时，更应该借助科研机构的力量进行经验总结与理论提炼，同时借助科研力量，实现服务的专业化，能从根本上解决问题，能够更长远地促进社区的进步与发展。社区工作与科研机构的合作是双赢的合作，互惠互利的，通过合作互相促进。

社区与研究机构合作实现社区服务专业化可以通过以下三个渠道实现：一是社区借助研究机构的力量指导社区工作的具体实务。C 市 DZ 社区，一直在与高校和科研机构合作，通过聘任的方式、合作服务的方式、志愿者联合的方式与相关领域的专业人士、专业机构共同研究社区问题，从专业角度不断改革工作方式，改革工作方法，提供专业服务，目前已经越来越成熟化。二是借助研究机构的力量对社区的工作人员进行专业培训，提高社区工作人员的专业素质。J省每年都会以各种方式开办各种与社区工作业务有关的培训班，对社区工作人员的工作能力进行训练。各个地方与街道还会鼓励社区工作人员参加全国的社会工作师考试，通过的人员每月还会得到一定资金的鼓励。针对不同的培训目的，聘请不同性质的专业人员提供专业的培训。三是实务与研究合作促进专业社区社会工作学科的发展。从专业的社会工作引入我国以来，研究者与实务操作者都在围绕着“本土化”的问题展开讨论与分析，专业的学科引进了国外先进的理论与方法，但在我国国情下，其实务是否会有“水土不服”的问题？是否会不适应我国社区的具体发展状况？自从社区建设与发展以来，社区的工作者与社会服务机构的工作人员运用了多种方法去解决具体问题，积累了大量的经验，也发现了很多新的问题，但社区工作者往往更注重实务上的工作，而把后期的工作总结忽略了。目前，城市社区工作已经进入了需要进一步理论提升的阶段，把经验与问题总结后实现真正的社会工作的本土化。这一工作就需要社区工作者与专业的研究人员共同完成，促进专业学科的科学性与本土性。

11.3.2 社区工作要尝试与其他专业学科的合作

长期以来，社区工作所依靠的学科表现为单一化，主要依赖于社会工作专业进行实务与理论指导。其实，更多的学科都是基于人们的日常生活为基础上发展起来的，社会学、心理学、哲学、法学等等都是社区工作经常涉及的领域。更多学科的依赖，不仅仅是为了提供更好的、更专业的服务，也是为了使社会工作的具体操作更加便捷化。同时，为居民的服务工作是一项与人打交道的工作，具有太多的人为因素与意识因素，因此，在对服务结果与服务过程进行评估的时候，便无法进行有效的界定。社会工作除了人文学科的借鉴与合作之外，也可以尝试着与理工类专业的合作。在研究过程中，结合具体的社区服务过程，发展服务的流程已经稳定下来，那么是否可以就这一流程设计一些公式化的服务模式呢？在此，仅对社会工作中的接案过程，尝试以数学建模的方式表现出来，通过公式的表达，根据服务对象具体的情况，把相关因素的数值放入公式中，工作者自然可以得出相应的操作结论，至少在这一步骤中可以实现快捷服务。具体设计如下：

拟用多步决策过程：由初始接案，在保证社区服务的前提下，经过有限步骤使得社区需求可以得到相应的服务。用状态（变量）表示接案、转案，决策表示实施过程，可以找出状态随着决策变化的规律，问题转化为在状态的允许变化范围内（即社区需求得到服务），确定每一步的决策，达到服务的目标。

模型构成：设第步骤实施前某项服务所展现的过程为 x_k, $k=1,2\cdots$，其中 $1\leqslant k\leqslant 4$ 时为急需解决的社区需求，$5\leqslant k\leqslant 7$ 时为长期规划而进行的社区项目服务，$8\leqslant k\leqslant 10$ 时为需要具体规划的个案服务。设第 k 次服务后某项服务所展现的过程为 y_k, $k=1,2,\cdots$，当 $11\leqslant k\leqslant 12$ 时为转案服务，接案时取 $x_k=1, y_k=1$，转案时取 $x_k=0, y_k=0$, $k=1,2,\cdots n$，定义二维变量 $s_k=(x_k,y_k)$ 为状态，在保证社区服务的前提下的状态集合称为允许状态集合，即为 S。

$$S=\left\{(x,y)\,|\,x_k\rightarrow y_k, 1\leqslant k\leqslant 10\right\}$$

第 k 次服务进行下去设为 u_k, $k=1,2,\cdots$，第 k 次服务终止设为 v_k, $k=1,2,\cdots$，将二维变量 $d_k=(u_k,v_k)$ 定义为决策，允许决策集合记作 D，由服务过程可知 $D=\left\{(u,v)\,|\,u_k=1, u_k=0\right\}$，所以状态 s_k 随决策 d_k 变化的规律是 $s_{k+1}=s_k+d_k$，称此式为状态转移规律。由此制定多步决策模型：求决策 $d_k\in D$，使状态 $s_k\in S$，按照状态转移规律，由初始状 s_0 态经过有限步 n 到达 s_n 状态，此时接案过程结束。

其实，很多公式化的解读看起来比较复杂，无法操作，但只要理解其中的意义就会发现，这更能方便我们对社会现象的有效理解。数学建模的方式就是就生活中的意义事件通过数学的方式表达出来。社区工作的接案工作过程无非也就是接案与转案两种模式，如果接案，则可以进行下一步的意义性操作，其程序是确定的。接案过程转化为方程式之后，工作人员把相应数据代入其中，便可迅速确定如何开展下一步工作。这只是接案阶段，其实，在社区工作操作模式确定下来之后，后面的一些工作也可以转化为具体的数学建模式公式，把社区所具有的资源代入公式后，便可确定具体的工作方案，结合实际进行微调整就可进行社区工作了。这样做并不是让专业的社会工作者无用武之地，相反，这更能够考验专业工作者的分析与总结能力。当一个社区基本问题解决之后，专业的社会工作者退出社区，非专业的社区领袖要继续发展社区，这个时候，数学建模方式的使用便于社区领袖迅速掌握社区建设的方式方法，并保证社区发展的持续性，而专业的社会工作者则只要定期对具体的社区工作进行指导，并对建模内容做适当的调节就可以了。或许，通过这样的实践与尝试，社区工作与其他的学科也能建立更有效的合作关系，更全面地促进社区的发展与进步。这里只做出一个小小的尝试。

11.3.3 充分利用第三方监督、评估组织

社区进行具体的服务过程中，除了要提供优质的服务之外，还要对这些服务进行监督与改良，这就需要对社区服务进行有效的监督与评估。在J省的社区服务中，也提倡第三方的监督评估，以求公正客观地对社区服务进行有效评价，并加以改进。但J省的监督评估机构并不专业，同时往往是服务机构的自评估或者是社区组建的评估机构对本社区服务进行监督评估，其本质意义并没有实现。因此，在今后的社区服务中，专业的评估机构的介入是一个必然的趋势，社区工作中一方面要特别注意寻找和培养专业的评估机构，而且要是脱离社区的管理建立的评估机构。专业的、第三方评估机构的介入，一方面可以实现社区工作管理的专业性。社区从服务到服务过程的监督、服务结束后的评估都可以实现专业性、客观性，服务的接受者可以放心于社区所提供的服务，并能够与评估机构进行有效的沟通，反馈服务效果，切实找到服务中的问题与服务接受者新的需求。也防止社区服务中出现自欺欺人的现象，真正从具体实务中促进社区服务的高水平与高质量。另一方面，可以进一步推进第三方评估机构的发展。J省第三方机构并不在少数，但这些机构鱼龙混杂，质量参差不齐，能够达到社会发展需求的高质量的评估机构寥寥无几。评估工作同时也在行使着监督的功能，从社会服务还未正式实施时，便已经起到了作用。评估不仅仅是对服务过程与服务结果的评估，还包括对服务机构的评估，便于建立有效的组织机构，提供高质量高效率的服务，服务过程中的人力、物力、组织建设等各个方面同样需要评估，从需求到需求的满足，从计划到计划完成后的成果回顾，时时刻刻都需要第三方的监督与评估，这样，当遇到具体困难与问题时也可以迅速得到解决，遇到新的情况及时调整计划，服务前的预测性工作也防止服务过程中走一些弯路。总之，评估不是一种简简单单的评价与衡量，它也是社会服务中的一部分，是有利于促进服务

的进步与发展的。

社区工作不是自娱自乐，它需要与多种组织合作，促进社区发展，其中第三方的监督与评估组织是必不可少的，并具有积极的促进意义。大力引进第三组织对社区来讲，对社会管理来讲，都具有积极的促进作用，可以真正通过第三方机构改革服务方案。社区第三方的引进可通过政府的专业机构引进，也可通过市场机制引进，但都要求第三方机构的专业性、客观性。甚至作为社区自身也要通过多学习，强化对第三方机构能力的判断，选取高质量、高能力的机构作为社区服务的监管机构，并提高对评估机构的要求。因此，社区与第三方机构间应是互相促进与发展的关系，并在互相监督与激励中形成良性循环发展。

11.3.4 各种社会组织的充分利用

城市社区的发展与建设单纯依靠社区自身的力量是远远不够的，市场经济体制的运行需要借助社会组织实现社区发展的目标。我国城市中，国家与政府通过各种政策大力支持与鼓励各类社会组织的建立，特别是非营利性的、非政府性的公益组织更是迅速崛起，为我国的服务福利事业的发展起到了作用。社会组织在社区发展中已是不可或缺的重要部分，很多服务社区无法实现，政府没有精力提供，有些服务即使能够提供也无法实现高质量的服务效果，无法满足居民的需求，由此，更需要有益于居民福祉实现的社会组织的迅速发展。

社会组织在社会发展过程中起着无法替代的作用。随着居民生活水平的提高，居民的服务需求越来越强，并且不单纯是基本生活意义上的需求，越来越多的是高质量的服务需求，这是社会进步的一个表现，也给国家与政府带来了巨大的压力。国家与政府，包括社区在努力满足需求的同时，更多的是面对服务需求的力不从心，从人力、物力以及组织安排上，都是一个巨大的压力。市场经济的出现则为此提供良好的平台，有需求就有市场，当高标准的需求出现时，也出现了能够提供了高质量服务的社会组织，国家与政府也意识到社会组织的重要补充与完善的意义，为了让更多的人可以享受高质量的服务，我国主要通过政府购买服务的方式把社会组织与居民需求快速连接起来，让居民既能够享受到服务，又可以以较低的成本实现这一目标。同时，服务市场的建设与完善也是政府的工作目标，让更多的社会组织能够自由地为居民提供高质量的服务。在我国的城市社区建设中，社区要想更好的发展，必须充分地利用社会组织，让社会组织与社区发展的目标一致，互相支持，互相促进，让社区更好地保障居民的基本生活需求，努力建设居民对社区的认同感与归属感，把社区的工作重点放到社区居民的精神文明建设，加强居民的团结性，增强居民对社区的投入热情。而把具体的服务性工作交给社会组织，政府协助购买服务，满足居民的服务性需求。

东北的社会组织发展较慢，刚刚进入尝试性深入发展阶段。在保障社会组织充分利用的前提下，更要研究其他地区社会组织发展的经验与教训，对社会组织进行积极有效地监督与管理。社会组织的发展还要以国家与政府的发展需求为主，在给予社会组织多种权利的同时，也要实现对各类社会组织的监督与管理，从立法到群众监督，形成对社会组织资质、能力、服务水平等等的全面管理。东北的社会组织起步晚，对东北的社区发展来讲，有利有弊，在学习其他地区先进社会组织管理模式的同时，更要结合本地特色，建设社会组织的运行方式。要把社区组织运行和社会组织运行有效地结合起来，进行有效的分工合作，全面推进社会发展与进步。

11.4 以居民全面参与为表现的社会管理模式

11.4.1 建立公正的资源分配制度

城市社区建设过程中，除了要进行必要的服务提供之外，还要有有效的制度建设，其中公正的资源分配制度是有效调动社区居民参与社区建设与管理的重要保障。在社区工作过程中，社区工作人员提出的最大的问题与障碍就是觉得居民的参与热情不高、参与度不够，认为居民在社区活动中并不会积极主动参与其中，更多的是依靠社区工作人员的指定与动员，或者依靠奖品的吸引部分居民（特别是社区中的闲散人员）来参与社区活动，社区活动的质量明显不高，社区工作者的服务性工作总是达不到预期的效果，社区居民的反馈效果也不明显，这就使得社区工作人员的服务工作积极性被削弱，如此恶性循环，社区的建设性活动一直没有办法开展起来。而从另外一个角度来看，社区当中的居民参与度不够的原因一方面是社区居民接收不到社区活动的详细信息，无法进行有效的参与，另一方面则是一些社区活动的开展对社区居民来讲没有积极的促进意义。其实，归根结底，社区对其所掌握的资源在运用过程中无法实现公正的分配，相应的人员在活动中并不能够实现目标或资源获得，社区的资源在运用过程中只是被动地分配下去，而不是有效利用。社区工作的服务对象是全体社区居民，社区居民应该在社区工作中都能够得到相应的利益或者获得有效的资源，而实际的社区工作过程中往往把为全体社区居民服务变成了部分群体问题的解决，资源分配过程中就会有所偏颇，居民参与的动力就弱化了。

目前，城市社区工作已经开始特别注意资源的开发利用，并已知道资源调动在社区工作中的重要性，这是有利于社区发展和社区管理的。但长期的社区工作开展下来以后，工作者的关注点往往由大变小，忘记了社区工作的目标与对象是全体社区居民，而非部分居民。在解决具体的社区问题的时候，确实往往是由于部分居民出现了问题或者求助于社区才引起了服务者的关注，但要想从根本上解决问题，还需要从大局考虑，从社区整体出发，在解决具体问题的同时要考虑全体社区居民的利益。弱势群体往往是社区工作者最先和最主要的关注对象，但从整体社区发展来讲，“强势群体”在社区发展过程中也是有问题有需求的，他们的需求满足同样是由社区的工作人员来提供的。对“强势群体”的忽视造成的直接结果就是对资源分配的不公正，资源几乎全部流向弱势群体，其他人没有资源享受的机会，必然会造成部分人参与社区工作，很多人则对社区工作不感兴趣。这不利于社区的整体发展，而仅仅是社区的部分发展，这也不是社区工作的根本宗旨。因此，建立公正的资源分配制度与环境是至关重要的，要让社区所有成员都受益，都参与到社区建设与管理过程中，从而促进社区与社会的发展与进步。这里，需要特别强调的是，社区工作中的资源还可以是邻里之间的资源，而且邻里资源更有助于社区成员间的互助互帮，形成良好有效的氛围，并可影响到整个社区，这既是资源调动与分配，也是人员参与的调动与分配，这更适合于社区工作与管理。

11.4.2 完善相关的法律法规

社区建设提高服务质量是其核心，同样为了社区服务，为保质保量地完成服务，更为了让社区建设参与者更有效地发挥自身的优势，还要在社区建设与服务过程中完善相关的法律法规，保护社区居民的利益，实现社区居民的权益。有了法律法规的保障，社区工作的参与者会更加明确如何参与社区工作，行使自己的权力，解决社区问题，保障社区发展的公平环境。

完善法律法规的主要目的在于给予服务提供者与服务接受者以公正、民主的发展环境，在社区工作中能够有保障、有质量地实现互助自助，参与到社区建设中来。社区民主以民主选举、民主决策、民主管理、民主监督为基本表现形式。《城市居民委员会组织法》第八条赋予社区居民在社区自治中拥有选举和被选举的权利。社区成员代表大会是社区民主决策的主要机构。社区居委会是社区民主管理的主要机构。社区民主监督的主要机构是社区协商议事委员会。法规明确规定了社区组成中相应的组织机构和职能，但具体的办事原则与更细致的规范还需要结合实际进行细化。举例来说，社区的选举过程有着严格的选举规则，但在实施过程中仍然有不公正的现象存在，很多社区民居并不清楚本社区什么时候开始选举，也不知道自己是否具有选举与被选举权，社区工作人员也根据规则做出迎合性调整，其结果就是从整个选举过程来看，找不到违规的现象，而实际上社区中很多人的选举与被选举权并没有实现。同样的情况也出现在社区民主决策、民主管理和民主监督的具体实施上。制度上的民主与程序上的合规化都可以实现，但社区参与者的权利就被制度化了。既然是制度上的问题，要想解决制度上的缺陷还需要依赖制度本身。目前最有效的方法就是制度细致化、完善化，并且一定是针对社区所有人的制度规范的细化，甚至可以细化到每一个行动细节。制度的规定是一方面，同时还要有监督制度实施的规则，保证行动者的权益，目前社区工作中最为缺少的就是具体实施的细则以及监督实施的法律法规，法律法规的相关人并没有平等地享受规则规范的权益保护与约束，也就是说，社区建设中的相关法律法规环境还没有真正实现公平公正化，社会工作者必须在工作过程中学会利用法律法规为服务对象解决问题，同时还要学会利用法律法规保护双方的权利和利益，更重要的是要学会在具体服务过程中提出具体法律法规的需求，并通过多种渠道实现社区发展与进步过程中法律法规的建设与制定。

11.5 以不断满足居民需求为目标的社会管理政策模式

11.5.1 有效利用社区教育模式实现居民发展需求

社区迅速发展，各项功能得到了极大的建设与发挥，但其中社区教育模式和功能相对来说发展并不充分，并没有引起更多的重视。人在社会化过程中，主要的社会化场所有家庭、社区、学校和单位。社区是除了家庭以外最常接触的社会环境，对人的社会化教育起着重要的影响作用。其对居民的素质与文化教育的提升有着重要的意义。而社区教育则是以整个社区居民为对象，开展各种教育活动，结合社区居民的生产生活，从实际出发，指导社区居民的发展，促进社区居民的社会化，更满足了居民不断要求进步与发展的需求。

社区教育在中国的兴起则是以 20 世纪 80 年代中期上海开始出现社区教育委员会为标志的。1986 年 8 月，普陀区真如中学在全市率先创立了“社会教育委员会”。1988 年 3 月，闸北区新疆路街道和彭浦新村街道分别成立了由街道牵头的“街道社区教育委员会”。离开了学习、工作的场所，居民与所在的家庭就回归到了社区之中，社区生活几乎是其“业余”生活的全部，社区工作者应该把社区生活充分地利用起来，开展各种方式的社区教育活动，促进居民素质的提升，提高居民的教育水平。具体来讲，社区开展社区教育模式主要从以下几个方面考虑进行：一是社区领导者根据社区居民的具体需求，提供满足需求的各种社区教育活动。例如，针对社区居民业余文化生活的各种需求，建设社区活动室，并派专业门的人员进行指导。二是社区领导者根据社区发展的目标，有目的地进行社区教育工作。例如，为了建设生态社区，开展有关居民日常生活的环境保护的讲座、宣传、通告等活动。三是社区居民自发地根据社区发展与自身发展需求，形成各种社区教育模式。例如，社区文明行为建设，社区居民通过相互之间的监督与自觉，形成社区的文明氛围。四是国家与政府的有关部门也会利用社区教育模式对社区进行有效的管理，并了解社区发展的实际状况。例如，政府或国家在宣传某项工作精神或指导思想时，会让社区进行传达与宣传，这时利用社区教育的方式则更为迅速、有效，并能够得到社区反馈，迅速地反映给相关的部门。

总之，未来的发展，社区教育的功能不能遗忘，社区建设过程中不能忽略社区教育的建设与发展，它迅速地实现对社区成员的制度传达、思想建设、文化提升，较之于其他的模式，它能更为直接、明了、迅速地达到居民发展需求的目标。因此，在社区工作过程中，必须把社区建设利用起来，并探索更多的社区教育模式，特别是要结合时代的发展与需求，比如当今社区互联网的有效应用等等。

11.5.2 社区共同体的营造

自腾尼斯提出社区的概念以来，社区的基本界定之一就是“共同体”的营造，不管是传统社会中的共同体，还是现代工业化、城市化之后的共同体，都是一定数量的人聚居在一起进行互动的过程。而社区建设与发展，其本质就是社区共同体的营造，要有一定数量的居民共同生活在一定的区域内，并产生有效的互动。让居民实现通过互助解决居民的问题，满足居民的需求是社区工作的基本目标。

具体来讲，城市社区共同体的营造是促进社区发展的重要内容之一，主要从以下几个方面注意共同体的建设与发展：一是加强社区居民民主参与意识，建立居民的主人翁精神。其实这一特点在社区概念中，在我国关于社区的立法中都有所体现，重点在于社区居民如何进行参与，如何以主人翁的身份从事与社区发展有关的活动。要想实现这一点，必须要求社区居民认识到社区在个人发展，在社会发展中的重要意义，要明白社区的积极性作用体现，社区是居民参与社会管理的最基本的形式，也是较为直接的方法。居民在民主参与的过程中，不仅仅是社区政治的参与，而是社区各个方面的参与。各个不同阶层的居民根据各自的兴趣点参与到社区的政治、经济与文化活动中来，发挥自身的优势和积极作用。这种参与可以是多角度、多形式、多方位的实现参与，可以是全身心投入，也可以利用业余时间参与社区活动与发展。社区一定要多做宣传，综合利用多种手段，实现对社区活动过程的监督与管理。在居民参与的同时，还要培养居民的主人翁意识，把所在的社区当作自己的家来建设，并且是积极主动地投入其中，开展有效参与。

其二，社区共同体的营造离不开社区文化的建设与发展，因此社区文化模式的有效建立也是社区发展程度的重要指标。社会是一个由人组成的群体，有人的地方必然就会有人类特有的文化形式，在发展一个社区的硬件配套设施之外，还要配套相应的社区文化，这一点其实很难做到，文化必须是一个整体的共同努力，一方面促成所在社区文化并使之发展，另一方面还要根据社区发展需求，对社区文化不断进行微小的调整与修正，让社区文化完善并传承下去。具体来讲，是要求社区成员参与到社区建设中来。社区成员互相影响、互相作用，形成独特的社区文化精神。结合社区发展需求，适当对形成的社区文化体系进行干预，使之始终在正轨中前进。这里要特别提醒的就是，文化是多方位、多角度的，居民的互动模式、社区制度的建立与开展、居民素质的提升等等，都是文化体系的内容，社区文化的建设过程中，也要注意把众多的文化内容全面开展与建设起来。

总之，城市社区共同体的营造务必从社区居民的实际情况出发，结合已有的社区文化体系，社区的领导者利用社区内部的多种资源发展与建设更加丰富的文化生活内容。这是一个长期的社区工作，但在实际中却是必须要做且不能忽视的一部分。

综合以上对策性设计研究，仅仅对东北三省社区发展中出现的主要问题提出了具体的几个解决方式。它并不表示一个社区发展必须从这些方面出发，而是提醒社区建设者，这几个方面是我国特别是东北城市社区发展容易出现问题的地方，需要加以特别的注意与关注。城市社区发展与管理没有可以解决所有问题的通用的改革良方，必须要结合各地区的实际发展状况与特征。东北的社区发展较为落后，问题突出，更便于我们有针对性地进行社区促进与改良。以上仅为尝试性地结合东北老工业基地的发展特点而提出来的社会管理的升级的模式。

第12章 促进社会管理模式升级的措施

通过对东北三省城市社区的特点、问题以及对策的分析，可以明确地认识到，要想通过社区实现有效的社会管理，要想找到更新的角度实现社会管理升级，结合社区的特点是出发点，充分利用有效资源是基本方式，专业化的社会工作服务体系的建立是其主要手段。总结来讲，提出以下的社会管理模式升级的实施措施，以期对东北的社会管理模式提供新的思路。

12.1 立足于基本的研究结果

通过研究可以发现，东北的社会管理模式升级在城市中必须定位在社区，定位在社区建设，切实从居民需求出发开展社区建设是根本出发点。社区是政府与居民的纽带，起着协调性的作用，政府有效地运行与管理依靠社区，居民有效地参与社会治理同样要借助社区。而加强社区建设一方面要加强组织建设，另一方面则要加强制度建设，这是促进社区进步的工作重点。社区的优势仍然要发扬下去，劣势则要结合实际进行改良。社会管理模式升级首先要实现管理者的思想升级，直面社会发展的新形势，这样才能积极推进创新改革的进程。通过管理者的努力，结合实际运行方式，吸收多方面人才，进行多角度的研究，社会管理模式升级会很快实现的。

结合目前东北社区发展状况，在社会管理进程中，社区的主要问题结点就在于社区定位问题，社区并没有找到自身在社会管理中的位置与作用，没有明确自身的职能范畴，特别是社区自身的独立性与自主性无法明确，致使东北的社区发展呈现多样化，却都没有各自的发展特色与发展模式。但是，社区定位并不是社区自身有个定位标准或认定模式就可以了，还需要依赖政府、社会组织与居民的共同认定，所以社区定位过程除了社区自身通过学习与研究找到自身的位置以外，还要宣传与推广本社区，让社会各界对社区的定位有着充分的认可并给予政策、服务、参与等方面的支持，才能让社区的地位稳定下来。

而关于社会管理的具体模式与政策实施还在于城市社区的发展建设的规划与设计上，其前提还是对社区自身的科学分析和科学调研，建立在科学研究基础上的社区发展规划更能符合社会未来发展。社会发展迅速，各种社会需求不断涌现，社区的建设必须跟上社会进步的步伐，用最先进的理念与工具建设社区。社区的领导者则需要能够迅速判断出社区发展的趋势，提高对社区的理解与认识，清楚社区所掌握的各种资源，包括政策资源，能够有效协调各方面的资源为社区发展建构最为合理有效的方案。东北的社区存在问题是正常的，这说明社区发展的空间很大，而确定社区发展的方向才能让社区的问题越来越少，具有的能力越来越多，社区的优势充分发挥出来，社会管理更为有效。

具体来讲，社会管理模式的升级需要立足于以下三个基本观点。

12.1.1 社会管理模式升级在城市中要立足于社区建设

城市中的各种社会生活最终都会回归于社区之中，在社区中，各类型的社会成员都会回归于社区居民接受社区带来的社会化过程，并提出社区居民的本质性需求。这些才是社会发展过程中需要满足的基本问题，才是社会发展的最终目的。社会成员在不同的组织、机构中会扮演不同的角色，表现出不同的社会行为，其需求也结合了组织发展需求，而非社会成员的本质需求，同时，这些不同的组织体系也是为了满足社会成员的需求为目的，即也是为社区居民提供各种服务的。因此，社区是社会管理的基点，社区的具体建设措施便是社会管理的方式。通过研究与分析发现，社区并非是孤立的，社区要发展，则要从政府、社区、个人三个层面，从经济、政治、文化、组织、思想等多方面进行创新与改革。其根本创新核心必须以居民的需求为核心，满足居民参与社会管理的需求，并在实践中为居民提供多种服务，实现居民公民性与公共空间的建设，真正做到“公”与“私”在社区中的有效结合。

12.1.2 社区全方位的管理模式是社会管理模式升级的基础

一个管理模式的提出是在社会实践的基础上，对其进行提炼与科学的思考之后，才会形成一个具有普适性的方式。社会管理涉及方方面面的问题，其更多的都会落脚于社区之中，所以模式升级内容之一就是对社区管理模式的研究，立足于社区管理方式，形成有效的社会管理模式。而社区虽然直接面对社区成员与居民，是居民自治组织，但其发展与建设离不开众多的社会要素，社区并不只看到居民而忽视其他，社区是居民和其他各类型组织有效互动的润滑剂，形成组织与居民之间的互动体系，资源被充分调动和利用，

要促进整个社会的进步，社区进步是一个关键。而现代社会发展中对管理模式的创新除了需要专业化的、进步性的创新思想之外，更主要的是对社区有一个细致化的分析，从公民的实际需要出发，建立立体的全方位的管理方式。要从社区的政治、经济、文化、个人、组织、民生、保障、发展等各个方面入手为社区居民梳理各个渠道的资源，为促进社区发展而进行合理的调配，并发挥其应有的作用。专业的、非专业的服务手段都应被有效地应用于居民群体。以社区整体为研究和服务的视角，以全体社区居民为服务对象，构建社区整体发展的服务体系，解决具体问题，发展的却是社区整体。社区管理必须是全方位的立体管理模式，既有自上而下的政策指导与扶持，也有自下而上的具体服务管理，上下结合，上下通畅，社区的管理工作就自然被理顺了。

12.1.3 社区管理要在社会大背景中结合每个社区的特点建立独特的社区模式

东三省的城市属于老工业基地转型过来的城市，受单位制影响较深，与其他城市相比具有其独特的时代特征。社区发展迅速的长三角与珠三角地区则与东北地区发展背景不同，其经济基础雄厚，文化背景也有很大的差异，社区建设的起点与建设目的与北方相比也是不同的。而东北的社区发展在向先进地区学习过程中，往往忽视了背景差别，建立起来的社区工作效果就相差很多。最近几年，东北的社区建设已经意识到了这一点，慢慢地在转变思路，一方面进行自身社区的研究，另一方面也在研究东北社会发展特点。每个社

区具有各自的资源占有与工作特长，面对这种差异性，社区建设同样要进行差别性的对待，并进行有效的区区合作。所以社区管理模式建立过程中，要有大局的社会背景意识，还要有小着眼点的各自社区特点意识，把社区特点融入社区工作中，把社区工作融入社会发展背景中，层层融合，使整个社会管理形成一个完整的体系，并与社会发展需求相适应。

12.2 促进政府角色与职能的转变

转换政府职能，政府放权给社区和其他的基层单位，使社区能够对本组织建设与人员管理发挥自主性。

目前，社区的压力很大一部分来自上级下派的各种任务，让社区忙于各个部门的事务而无暇顾及社区建立的最初目的与目标。另外一部分是社区自身发展定位不够准确，还有一部分是政府职能管辖不合理，过多干涉社区的建设与发展，反而阻碍了社区功能的自由发挥。因此，在未来的社会管理过程中，应该注意转换政府职能，其中最重要的就是政府要放权给社区，让给社区更多的组织建设与人员管理的权力，政府可以给予资源支持与监督管理。政府各个部门可以与社区进行有效的配合，完成社区对居民需求的满足，可以给社区资源协调的权力，让社区成为协调者，把资源进行合理的配置与调动，形成各部门之间的有效互动与连接。变相地，社区把政府的各个部门串连起来，形成一个功能全面的整体，为居民提供各种服务更加方便与快捷，对居民的管理也更为有效。社区自主地根据居民的意愿与组织规范进行组织建设与组织管理，包括人员的建设与培养都由社区及社区中的居民自主地完成，这样，一方面，社区组织更容易被居民接受和认可，另一方面，社区居民也更愿意参与到社区建设中来，进行自我建设与管理。通过社区培养居民领袖，让居民进行自我管理与自我建设，社区更多地依靠自身的力量解决社区自身的问题，这既有利于减轻政府与国家的负担，也实现了有效的社会管理。

社区自治也是社区发展的基本保证，放权给社区，让社区更直接地面对实际问题而提供服务，回归社区本职性作用是进行社会管理过程中必须保证的一点。另外，放权给社区后，社区需能够恰当地使用权力。因此，社区必须加强专业培训与专业建设，可考虑与一些专业机构或专业组织合作来完成专业化的发展设计。除了强调服务的专业性，还要强调管理的专业性。对社区组织人员、组织结构、社区中人员的管理实现资源的有效配置。社区可以协助政府相关部门完成一些工作，但应该是有自主决定的权力，可以选择是否协助完成相关任务，也可以以合作的方式完成与有部门的共同任务。而社区的工作重心则回归到居民服务的策划与开展，资源的充分调动，各个部门的有效协调。政府的作用是保障社区运行过程中得到良好的支持，大力推动社区建设。社区的作用则是在此前提下，认真完成自我管理，把社区居民充分调动起来，发现社区问题，解决社区困难，促进社区发展，实现社区居民认同社区组织，认同所在的社区，凝聚社区成员力量，以居民愿望的实现为工作目标，开展社区建设活动，实现社会的有效管理。

12.3 切实实现城市社区建设的自主性与服务性

总结来讲，要想实现城市社区建设的自主性与服务性，必须要实现以下三个方面的转变。

12.3.1 城市社区建设的重心转变

东北城市社区建设随着社会的变革与发展，其建设重心由“职能型”转向“服务型”。社区被定位成居民自治组织，但在我国的社会发展背景下，其自治性并没有完全实现，而更多地表现为一种“职能性”。社区表现为“为上”的职能性功能的实现，不断完成各个部门下派的任务，使得社区被其非本职性的“职能”所累，无法完成其本职性的任务，社区的功能并没有真正实现。在这一行政职能的压力下，在社会组织不断发展的前提下，社区发展停滞不前。想要解决这一困境，必须放下社区目前所背的“包袱”，而去做其本职应该完成的任务。从根本上来讲，就是要实现城市社区建设的重要转变，即由原来的“职能型”社区向“服务型”社区转变。社区工作不以行政职能为主，而是以服务居民为主，让居民成为社区组织的管理者，在政府与国家政策的支持下，以满足居民需求作为其本职性工作，为社区居民提供各种服务，让社区居民能够真正地把社区作为自身参与社会管理的媒介，充分利用社区，发挥个人优势，服务社会，管理社会。

12.3.2 城市社区建设的工作模式转变

东北城市社区的工作模式由“管”向“理”的模式转变，由此，社会管理工作也同样不再局限于权威性的管，而是强调从根本上解决问题，实现矛盾彻底解决，达到梳理的效果。在具体的社区工作模式上，以前的社区建设总是强调对社区进行有效的“管”，让社区按照既定的路线发展，社区没有自主权与经营权。而社区居民对社区组织的期待则是以社区居民的需求为核心，灵活地协调各界力量与资源，解决居民问题，促进居民发展。“管”固然使社区发展中规中矩，却经常与居民的需求相冲突，出现各种冲突与矛盾，社区建设与发展面临众多无法调和的问题。想要解决这一根本冲突，需要上下齐心，共同转变工作方式，解决根本矛盾，即社区工作的模式首先要从“管”的模式向“理”的模式转变，也就是先把矛盾点梳理清楚，理顺各自的位置与关系，社区不再一味地等候上级的工作命令，要发挥主动性去面对居民进行服务工作，社区居民也不再抵触社区的服务方式，而是积极投入社区建设中来，把自身的需求及时反馈给社区，社区掌握一定程度的自主权，结合居民的需求开展社区工作。社区在向“理”的模式转变中，明确自身在居民与政府之间的位置与作用，协调与利用资源，为居民服务，辅助推进政府的工作。

12.3.3 城市社区建设的内容转变

东北城市社区的工作由“行政性的服从”向“民主性的服务”转变。提供各种社会服务是现阶段社区建设的主要内容，也是社会管理的创新工作重点。社区工作要逐渐摆脱委派下来的行政任务，把更多的精力放在面向群众的社区服务。而具体的社区服务内容也不仅仅是居民需求什么就提供什么，而是结合社区未来发展的目标，结合社区全体居民的整体发展需求进行科学的规划与设计。也就是说，社区服务应该转向“民主性的服务”，从宏观的视角确定社区发展需要，提供社区整体性、计划性的服务。民主性的服务还表现在依靠社区居民自身的资源解决居民自身的问题，由居民自己来管理自己，并且要实现每一个社区成员都参与其中，发挥各自的作用，通过民主决策，民主管理的方式，实现社区自治与资源优化。社区的自主权一定是民主性的自主，社区的管理权也一定是民主性的管理，社区必须建立在社区成员整体之上而行动，面向的一定是社区全体成员，而非仅仅是对上的“行政性服从”，更多的应是对下的“民主性的服务”。

12.3.4 城市社区建设的目标转变

东北城市社区的建设目标由经济上的“硬件建设”转向人际关系和谐上的“软件建设”。经济的全面发展，使得社区建设的硬件也更加扎实。在向先进社区进行考察学习的同时，在国家和政府的大力支持与推进下，各社区也根据自身的发展需求配备了相应的设备设施。目前J省的城市社区基本配备了社区所需功能的基本硬件，社区办公面积、各个不同的功能室都能够达到基本需求，社区办公与活动的条件得到了极大的改善。可以说，经济投资上的“硬件建设”已经达到了基本建设目标。而目前重点在于社区人际关系和谐上的“软件建设”，即社区应注重社区内部人际关系和谐，特别是社区成员的团结，注重社区归属感与凝聚力的建设。而对外，则应加强与社区外部各组织、各部门之间和谐关系的建立，例如政府部门、各社会组织、高校科研机构等等。这种“软件建设”是为了引进和调动更多的资源为社区发展服务，把关系、文化转化成社区发展力量，促进社区的进步。这应是未来社区发展重点设立的目标。

12.4 充分调动并利用社会各个组织的资源

12.4.1 促进社会组织建设，充分调动社会资源为居民提供多样化的社会服务

社区不是一个万能的组织，特别是对居民提供服务这一方面，它无法实现服务居民各项需求的全部满足，更多的居民服务还要依赖多种社会组织提供的多类型多层次的服务。因此，社区要本着为居民提供多种服务为准则，一方面由社区提供基础的服务保障，另一方面则需要通过各种方式吸引社会组

织，把更专业的服务引入社区工作中。社区可以通过政府所提供的资源来吸引社会组织进入社区中进行社会服务。社区还要注意促进社会组织的建设，从政策与实务上加强社会组织的有效运行。各类社会组织在社区的带动与引进之下，可以有效地对接上服务对象，并能够准确地提供各种服务，免去了社会组织还要花费大量的精力去寻找服务对象的工作。而社区可以协助社会组织介入具体服务中，满足居民更高的服务需求，减少社会矛盾的产生，社区对居民的管理更为有效．在加强组织建设过程中，资源的良好协调是社会组织、社区与居民之间形成良好专业关系的关键所在。同时，资源的有效利用也是进行社会管理的一个主要内容，而且要达到资源的有机整合，这是实施中的具体建设过程。所以，社区在促进社会组织建设的同时，要想达到理想的服务效果，就要充分调动社会资源。这个资源包括各个方面：政府给予的资源、社区拥有的资源、社会组织可提供的资源、居民群体中存在的各类资源，还包括那些隐形存在的、尚未被挖掘出来的资源等等。社区需要对这些资源进行开发与利用，并进行有效的协调，让资源能够被充分使用。具体来讲，社区可以考虑利用一段时间对本社区的资源进行详细的登记，并随时根据社区的发展变化进行调整。这个过程虽然需要耗费一定的时间，但当社区的资源系统建立起来之后，在资源的利用上就会达到事半功倍的效果，而且，系统成立起来之后，后期的工作就不会太多，只要做到资源变化后迅速做出反应与调整就可以了。而在使用过程中，可直接根据需求的特点，迅速准确地找到所需资源，并充分利用，资源的优化程度就大大提高了。社会组织与资源是一个社区发展程度的决定性因素，也是一个社区发展的核心力量，社区的管理工作一定要把这两部分重视起来。

12.4.2 推进创新升级的力度，与研究机构合作，切实通过实际调查发现问题，并提出有效的解决方案

不论是社区发展模式的创新还是社会管理模式的升级，要想达到升级的目的就需要更加开阔的思路去思考这一问题。对此，一方面，社区本身结合自身的发展状况，应建立专门的创新机构，去不断地分析思考未来社区发展的路径与走向；另一方面，社区更需要借助外界的有效力量实现创新的目标。其中，最为有效也最适合东北社区创新目的的路径就是与专业的研究机构合

作，切实通过专业的实际调查，发现问题，提出有效的解决方案，这也是对社会资源进行有机利用的一部分。具体来讲，与研究机构的合作并非单纯地按照研究机构所提供的方案照搬照做，要有所取舍，还要顾及其他相关部门与机构的利益，但与研究机构的合作不失为一个有效的方案。如上文所讲，东北三省的综合院校、科研机构非常多，这是一个重要的社会资源，可通过多种模式进行合作与互助。对社区人员可以进行专业的培训，提高工作效率。还可以把科研力量直接引进到社区来，直接面对社区群体提供专业的服务，满足居民更高的需求。当然也可以把社区的具体工作方式内容交给研究机构，由研究机构考虑从中提炼出有效的经验与方法，并发现工作过程中的问题，提出解决方案。不管使用哪种方式，在与研究机构合作过程中，一定要遵循合作的理念，社区与研究机构共同参与所有的研究过程，做调查研究也好，改变服务方式也好，二者应该都要有所参与，才能互补不足，并在合作过程中拓展思路，打开停滞不前的僵局。创新需要不停地进行思想与行动的碰撞，特别是不同领域之间擦出更多的火花，各领域对问题的思考方式不同，互补有无，会大大推动创新的速度。因此，与研究机构的合作，社区不要局限于与社区工作直接相关的专业，例如社会工作专业、社会学专业、心理学专业等等，可以尝试与其他的和社区工作不相关的专业形成有效的合作关系，新的思路可能会为社区工作提高效率。

12.5 加强城市居民的民主性与参与者性

12.5.1 建设公民的公民意识与公共性意识，实现社会公平与正义

进行社会管理模式升级还要从内在的思想意识出发，要更为有效地通过社区进行社会管理，则应该注意建设公民的公民意识与公共性意识，实现社会的公平与正义。公民意识与公共性意识的分析古已有之，认为作为社会属性的人，是群居性的，是互为影响的。既然人是社会性存在，并要遵循社会规范而产生各种互动，就要求每个人都要有“公共性”的意识。社区的公共性意识则强调社区居民公民意识的形成，公共领域、公共空间建设都是必不可少

的。有“公”的意识后，居民才会走出“私”，开始考虑集体的利益、组织的利益和国家的利益，才会积极参与到“公”性的社会生活中，形成社会交往，健全社会秩序。社区中则表现为公共空间的建设，社区活动的参与以及社区事务的管理，实现居民的自我管理与自我发展。是约束与自由共同存在的公共空间与公共制度的建设过程。实现社区的公共管理，还摆脱不了国家与政府的“大公”，国家为社区发展和建设把握方向，提供资源与基本保障，保障居民的基本权益。有了国家的“大公”的实现，才会保证每个居民“小私”的满足。“公”与“私”之间并不对立，而是互相促进、互相协调的。目的是让每一个居民都在社会生活公平合理地进行社会交往，实现社会的公平与正义。

12.5.2 加强公民公共性建设，让居民参与民主选举，参与社区事务管理，行使其公共性的权力

居民参与社会管理的一个主要途径就是一个公民性与公共性的获得与建立，东北的社区注重社区硬件发展，也开始强调社区管理者能力的提升，还关注社区居民的思想管理，但恰恰缺少具体的居民公民性与公共性建设工作。“公共性”的建设不在于理论与思想的单方面的宣传与灌输，重点在于居民群体对公共性的接受与认可，并在此基础上还要进行公民性的接受与内化。目前的社区工作也在强调为居民服务，但服务效果并不理想，其中一部分原因就是居民并没有从内心接受服务，对各种服务持怀疑的态度，居民更多的还是考虑自身的利益，而非整个社区的利益。换句话说，居民并没有把社区当成是“自己的”社区，而认为那是“别人的”组织，是和居民自身利益对立的。这会让居民永远不会不遗余力地投身于社区建设中，更不要提为社区发展投入精力与资源。要加强公共性与公民性建设，最基本的途径就是让居民参与民主选举，参与社区事务管理，行使其公共性的权力。很多社区也在提倡，但居民参与率比较低，仍然没有实现社区自治。要想达到上述的公共性建设目标，不应仅仅是宣传与倡导，而要在实际中进行推动与推进。一方面，可以考虑社区教育方式的使用，日常生活中就借助各种工作方式对本社区的居民进行宣传教育，要采取多种手段让居民真正按照组织程序参与到社区选举中来，选出居民满意的领袖对社区组织进行领导。与此同时，可以通过会议的参与，让居民进行社区管理。很多时候，居民也想参与管理，但苦于没有相应

的渠道。因此，社区还是要进行社区管理的宣传，把社区事务多向居民公布，多征求居民的意见。居民也多参与其中，更要关心社区事务的发展变化，让居民自我利益的考虑范围扩大到整个社区，社区成为“自我利益”的一部分。这种公民性与公共性的建设成功点就在于让居民真正的体验到了参与社区管理理想作用的获得，达到了居民的自我期望值，这会促使居民去尝试更深更多的社区参与，公共性由此逐渐建立。

12.6 强化社区及相关社会组织的组织性与制度性建设

12.6.1 城市社区建设中的组织与制度建设是社会管理模式升级的重点

组织是社区建设中的基本运行单位，社区中的各种组织都是为居民的需求实现而提供帮助。社会管理从根本上说更多的就是一种组织管理方式，要面对社会上存在的各种组织，让各个组织发挥良好的社会建设功能，又要协调好各个组织之间的关系，使之协调发展，互助合作，达到优化资源，促进社会进步的目的。而众多组织最终的服务对象还是所面对的社会成员，满足的是社会成员的各种需求。对社会成员需要的分析与反馈则依赖于最基本的社区管理方式，也就是说，社区成为各个组织与居民之间需求满足的中介与桥梁，因此，在社会管理模式研究中，重点要进行城市社区建设中的组织与制度建设。在组织与制度建设过程中，社区需要对各种组织的职能与所能提供的服务做到全面了解，并协助各组织更为顺利地运行，在此基础上，借助各种制度的建立协调组织运行，各组织就会合作促进。社区在这一过程中更多地表现为协调者的角色。

服务为本，政府放权，居民参与，这些改变与长期推进还需要稳定与落实。也就是说要有组织力量的支持，制度建设的安排，才能把社区发展中所做出的努力内化到社区日常生活中，并形成社区运行的常态。社区的具体运行是依靠各类组织的运行及相互影响，组织包括社区内外的各种组织，只要能够有效地解决社区问题，并促进社区发展，组织都可以被利用起来，特别是一些服务性的组织。社会服务不仅仅是一个社区组织的责任，从未来的发展来看，应该更多地依靠市场经济，为社区居民提供多类型的、高质量的服务。社区更多的是在为居民服务过程中，提供最基本的服务保障，并能够协调众多组织之间的关系，高效率地调动各个组织的资源，并加以合理地利用。社区组织更多地表现为协调者、组织者。相应地，制度也包括各种制度，正式制度与非正式制度，各种文化制度都可以借鉴与利用。一方面，制度保障了各个组织与社区居民的基本利益，另一方面，通过制度，组织与居民之间建立了可以规范的各种关系，便于进行管理与梳理，更有利于促进社会的综合发展与进步。在强化社区的组织建设与制度建设的同时，应该把握住其基本核心，必须是以人为核心，以人的成长与发展为核心而建设。以人为本的原则使得组织与制度建设更有人情味，使之更容易被接受和认可，有利于组织与居民积极性的培养。充分利用社区的协调性作用，充分利于市场经济规律，居民得到的服务会更加有效，质量会更高，居民的问题与需求更有利于得到迅速的解决。

12.6.2 加强社区基础秩序的建设，为社会管理模式升级打下良好的制度基础

社区的基本运行是社区建设的根本，基础秩序的合理化会保证社区的正常运转。基础稳固，社区发展才会更加顺利，社会管理的制度基础也更加牢靠。具体来讲，社区基础秩序的建设加强要提倡社区运行过程中有法可依，有规矩可遵循。运行过程中依法办事，依规矩办事。秩序不完善的地方要进行合理地维护与发展。社区除了依靠自身进行秩序建设之外，更要依靠社区居民进行秩序建设。社区在对社区居民管理过程中，必须结合居民的具体需求而进行制度化的安排，使社区组织与居民自身的权力和权益能够得到有效的保障。社区本着居民自治的原则进行合法的社区领袖的选举，社区居民充分行使居民的基本权益参与社区管理与建设，进行社区议事，提出居民发展需求，并结合社区自有的资源进行社区问题的解决与社区发展环境的改善。社区的管理者同样按照社区组织赋予的权力履行为居民服务的责任和义务，行使社区资源的调动与公平分配的权力，协调上级部门与居民之间的关系，有效调和各阶层之间的关系，使上下信息与资源传递通畅。社区运行基础秩序是维护与促进社区发展的基本保证，是社区基本职能实现的根基，保障的是社区

全体居民与社区组织运行过程中所有人的利益。基础秩序建设成什么样，社区组织与社区成员间的关系就被建设成什么样。目前的很多社区问题从根本上来讲还是因为基础打得不牢，对社区基础进行重新调研与分析，并进行修补与加固，这是未来社区发展的切入点，也是社会管理基础强化的入手点。

12.6.3 提高管理者的素质，对管理者进行专业化建设，建立专业的社区管理队伍

社区如何发展其实表现出来的是社区管理者的发展理念。J省很多社区发展到一定程度之后就进入了一个瓶颈期，出现了停滞不前的状态，这其实是对管理者提出了更高的要求。面对这种情况，结合J省的实际，是一个文化城城市，综合院校分布较为密集，这就给社区管理者能力的提升提供了一个有效的契机，即可以考虑借助高等学校的专业研究能力提升管理者的能力和水平，让管理者进一步武装自己，借助专业的研究力量突破社区发展瓶颈，更好地规划社会建设。具体来讲，可以考虑加强管理者的专业教育，引进专业的社区工作方法，运用科学的分析理念去解决问题。J省早期的社区工作也在务实地解决社区问题，但专业性的缺少，使社区工作做了很多，却没有留下有效的工作模式和工作经验，在遇到新的发展问题的时候，还要重复走一遍老路，再努力找到问题的解决方式，这浪费了大量的资源，而且在工作模式的推广上也没有起到作用。因此，促进社区发展，一定要考虑提高管理者的素质，对管理者进行专业化建设，可借助高校力量实现这一目标，也可以让管理者学习专业文化、学习先进的工作方法来武装自己。当然，除了社区管理者，社区组织的工作者都应该意识到专业能力的持久性。目前，东北的很多社区都在鼓励社区工作者去考取专业的社区工师，甚至一些社区通过资金激励的方式鼓励社工师资格证书的获得。这是推动社区工作者走向专业化的方式之一。但是，如果出现了为奖励而通过考试的结果就与初衷相背离了。社区工作者在考取专业资格证书的同时，重点应在于把所学的知识应用于实际，并且用专业知识武装自己，在实际工作中把专业的力量表现出来，而这恰恰是实际的社区工作者们所欠缺的。所以，更应该借助专业的力量对社区管理者进行专业的教育，提高管理者的素质，还要建立专业的社区管理队伍。社区发展应该是在专业管理人员的带动下，社区所有工作者都自觉地按照专业的方法

开展各种救助与服务工作。慢慢地，专业服务队伍全面建立起来，专业工作方法使用起来，社区就学会用专业能力提供服务，更主要的是能够对其所提供的服务进行专业的总结与分析，提出具体服务的模式与技巧，并进行专业的经验分享，所有的社区工作人员都可以通过这样的专业分享而获得各种服务的模式与技巧，具体的社区工作就转化为可传播的工作模式，并迅速得到推广。如果众多社区都可以达到这一效果，相互之间推广经验与模式，那么东北老工业基地的发展就能迅速迈上一个新台阶，社会管理也会上升到一个新高度，社会也就发展得更加和谐了。

12.7 制定以居民需求为本的社会服务政策

12.7.1 社会管理的最终目标是满足居民不断增长的各种需求，解决居民具体的问题

社会管理从大的方面说是为了社会整体的发展与进步，而从小的方面说是为了满足居民日益增长的需求。随着我国经济、社会的全面发展，温饱已不是居民最主要的问题，而是更高层次的需求成为居民面临的困难与矛盾。所以，社会管理的最终目标是满足居民不断增长的各种需求，解决居民具体的问题。在城市中，社区组织的运行目标就是解决具体的问题。社区的建设与发展是与整个社会的建设与发展相一致的，社会管理要从社区工作抓起。J省的社会管理同样要从居民的需求出发，与其他地区的社区建设不同，J省的社区建设更要考虑需求满足的渠道，有着“单位制”与东北移民社会背景的J省社区建设一定要考虑社区居民的需求依赖，家族、单位是居民寻求帮助的首要考虑群体，即对东北的社区居民来讲，其社区意识、社区参与意识、社区建设意识、社区归属意识还未建立起来，而居民需求又在不断增长，在此情形下，社区工作就是要通过居民具体问题的解决，帮助居民建立公民意识。社会矛盾解决了，社会成员参与到社区管理、社会管理中，积极性被调动，社会自然会进步与发展。因此，社会管理的最终目标必须是满足居民的各种需求。

12.7.2 充分认识居民的需求，以需求为目标进行社区的建设与管理，着重于基本的民生问题

回归社区的本质性功能，让社区的工作人员面向社区居民，“对下”多于“对上”，针对居民的具体生活需求，开展有效的社区服务，这是J省社区发展需要严格把握基本点。在具体的服务过程中，居民的需求是最重要的。社区工作者进行社区建设与管理也应该从居民的需求出发，规划社区发展。而居民的需求则需要专业的社区工作者进行专业分析，而非居民自我意识上的需求。根据伯列绍的需求理论，居民的需要有感觉到的需要、表达的需要、标准上的需要和比较性的需要，社区工作者应该综合考量社区的具体状况，科学地判断出居民的需求目标。特别对于居民的虚假性需求更要注意识别，并向居民说明真实需求和论证过程，让居民能够迅速接受工作者的研究结论，并进行配合。社区服务方向的转变，归根结底还是要着重于基本的民生问题。居民的民生问题是国之根本，是社会稳定的主要保障。J省受单位制影响较大，在单位制发生转型后，社区人的形成给社区带来了更多的压力，让居民接受社区，接受社区的管理方式，参与到社区管理中来，这一过程实现的前提就是要保障居民的基本民生，让居民能够顺利获得基本民生权利，得到基本的社会保障，社区能减轻居民的后顾之忧，社区的作用才能在社会管理体系中立足。所以，社区本质性功能的回归是未来社区工作的重中之重。

东北老工业基地的社会管理模式升级的根本点在于具体的工作内容，城市社区建设是其中最为重要的一部分，因此本研究立足于城市社区的建设，结合具体的社区状况和存在的优劣势而提出了促进社区发展、加强社会管理的一些新思路与新路径。归根到底都是本着从居民的利益出发，服务于民，创新为民的基本原则。社区发展与社会管理所涉及的具体因素很多，无法做到全面的分析，但抓住其重点提出重要的解决方案与对策是本研究的核心，希望对此问题的理论讨论与实际发展建议能够切实达到对东北老工业基地管理模式升级的有效尝试。

第13章　总　结

通过理论与案例相结合的方式对城市社区组织的运行过程进行详细的分析与讨论，看到了制度运行各要素之间的影响关系。在此基础上以城市社区建设为着手点，具体分析了东北城市社区发展特点，现状与未来发展的方向，由此提出社会管理升级的目标与意义。整个的研究过程都围绕着城市社区，分析其组织本质特征，结合时代发展背景特点，提出在东北老工业基地的背景下如何进行改革社区建设，振兴东北发展，实现社会变革的有效促进。

13.1 研究结果的再次强调

根据上述的研究过程与研究结果，结合东北地区发展的需求，需要对一些研究结果进行再次的强调，以利于今后更进一步的深入研究：

第一，社区的组织决策过程是复杂的，理性与有限理性、正式制度与非正式制度互相嵌入地发生作用，任何一方面都是不可忽视的。行动者与组织都在运用理性分析与决策，努力实现完全理性。完全理性不是一种行为结果，而是一种决策过程，这一过程的行为选择表现为有限理性的结果。行为决策同样离不开制度环境的影响，正式制度的宏观约束与非正式制度的微观干扰共同作用于决策过程，使得决策结果更趋向于行动者的最大利益的达成。

第二，非正式制度无论在决策过程中还是在社会管理升级过程中都是不可忽视的，需要给予特别的关注。非正式制度中的文化、价值观、意识形态的分析是有着重要的影响性作用的，振兴东北，发展社区必须要结合东北社会的文化与发展背景。内在制度是循着从习惯、习俗到惯例这一稳定的路径演变的。对习惯、习俗和惯例进行分析比较，将有助于我们了解内在制度的起源、构成及其变迁的机理。[①]因此，制度分析与制度建设过程中一定还要找到非正式制度发展演变的历程，确定分析测量的具体指标，由此提出社会管理升级的非制度性改革的方案。

第三，社区组织的分析与发展建设直接体现了社会背景与内涵，是与东北地区的发展特征相适应的，在社会发展建设中要牢牢把握东北老工业基地发展中的优劣势才能切实解决东北问题。东北的移民文化与东北老工业基地的发展特点形成了东北地区的社会特质。在进行东北振兴过程中，必须结合这一背景特点，建立并形成与东北社会发展相适应的发展模式。而不是简单的对其他地区先进经验的照搬照抄。东北化的经验才能在东北落地生根，起到重要的社会建设的作用。

第四，东北振兴的过程一定是立足于经济发展基础上的社会管理的升级，在此理念之下，以社区建设为视角的社会管理模式会不断地进行升级与发展。市场经济推动社会组织的发展，从社会发展整体上来讲，还需要推动东北经济的发展，加快城市化进程。经济建设与社会管理相辅相成，经济基础牢固了，社会管理升级才有不断上升与发展的空间，反之，社会管理不断升级也会促进经济进步。东北振兴是经济与社会管理双方面的振兴与发展，是两手都要抓，两手都要硬的。

第五，社会管理升级从社区建设角度来讲，更需要注重由“管”到“理”的软件建设，是理顺社会关系的过程。目前的东北地区的发展结果既有自身社会发展因素的影响，又有外来模式引进的作用，内外的不相融使得最后看到的社会管理效果并不理想。因此，更加需要的是对目前城市社区发展进行理顺，理顺社会管理模式发展进程，理顺协调各种社会关系，让不同的组织在社区发展过程中各据其位，各司其职，使得资源得以有效地利用，功能得以充分的发挥，这是进行进一步社会发展建设的前提。

①童星主编．现代社会学理论新编［M］．南京：南京大学出版社，2004:246.

13.2 反思与讨论

经过上述对城市社区制度建设与决策过程的具体分析，结合社会发展需求提出了社会管理升级的具体着手点，其最为重要的意义在于促进东北振兴。由理论视角的分析，到实务视角的具体操作，更希望能把研究结果与研究过程落实到社会发展实践中，并能够在实践中真正推动社区与社会发展。结合这一研究过程与分析过程，仍有一些更深入的问题进行反思与讨论，以期望对今后的研究有一定的借鉴：

第一，研究视角由小见大，是否能够真正实现观察目的与研究目标需要仔细思考。从东北社区问题到东北社会管理问题，由小到大的研究视角是否能够具有针对性的建设意义？东北振兴与发展涉及方方面面，仅仅从其中的社会管理方面进行讨论，又选取了其中的城市社区决策分析与社区建设进行入手，这很容易出现视角狭窄的问题，并不能直接针对问题的重心。反过来说，过于宏大的社会学研究也容易出现空谈而不具有具体实践操作的意义，对于具体问题的解决也同样是意义不大。综合考虑，以小见大的研究方式更具有操作性与实践性的意义，需要注意的是各个不同领域众多的小视角最后还是需要一个宏观研究逻辑进行统筹，才能够从整体与发展的角度把握东北社会的发展脉络。

第二，从对社区的研究来看，社区的发展建设是促进社会管理升级的主要路径，那么对社区组织性质定位的把握就决定了社会管理模式发展的方向。社区是居民自治性组织，但在实际发展中，特别在东北地区受传统单位制的影响，居民自治一直未能充分实现。虽然社区改革建设中仍然在强调这种自治性，但收效甚微，社区自身也习惯于目前状态下的行政性管理。既然如此，对社区自治性的过于强调是否还有真正的意义与必要？是否结合社区发展现状，在现有的基础上充分实现其为民服务的本质的意义更大一些？也就是说，只要社区为居民服务的作用强化了，其自身性质的强调是没有必要的。

第三，东北振兴发展问题是东北三省都在面对的现实问题，如何打破东北发展落后的僵局是社会改革关键，社会管理升级的设计与对策性建议的效果还要经历时间的验证，因此，理论分析的验证逻辑是无法取代社会具体运行结果的。面对东北振兴，既需要有各个领域强大的理论支撑，还要有理论逻辑向实践逻辑的转化再付诸实践，各个研究领域都在实践中摸索前进，最后东北振兴发展还要有个时间过程，因此无论是哪个领域的研究都要在一定的时间内持续下去，并需要不断地调整与改变改革方案。社区的建设与发展也是如此，一个问题的研究结束，并不是整个问题的彻底解决，更新观念、转换视角、新路径的尝试才是社会管理模式的升级常态。

13.3 研究展望

理论分析也好，实践研究也罢，当面对具体的社会问题时研究者首先必须要树立宏观的、整体性研究视角。研究的切入点可以是从小入手，理论与思想体系的建立则需要宏大叙事，这样才能从社会发展的角度去认识和解决问题。现代社会发展迅速，知识更新较快，对问题的研究除了要看纵向的历史缘起与未来发展，更需要横向的多角度的知识建立，形成立体化的知识体系框架。因此，关于社区的研究，关于社会管理升级的研究还需要与其他的相关学科及研究成果合作协调，互通有无、互相借鉴，提高研究的准确性与建设性，从而能够迅速地对出现的社会问题做出反应。在未来的实践检验过程中，与其他学科的研究体系建设将是研究发展的重点。

东北老工业基地城市社区的制度分析与社会管理升级的研究仅仅是促进东北振兴发展的起步阶段，还需要更深层次的细致挖掘。东北振兴是由人构成的东北社会的振兴，以人为核心的社会结构建设成为未来研究的唯一目标！

参考文献

[1][英] 安东尼·吉登斯 . 现代性的后果 [M]. 田禾译 . 南京 : 译林出版社，2011.

[2][法] 埃哈尔·费埃德伯格 . 权力与规则——组织行动的动力 [M]. 张月等译 . 上海:上海人民出版社，2005.

[3][美] 彼得·布劳、马歇尔·梅耶 . 现代社会中的科层制 [M]. 马戎，时宪民，邱泽奇译 . 上海:学林出版社，2001.

[4] 陈柳钦 . 城市社区功能研究 [J]. 重庆工商大学学报 . 社会科学版，2008(10).

[5] 陈柳钦 . 论现代城市社区的内涵、特性与功能 [J]. 武汉科技大学学报，2009(2).

[6] 陈薇 . 城市社区权力秩序研究的回顾与展望 [J]. 兰州学刊，2008(8).

[7][法]C. 格列米昂 . 李友梅摘译 . 关于决定理论的分析 [J]. 社会，1994(5).

[8] 崔月琴，丁惠平 . 有限理性思路的扩展与补充——基于组织决策视野中的思考 [J]. 社会科学战线，2007(4).

[9][美] 查尔斯·蒂利 . 信任与统治 [M]. 胡位钧译 . 上海 : 上海世纪出版集团，2010.

[10] 戴正农 . “满意化” 和 “适应性”:西蒙有限理性思想探析 [J]. 江苏社会科学，2011(6).

[11][英]D. S. 皮尤编 . 组织理论精萃 [M]. 彭和平等译 . 北京:中国人

民大学出版社，1990.

[12][美]道格拉斯·C. 诺斯．制度、制度变迁与经济绩效[M]. 杭行译．上海:格致出版社、上海三联书店、上海人民出版社，2008.

[13]冯骞,段尧清．城市社区信息化的信息整合机制[J]. 理论与探索，2008(3).

[14]耿敬,姚华．当代乡土文化的流动性特征[J]. 东方论坛.2007(3).

[15]耿敬,姚华．行政权力的生产与再生产——以上海市J居委会直选过程为个案[J]. 社会，2011(3).

[16]郭新强,盛宇华．基于有限理性的选择性预期与决策有效性的机理分析[J]. 江苏社会科学，2011(5).

[17][美]H. 培顿·扬．个人策略与社会结构——制度的演化理论[M]. 王勇译．上海:上海三联书店、上海人民出版社，2004.

[18][美]盖瑞·J. 米勒．管理困境——科层的政治经济学[M]. 王勇，赵莹,高笑梅,季虹译．上海:上海三联书店．上海人民出版社，2002.

[19][日本]岡崎哲二．经济发展中的制度与组织[M]. 何平译．北京:中信出版社，2010.

[20][美]赫伯特·A. 西蒙．管理行为[M]. 原书第4版．詹正茂译．北京:机械工业出版社，2004.

[21][美]赫伯特·A. 西蒙. 现代决策理论的基石[M]. 杨砾,徐立译. 北京:经济学院出版社，1989.

[22][美]赫伯特·A. 西蒙．我生活的种种模式[M]. 曹南燕,秦裕林译．北京:东方出版中心，1998.

[23][美]赫伯特·A. 西蒙．管理决策新科学[M]. 李柱流,汤俊澄．北京:中国社会科学出版社，1982.

[24]何大安．选择行为的理性与非理性融合[M]. 上海:上海三联书店，2006.

[25]何大安．行为经济人有限理性的实现程度[J]. 中国社会科学，2004(4).

[26]姜振华,胡鸿保．近十年来中国城市社区研究的理论视野[J]. 中国青年政治学院学报，2005(6).

[27] 康晓光．权力的转移——转型时期中国权力格局的变迁 [M]．杭州：浙江人民出版社，1999.

[28] [法] 克罗齐埃．被封锁的社会 [M]．狄玉明，刘培龙译．北京：商务印书馆，1989.

[29] [法] 克罗戴特·拉法耶．组织社会学 [M]．安延译．北京：社会科学文献出版社，2000.

[30] [美] 肯尼斯·J. 阿罗．社会选择与个人价值（第二版）[M]．丁建峰译．上海：上海世纪出版集团，2010.

[31] 刘素蓉，刘永高．城市和谐社区建设的调查与思考——以南京市为例 [J]．社会工作，2009(1) 下．

[32] 刘晓霞，王兴中．城市社区的社区资源公正配置研究 [J]．人文地理，2008(2).

[33] 刘荣．有限理性与社会分工 [J]．现代商业，2011(2).

[34] 刘迎华．社区权力及其运行——S 社区内的重要群体与社会事件分析 [J]．华东理工大学学报．社科版．2001(4).

[35] 李志斌．内部控制的规则属性及其执行机制研究——来自组织社会学规则理论的解释 [J]．会计研究，2009(2).

[36] 李怀祖．决策理论导引 [M]．北京：机械工业出版社，1993.

[37] 梁福秋．理性与选择——西蒙有限理性理论与科尔曼的理性选择理论比较研究 [J]．科教导刊，2011(9) 中．

[38] 梁波．权力游戏与产业制度变迁——以中国石油产业外部合作战略转型为例 [J]．社会，2012(1).

[39] [美] 理查德·H. 霍尔．组织：结构、过程及结果 [M]．张友星等译．上海：上海财经大学出版社，2003.

[40] 李友梅，华大明．关于社会组织结构的分析——法国社会学家米歇·克鲁吉耶在沪作学术报告．[J]．社会，1982(4).

[41] 李友梅．行动者的选择余地及决策理性 [J]．社会，1995(10).

[42] 李友梅．行动者在组织中的权力 [J]．社会，1995(11).

[43] 李友梅．城市基层社会的深层权力秩序 [J]．江苏社会科学，2003(6).

[44] 李友梅，石发勇．城市社区组织关系重构 [J]．中国企业报，

2002.5.24(4).

[45] 李友梅．从财富分配到风险分配:中国社会结构重组的一种新路径[J]. 社会，2008(6).

[46] 李友梅．当前社团组织的作用及其管理体系 [J]. 探索与争鸣，2005(2).

[47] 李友梅．关于构造社会现实的若干社会学思考 [J]. 上海大学学报(社会科学版)，2000(2).

[48] 李友梅．基层社区组织的实际生活方式——对上海康健社区实地调查的初步认识 [J]. 社会学研究，2002(4).

[49] 李友梅．社区治理:公民社会的微观基础 [J]. 社会，2007(2).

[50] 李友梅．现代社会的组织特征 [J]. 社会，1995(9).

[51] 李友梅．组织社会学与决策分析 [M]. 上海：上海大学出版社，2009.

[52][法]米歇尔·克罗齐耶．法令不能改变社会 [M]. 张月译．上海：格致出版社,上海人民出版社，2008.

[53][美]曼瑟尔·奥尔森．集体行动的逻辑 [M]. 陈郁,郭宇峰,李崇新译．上海:格致出版社,上海三联书店,上海人民出版社，2010.

[54][美]曼瑟尔·奥尔森．权力与繁荣 [M]. 苏长和,嵇飞译．上海：上海世纪出版集团，2005.

[55] 聂磊．“结构洞”理论分析——解析《结构洞：竞争的社会结构》[J]. 群文天地，2011(8).

[56] 乔牧川．对西蒙决策理论的解读和述评．中国机构改革与管理，2011(6).

[57][印]R.A 沙曼．组织理论和行为 [M]. 郑永年等译．南宁：广西人民出版社，1988.

[58] 斯科特·理查德．组织理论——理性、自然与开放系统的视角 [M]. 北京:中国人民大学出版社，2011.

[59] 唐本钰．论生态理性 [J]. 济南大学学报，2004(3).

[60] 汤普森．行动中的组织——行政理论的社会科学基础 [M]. 上海：上海人民出版社，2007.

[61][瑞典]汤姆·R.伯恩斯等．经济与社会变迁的结构化——行动者、制度与环境[M]．周长城等译．北京：社会科学文献出版社，2010.

[62] 王洋．西蒙行政决策理论基石——有限理性[J]．和田师范专科学校学报（汉文综合版），2009(4).

[63][美]W.理查德·斯科特、杰拉尔德·F·戴维斯．组织理论——理性、自然与开放系统的视角[M]．高俊山译．北京：中国人民大学出版社，2011.

[64][美]W.理查德·斯科特．制度与组织——思想观念与物质利益[M]．姚伟，王黎芳译．北京：中国人民大学出版社，2010.

[65][美]沃尔特·W.鲍威尔，保罗·J.迪马吉奥主编．组织分析的新制度主义[M]．姚伟译．上海：上海人民出版社，2008.

[66] 夏建中．国内外社会学关于城市社区权力的界定[J]．江海学刊，2001(5).

[67] 杨小凯．不完全信息与有限理性的差别[J]．开放时代，2002(3).

[68] 约翰·克莱顿·托马斯．公共决策中的公民参与：公共管理者的新技能与新策略[M]．北京：中国人民大学出版社，2005.

[69] 于显洋．组织社会学[M]．北京：中国人民大学出版社，2001.

[70] 朱健刚．城市街区的权力变迁：强国家与强社会模式——对一个街区权力结构的分析[J]．战略与管理，1997(4).

[71] 朱国云．组织理论：历史与流派[M]．南京：南京大学出版社，1997.

[72] 翟学伟．中国人行动的逻辑[M] 北京：社会科学文献出版社，2001.

[73] 翟学伟．人情、面子与权力的再生产[M]．北京：北京大学出版社，2005.

[74] 张虎祥．社区治理与权力秩序的重构——对上海市KJ社区的研究[J]．社会，2005(6).

[75] 张勇．城市社区体制建设现状及其思考[J]．广西社会科学，2001(6).

[76] 张亲培，王青梅．复合主体决策研究中的概念谱系及其研究界域

[J]. 晋阳学刊，2010(1).

[77] 周雪光 . 组织社会学十讲 [M]. 北京:社会科学文献出版社，2003.

[78] 周雪光,艾云 . 多重逻辑下的制度变迁:一个分析框架 [J]. 中国社会科学，2010(4).

[79] 周雪光 . 基层政府间的“共谋现象”——一个政府行为的制度逻辑 [J]. 社会学研究，2008(6).

[80] 周雪光 . 制度是如何思维的 [J]. 读书，2001(4).

[81] 周雪光 . 组织规章制度与组织决策 [J]. 北京大学教育评论，2010(3).

[82] 周雪光 . 西方社会学关于中国组织与制度变迁研究状况述评 [J]. 社会学研究，1999(4).

[83] 周雪光,赵伟 . 英文文献中的中国组织现象研究 [J]. 社会学研究，2009(6).

[84] 周雪光 . 一叶知秋:从一个乡镇的村庄选举看中国社会的制度变迁 [J]. 社会，2009(3).

[85] 赵延东 . 社会资本理论的新进展 [J]. 国外社会科学，2003(3).

[86] 张茉楠 . 从有限理性到适应性理性 [J]. 经济社会体制比较，2004(6).

[87] 庄锦英 . 论情绪的生态理性 [J]. 心理科学进展，2004(6).

[88] 詹姆斯·G. 马奇,约翰·P. 奥尔森 . 重新发现制度：政治的组织基础 [M]. 张伟译 . 北京:生活·读书·新知三联书店，2011.

[89][美]詹姆斯·布坎南 . 成本与选择 [M]. 刘志铭等译 . 杭州：浙江大学出版社，2009.

[90][美]詹姆斯·汤普森 . 行动中的组织——行政理论的社会科学基础 [M]. 敬乂嘉译 . 上海:世纪出版集团,上海人民出版社，2007.

[91][美]詹姆斯·马奇,赫伯特·A . 西蒙 . 组织（第 2 版）[M]. 邵冲译 . 北京:机械工业出版社，2008.

[92][美]詹姆斯·艾尔特,玛格丽特·莱维,埃莉诺·奥斯特罗姆主编 . 竞争与合作——与诺贝尔经济学家谈经济学和政治学 [M]. 万鹏飞等译 . 北京:北京大学出版社，2011.

[93] 卜长莉等．社区冲突与社区建设——东北城市社区矛盾问题案例研究 [M]. 北京:社会科学文献出版社，2009.

[94] 卜长莉．当前中国城市社区矛盾冲突的新特点 [J]. 河北学刊，2009（1）:128-131.

[95] 卜长莉，邱新芳．老工业基地的社区冲突与非营利组织介入 [J]. 长春理工大学学报，2006（1）:26-28.

[96] 程玉申，周敏．国外有关城市社区的研究述评 [J]. 社会学研究，1998（4）:54-61.

[97] 长春市宽城区民政局．关于进一步完善社区工作者管理体制的研究．2014（9）.

[98] 陈家刚．社区治理网格化建设的现状、问题及对策思考——以上海市杨浦区殷行街道为例 [J]. 兰州学刊，2010（11）:36-40.

[99] 陈弱水．公共意识与中国文化 [M]. 北京:新星出版社，2006.

[100] 崔月琴，袁泉．社会管理的组织化路径——社区民间组织的“均衡化”发展 [J]. 社会科学战线，2011（10）:178-185.

[101] [德] 哈贝马斯．公共领域的结构转型 [M]. 北京：学林出版社，1999.

[102] 付诚，王一．新公共管理视角下的社区社会管理创新研究 [J]. 社会科学战线，2011（11）:161-166.

[103] 桂勇．邻里政治：城市基层的权力操作策略与国家—社会的粘连模式 [J]. 社会，2007（7）:102-126.

[104] 郭圣莉．国家的社区权力结构:基于案例的比较分析 [J]. 上海行政学院学报，2013（6）:80-93.

[105] 华伟．单位制向社区制的回归——中国城市基层管理体制 50 年 [J]. 战略与管理，2000（1）:86-99.

[106] 黄宗智．中国的“公共领域”与“市民社会”？——国家与社会间的第三领域 [J]. 黄宗智主编:中国研究的范式问题讨论．北京:社会科学文献出版社，2003:282.

[107] 芦恒，蔡重阳．城市社区重建的治理创新——以长春市 C 社区为例 [J]. 新视野，2015（6）:39-45.

[108] 李蔚．培育兼顾“私利”的社区公共性 [N]．学习时报，2015-4-27（A4）．

[109] 李蔚．何谓公共性,社区公共性何以可能？ [J]．河南师范大学学报，2015（7）:23-27.

[110] 李友梅．社区治理：公民社会的微观基础 [J]．社会，2007（2）：159-169.

[111] 黎熙元,陈福平,童晓频著．社区的转型与重构——中国城市基层社会的再整合 [M]．北京:商务印书馆，2011.

[112][19] 刘威．从“去单位化”到“去社区化”——城市基层社会再整合的“结”与“解” [J]．学术论坛，2011（6）:63-68.

[113] 刘威．街区邻里政治的动员路径与二重维度——以社区居委会为中心的分析 [J]．浙江社会科学，2010（4）:53-60.

[114] 栾珊,何晓杰．非强制:社会管理创新中政府行为模式的新变 [J]．理论探讨，2011（5）:150-152.

[115] 雷洁琼．转型中的城市基层社区组织——北京市基层社区组织与社区发展研究 [M]．北京:北京大学出版社，2001.

[116] 林尚立．社区民主与治理：案例研究 [M]．北京：社会科学文献出版社，2003.

[117] 刘旺洪．概念界定、总体思路和体系建构 [J]．江海学刊,2011(5):137-146.

[118][美] 迈克尔·曼．社会权力的来源 [M]．上海：上海人民出版社，2002.

[119][美] 罗伯特·K．默顿．社会理论和社会结构 [M]．北京：译林出版社，2006.

[120][美] 桑德斯著,徐震译．社区论 [M]．台北:黎明文化事业股份有限公司，1982.

[121] 宋庆华主编．沟通与协商——促进城市社区建设公共参与的六种方法 [M]．北京:中国社会出版社，2012.

[122] 宋丽玉,曾华源,施教裕,郑丽珍．社会工作理论——处遇模式与案例分析 [M]．台北:洪叶文化事业有限公司，2014.

[123] 施巍巍，颜少君．国外社区参与社会管理的特点及其对我国的启示 [J]．学术交流，2009（2）：122-125.

[124] 田毅鹏．转型期中国城市社会管理之痛——以社会原子化为分析视角 [J]．探索与争鸣，2012（12）：65-69.

[125] 田毅鹏，徐红曼．“发展模式”研究的理论依托及其再定位 [J]．社会科学研究，2013（2）：86-91.

[126] 田毅鹏，薛文龙．“后单位社会”基层社会治理及运行机制研究 [J]．学术研究，2015（2）：48-55.

[127] 田毅鹏，薛文龙．城市管理“网格化”模式与社区自治关系刍议 [J]．学海，2012（3）：24-30.

[128] 田毅鹏．“典型单位制”对东北老工业基地社区发展的制约 [J]．吉林大学社会科学学报，2004（4）：97-102.

[129] 田毅鹏．城市社会管理网络化模式的定位及其未来 [J]．学习与探索，2012（2）：28-32.

[130] 田毅鹏，胡水．单位共同体变迁与基层社会治理体系的重建 [J]．社会建设，2015（2）：10-16.

[131] 田毅鹏．东亚“新公共性”的构建及其限制——以中日两国为中心 [J]．吉林大学社会科学学报，2005（6）：65-72.

[132] 田毅鹏．老年群体与都市公共性构建 [J]．福建论坛，2011（10）：191-196.

[133] 田毅鹏，董家臣．找回社区服务的“社会性”[J]．探索与争鸣，2015（11）：70-74.

[134] 唐文玉．当前中国社会管理创新向何处去？——基于国家与社会关系的分析视角 [J]．思想战线，2012（1）：39-42.

[135] 滕尼斯著，林荣远译．共同体与社会 [M]．北京：商务印书馆，1999.

[136] 王汉生，吴莹．基层社会中“看得见”与“看不见”的国家——发生在一个商品房小区中的几个“故事”[J]．社会学研究，2011（1）.

[137] 王星．利益分化与居民参与——转型期中国城市基层社会管理的困境及其理论转向 [J]．社会学研究，2012（2）：20-34.

[138] 文军．西方社会工作理论 [M]. 北京:高等教育出版社，2013.

[139] 谢立中等.20世纪西方现代化理论文选 [M]. 上海:上海三联书店，2002.

[140] 肖林．“‘社区’研究”与“社区研究”——近年来我国城市社区研究述评 [J]. 社会学研究，2011（4）:185-208.

[141] 夏建中．美国社区的理论与实践研究 [M]. 北京:中国社会出版社，2009.

[142] 夏建中，[美] 特里·N. 克拉克等著．社区社会组织发展模式研究——中国与全球经验分析 [M]. 北京:中国社会出版社，2011.

[143] 夏建中．中国城市社区治理结构研究 [M]. 北京:中国人民大学出版社，2012.

[144] 项军．“社区性”:对城市社区“共同体”性量表的构建——一项基于上海实证数据的类型学研究 [J]. 社会，2011（1）.

[145] 熊易寒．社区选举:在政治冷漠与高投票率之间 [J]. 社会，2008（3）:180-204.

[146] 徐震．社区与社区发展 [M]. 台北:正中书局，1980.

[147] 徐勇．论城市社区建设中的社区居民自治 [J]. 华中师范大学学报，2001（3）:5-13.

[148] 于显洋．城市社区管理与自治组织的发展 [J]. 浙江学刊，2002（2）:25-37.

[149] 闵学勤．转型时期居委会的社区权力及声望研究 [J]. 社会，2009（6）:22-38.

[150] 闵学勤，黄灿彪．适度的社区自治及其路径选择——基于香港和内地社区治理模式的比较 [J]. 河南师范大学学报，2012（2）:42-46.

[151] 姚华．社区自治：自主性空间的缺失与居民参与的困境——以上海市J居委会“议行分设”的实践过程为个案 [J]. 社会科学战线，2010(8):187-193.

[152] 俞可平．各级政府应营造官民共治的社会治理格局 [N]. 北京日报，2011-06-13.

[153] 杨君，徐选国，徐永祥．迈向服务型社区治理：整体性治理与社会

再组织化 [J]. 中国农业大学学报，2015（3）:95-105.

[154] 郑杭生，黄家亮 . 当前我国社会管理和社区治理的新趋势 [J]. 甘肃社会科学，2012（6）:1-8.

[155] 张秀兰，徐晓新 . 社区：微观组织建设与社会管理——后单位制时代的社会政策视角 [J]. 清华大学学报，2012（1）:30-38.

[156] 李月军 . 社会规制：理论范式与中国经验 [M]. 北京：中国社会科学出版社，2009.

[157] 陆学艺主编 . 中国社会建设与社会管理：探索·发现 [M]. 北京：社会科学文献出版社，2011.

[158] 许益军等著 . 大都市社会治理：理论、实践与政策 [M]. 北京：中国社会科学出版社，2014.

[159] 桂家友 . 国家与社会变革中的城市社会治理研究 [M]. 上海：上海人民出版社，2015.

[160] [美]W. 理查德·斯科特著 . 制度与组织——思想观念与物质利益（第 3 版）[M]. 姚伟，王黎芳译 . 北京：中国人民大学出版社，2010.

[161] 童星主编 . 现代社会学理论新编 [M]. 南京：南京大学出版社，2004.

[162] Anthony Giddens. The Third Way: The Renewal of Social Demoeracy [M]. Cambridge: Polity Press. 1998.

[163] Arrow,k. The limits of Organization[M]. New York: W.W.Norton. 1974.

[164] Barry,Brian. Impartial Justice and Individual Discretion[M]. Oxford:Oxford University Press.1995.

[165] Hickson,D.J. Decision-making at the top of the Organization[J]. Annual Review of Sociology,1987,(13).

[166] Hayek,Friedrich von. Individualism and Economic Order[M]. London: Routledge &Kegan Paul. 1948.

[167] March,J. Decisions and Organizations[M]. Oxford: Basil Blackwell. 1988.

[168] Miller,Gary. Managerial Dilemmas:The Political Economy of

Hierarchy [M]. Cambridge:Cambridge University Press.1992.

[169]Ronald H. Coase. The New Institutional Economics [M]. Journal of Institutional and Theoretical Economics. 1984.

[170]S.Shirk. The Political Logic of Economic Reform in China [M]. Berkeley: University of California Press. 1993.

后 记

距离上一本书的出版已整整十年。这十年来一直在想着把自己的点滴思考整理出来，再出几本书，最后真正成行的仍然落在了我最关注的社区问题上。工作以来，我一直讲社区社会工作的课程，所进行的研究也以社区组织出发，找到社区问题，分析社区建设与发展。由十年前对社区的完全陌生，到现在对社区发展与建设的关心，我也对社区有了成长性的认识。

最开始接触的社区是书本上的，是原有的街道办事处的影子。为了更加确切地了解社区，工作之后，我每年会带学生进入社区中看一看，自己也会去不同的社区深入地待一段时间。最初进入社区是为了解真正的社区，我看到了与书本完全不同的组织群体。慢慢地，我更加愿意成为社区中的一员，体会社区的发展，了解社区组织的运行。我利用各种机会去了几十个社区，更多地是参观学习，但仍有一些社区成为我长期的观察对象，使我获得了对社区的全新认识，所以才有了这本书的素材与资料。谢谢给我提供便利的社区，更谢谢社区的工作人员对我的支持与照顾。社区在走向现代化、年轻化。但社区中的工作人员也太累、太辛苦。“上面千条线，下面一根针”，这是社区中的工作人员最常和我说的一句话，这形象地描述了社区的生存状态。我无数次看到工作人员的工作状态：一方面要捋顺上面的线，一方面要抚平老百姓的难。我一遍遍地反思我的能力，一遍遍地问我自己：“这个问题我能解决吗？”至今的答案绝大多数是否定的，我明确我没有能力理顺上面的线，解决家长里短的冲突，即使我有专业理论与方法，我也没有把握完成相应的职责。但我在每一个社区中，都看到社区工作者的工作热情，即使是公益岗位，她们仍在努力地付出。记得和一位社区主任聊天时，她说“工资是不高，但也不想换工作，因为她自己也是一个老百姓，知道老百姓的难处，我通过工作给其他有困难的人解决了问题，同样也会有其他的人在为我服务。”这一句话解开了我对社区人的很多困惑，也解决了专业研究过程中一直忽视的问题，即我一直站在研究者的立场考虑问题，忘了自己也是一个被研究者。所以，再次感谢工作在第一线的社区工作者！你们用实际行动让我重新认识了自己的专业和研究视角，让我的研究有更大更多的空间去思考更多的具体问题。

一本书写完，再次翻看其中的章节，也看到了满满的回忆。上海大学博士后的学习经历坚定了我进行社区决策行为的研究，导师李友梅老师给了我很多中肯的意见和学习思路。博士后出站答辩时，张海东老师、张文宏老师、文军老师又给了我很多思考的新视角，为后面的研究提供了新思路。随后的继续研究，又得到了邴正老师的指点，同事好友的热情讨论，让我的思路由理论回归现实，结合社区发展实际，透过社区看到了东北社会管理的新变化，把我在学习与工作中的很多想法与思考点都在书中体现出来。所以，感谢一路走来遇到的良师益友，在推动我发展与进步，让我的研究既深入又具体，也让我在我的研究领域走得更加坚定。

做教学与科研工作这么久以来，研究社会问题的目的不再仅仅是为了工作，而是为了自己的研究真正能够在社会发展中起到一点点的作用。社区一直是我认识社会的一个窗口，这本书的完成也是一个阶段思考的整理，未来更多的时间，我还会透过这个窗口看更大的世界。正如前文所说，我在观察着社区，我也是社区中的一员，一个城市中社区的发展状况直接体现了这个城市的进步程度，社区居民生活的便利程度。未来的社区还要继续发展和进步，为了把研究付诸实践，也为了自己生活的推进，我将持续在社区研究的道路上继续前行。

最后还要向我的家人说一句谢谢！家里的每一个人都在用自己的方式支持着我的研究工作，最重要的方式就是对我的爱。我能做的便是更加努力、更好地完成我的研究。其实，内心中更希望我的研究能在实践中应用起来，改善社会成员的生活，也是为了改善家人的生活。

未来道路漫长，我充满希望，我也积极乐观，我的生活我来勾画！期望下一本书！

李晓玲

2019年12月于家中陋室